TEAM UP

EQUIPOS CONECTADOS

JOSÉ JAVIER TORRE

Categoría: Directivos y líderes | Colección: Trabajo en equipo

Título original: Team up, equipos conectados

Primera edición: Octubre 2019

www.editorialkolima.com

Autor: José Javier Torre
Dirección editorial: Marta Prieto Asirón
Maquetación de cubierta: Sergio Santos Palmero
Maquetación: Carolina Hernández Alarcón

ISBN: 978-84-17566-77-7
Depósito legal: M-33555-2019

A mis padres, José Miguel y Tomasa,
y a mi hermana Gema, por estar siempre ahí.

ÍNDICE

PRÓLOGO

Liderar es dejar aparecer. No hay mayor falacia vinculada al liderazgo que pensar que los líderes necesitan seguidores. Como muy bien dice Tom Peters, los líderes crean líderes.

Y esta es la base sobre la que se sustenta el liderazgo de un equipo de alto rendimiento. El liderazgo reside en el equipo. Por muy bueno que uno sea, incluso siendo el mejor, ninguna persona sin su equipo es capaz de llegar a lo más alto en su desempeño. Pero un equipo sin esa persona siempre tiene más posibilidades de hacerlo.

Los actuales entornos en los que vivimos, que ya conocemos como mundos VUCA están caracterizados por su alta volatilidad, incertidumbre, complejidad y una ambigüedad desconcertante. Estos entornos solo pueden ser abordados con ciertas garantías de éxito cuando nos apoyamos en nuestras redes colectivas.

El elemento más valioso de un equipo es su talento colectivo. No somos islas. Si el talento se reduce a su esencia individual, tan solo hablaremos de individualismo. El talento, o es colectivo o no es talento. No solo debemos preguntarnos si hacemos algo bien, sino si aquello que hacemos especialmente bien mejora a la gente que nos rodea, con quienes colaboramos y compartimos proyectos.

En 1894 Rudyard Kipling publicó *El libro de la Selva*. Esta joya de la literatura universal esconde entre sus páginas la esencia de lo que muchos entendemos por equipo: «la fuerza de la manada es el lobo y la fuerza del lobo, la manada». Esta interdependencia positiva actúa a modo de engranaje del sistema.

El deporte de alto rendimiento es un escenario maravilloso donde podemos entender y aprender las claves del liderazgo y la gestión de los equipos de élite. Todos los deportes son colectivos, aunque algunos de ellos tengan una *performance* individual. Para que Rafa Nadal compita y gane como lo ha hecho durante décadas es imprescindible la apuesta convincente por un trabajo en equipo con su *staff* técnico.

Los mejores entrenadores no son los que más conocimiento técnico poseen, sino aquellos que son capaces de manejar la complejidad de un entorno emocionalmente sobresaturado y de conectar poderosamente con sus deportistas para que estos sean capaces de expresar su talento en el momento adecuado bajo la presión miles de personas.

¿Has pensado que un entrenador debe liderar dos equipos? No solo lideran el equipo de deportistas a su cargo, sino también el equipo de profesionales que trabajan para ellos. Pero además necesitan trabajar transversalmente con todos los *stakeholders* que inciden en el día a día del equipo.

Y, sin embargo, la labor de estos profesionales llega hasta un determinado punto del vestuario. A partir de ahí la responsabilidad recae en los jugadores. Y es la regulación entre pares una de las señales de madurez de un equipo. No es una cuestión del *staff* técnico o del Comité de Dirección. Es una cuestión de responsabilidad colectiva compartida entre todos. Y es que cada comportamiento individual y colectivo impacta en el sistema y lo descoloca, mucho más de lo que nos podemos llegar a imaginar. Una buena cara impacta y una mala cara también lo hace.

Uno de mis mayores aprendizajes a lo largo de mi vida deportiva y profesional es que basta solo una persona para destruir un equipo. Podría ponerme muy naif y hablar de que es necesario que todos remen en la misma dirección y que un equipo funcione como una única persona. Pero les estaría engañando. Los equipos son sistemas complejos de relaciones que en ocasiones se alargan en exceso y pueden terminar siendo nocivas.

Muchos equipos deportivos de élite saben de la importancia vital que tienen las personas. Los mejores equipos no están formados por los mejores jugadores sino por los más adecuados. Porque cuando das con el QUIÉN, el QUÉ y el CÓMO aparecen con mucha más facilidad.

La magia del liderazgo de un equipo se fundamenta en los valores innegociables que construyen el marco de referencia cotidiano. El estilo es innegociable. Estilo y resultados son aspectos de vital importancia en los equipos. Ninguno es más importante que el otro, pero el estilo siempre va primero. Cuando el resultado se antepone al estilo, los éxitos colectivos no nos terminan de satisfacer. El sentimiento de pertenencia se resiente y los proyectos se hunden lenta e irremediablemente.

Por este motivo José Javier nos regala un trabajo de calado en el que a modo de manual práctico podemos encontrar herramientas que nos ayuden a mejorar nuestro liderazgo cuando trabajamos en equipo. Ya sea porque somos jugadores del mismo o porque aceptamos la responsabilidad de construir y acompañar los comportamientos cotidianos que llevan a los equipos a la excelencia.

No existe un libro perfecto para aprender a liderar un equipo y estoy seguro de que nunca existirá. Lo que funciona con un equipo puede ser un verdadero desastre con otro. Por este motivo, querido lector, es imprescindible que dudes de todo lo que leas, que cuestiones profundamente lo que aparece en este libro, ya que el pensamiento crítico es la herramienta que toda persona necesita estimular para mejorar constantemente.

En un entorno de cambio permanente la pregunta que debemos hacernos es si estamos mejorando o no mientras el cambio se sigue produciendo. Todo lo que vas a encontrar en este trabajo está orientado a la mejora continua. Liderar un equipo es gestionar lo imperfecto en busca de la excelencia.

A nadie le suele interesar más un prólogo que a quien lo escribe. Así que espero que en la brevedad y sencillez de estas palabras encuentre el lector un aperitivo que le abra el apetito para seguir saboreando la obra que empieza a continuación.

Álvaro Merino
Experto en talento, trabaja con deportistas y directivos de alto desempeño y ha sido director académico de la Escuela Universitaria Real Madrid

1. INTRODUCCIÓN

Comencemos por algunas preguntas sencillas: ¿por qué unos equipos funcionan y otros no?, ¿por qué unos consiguen objetivos extraordinarios y otros son incapaces de llegar a los mínimos fijados?, ¿por qué hay equipos en los que nos sentimos cómodos y generalmente rendimos mejor, y otros que lo único que deseamos es salir corriendo?

Cuando pienso en la palabra «equipo», me viene a la mente la imagen de diferentes grupos de personas que consiguieron logros extraordinarios en el mundo del deporte, la música, la Historia o la empresa. Y me surgen varias preguntas más: ¿cómo lo hicieron?, ¿qué pasos siguieron para transformarse y convertirse en equipos cohesionados?, y, quizás la más importante, ¿cómo poder aplicar todas las enseñanzas que nos dejaron en nuestros equipos, en nuestras empresas o, incluso, en nuestras familias?

Durante más de quince años desarrollé mi actividad profesional en una gran multinacional del sector de las tecnologías de la información. Ocupé varios puestos y formé parte de diferentes equipos o grupos de trabajo. Y constataba cada día la gran diferencia que existía entre unos y otros, aunque por aquel entonces no reparaba en que existiera tal distinción.

Los equipos de los que formé parte se componían de diferentes personas que intentábamos alcanzar nuestros objetivos de forma individual, y periódicamente nos reuníamos para analizar cómo iba el negocio o conocer las novedades de producto o nuevas estrategias. Sin embargo, cuando analizaba qué es lo que sucedía en aquel equipo o en otros que existían en la empresa, apenas podía encontrar alguno de los elementos que adornaban a los grupos que admiraba en el mundo del deporte, la música o la Historia.

Hoy, lo que me encuentro como formador o *coach* de equipos en las empresas con las que trabajo no difiere demasiado de las experiencias que viví en mi anterior etapa cuando formaba parte de aquellos equipos. Son grupos que tienen dificultades para encontrar un objetivo compartido y que apenas han reparado en construir sus propias reglas de convivencia. Que muestran, a las primeras de cambio, problemas de comunicación entre ellos o con sus jefes, y que se traducen en la dificultad para sostener determinadas conversaciones y a los que les resulta extraño hablar de confianza, empatía o expresar sus emociones. Son grupos donde existe una desconexión entre los diferentes miembros.

Además, en muchos casos, la motivación ha desaparecido. O bien porque alguien se ha encargado de desmotivar al personal, o bien porque desconocen qué es lo que realmente les motiva. Como consecuencia, el buen ambiente desaparece y cae el nivel de compromiso con el equipo o la empresa a la que pertenecen. Y, para complicar aún más la situación, existe una distancia casi insalvable entre los jefes y sus subordinados, lo que se manifiesta en problemas a la hora de dirigir y liderar al grupo: falta de orientación a resultados, sistemas de planificación inexistentes, ausencia de entornos de aprendizaje, pésima gestión del cambio, ausencia de un propósito y unos valores compartidos...

En resumen, nos encontramos un panorama poco halagüeño que impide que podamos hablar de equipos con propiedad. Pese a que nos refiramos continuamente a ellos, en realidad lo que tenemos son grupos de trabajo con objetivos diferentes y sin ningún tipo de estructura, organización o reglas. Y, desafortunadamente, lo que predomina hoy en día a lo largo y ancho de nuestras empresas, ya sean grandes o pequeñas, multinacionales o pymes, son los grupos de trabajo.

Dudar de la importancia creciente de los equipos en el mundo de la empresa sería una insensatez. Los equipos son la fuerza motriz de las empresas y organizaciones. Y se han convertido en el elemento clave para lograr transformaciones y realizar progresos en nuestra sociedad. Es cierto, como veremos en estas páginas, que no conviene idealizar el concepto equipo. Como todas las cosas de la vida, los equipos tienen sus ventajas e inconvenientes, y en algunas ocasiones no son la opción más adecuada. Sin embargo, considero que la construcción de los equipos y el desarrollo de todos los elementos que permiten llegar a ello son de vital importancia para la productividad y el rendimiento de nuestras empresas y el bienestar y la felicidad de las personas que las forman.

Por esta razón, el objetivo principal de este libro es mostrar a aquellos que forman parte de un equipo o grupo de trabajo, o a aquellos que tienen la fortuna de dirigirlos y liderarlos, un modelo sencillo que permita identificar los elementos fundamentales de un equipo y los pasos necesarios para construirlo. Un modelo denominado «equipos ConLid», donde identifico los cuatro aspectos clave: la conexión, el compromiso, la dirección y el liderazgo. Son los cuatro triángulos esenciales de los equipos, que van desde la conexión hasta el liderazgo.

Cada uno de estos triángulos forma parte del camino que nos conduce a la transformación de un grupo en un equipo ConLid y se materializan en doce pasos: entrenar la confianza, desarrollar la habilidad de la empatía, establecer una comunicación eficaz, transformar las emociones, activar la motivación, instaurar el buen ambiente, orientar las acciones a resultados y objetivos, crear sistemas de planificación, organización, coordinación, ejecución y control, desarrollar una cultura de aprendizaje a través de la preparación y entrenamiento, tener un propósito compartido, vivir los valores del equipo y convertirse en agentes del cambio.

Sin embargo, necesitamos algo más. No es suficiente con identificar qué se necesita para construir un equipo. Se requiere ofrecer herramientas prácticas que sirvan para ir desarrollando y viviendo experiencias que les permitan crecer y progresar como equipo de tal forma que cada componente del grupo participe de forma activa en la construcción del mismo. A través del juego, la reflexión, el pensamiento crítico y otras herramientas podemos ir desarrollando la inteligencia colectiva de los equipos, transitando cada uno de estos pasos hasta llegar a transformar un grupo en un equipo ConLid.

A lo largo del libro encontrarás diferentes herramientas, prácticas y dinámicas de trabajo en equipo, así como numerosos ejemplos de diferentes empresas, equipos deportivos, grupos musicales, incluso familias o personajes históricos relevantes, que consiguieron alcanzar el éxito convirtiéndose en EQUIPOS con mayúscula. Sus ejemplos nos sirven de referente para comprender qué podemos hacer e intentar incorporarlo en el día a día de nuestros equipos.

A modo de resumen, el libro está dividido en cuatro partes:

- En la primera parte analizaremos cuáles son las causas o factores que hacen desaparecer a los equipos. A través de ejemplos conocidos y situaciones personales, iremos desgranando cuáles son los problemas reales que han provocado la desaparición de grandes equipos o empresas y que están presentes en el día a día de los grupos de trabajo en nuestras empresas.

- En la segunda parte analizaremos qué es un equipo, cuándo son necesarios los equipos, sus ventajas e inconvenientes, y qué es lo que los distingue de los grupos de trabajo, haciendo especial hincapié en la importancia de la complementariedad y los roles de equipo.

- En la tercera parte presentaremos el modelo «equipos ConLid» con el objeto de transformar un grupo de trabajo en un equipo, y explicaremos cómo el juego puede ayudarnos a desarrollar determinadas habilidades necesarias para construir un equipo.

- Y en la cuarta parte, la más extensa, nos adentraremos en cada uno de los triángulos esenciales –la conexión, el compromiso, la dirección y el liderazgo– y analizaremos con detalle cada paso para convertirse en un equipo ConLid.

Decía Vince Lombardi, el mítico entrenador de fútbol americano, que *«la diferencia entre una persona exitosa y otros no es la falta de fortaleza, ni la falta de conocimiento, sino la falta de voluntad»*. Podemos sostener exactamente lo mismo cuando nos referimos a los equipos. Lo que realmente distingue a unos de otros es su voluntad para transformarse de grupos en equipos y desarrollar todos los elementos necesarios para convertirse en grupos donde uno más uno no son dos sino diez o veinte o cien.

Equipos que van de la conexión al liderazgo, equipos cohesionados que se construyen ladrillo a ladrillo y que muestran una voluntad inquebrantable por alcanzar unos objetivos extraordinarios a través de la conexión, el compromiso, la dirección y el liderazgo. Y, lo más importante, capaces de comprender que esas grandes palabras solo llegan trabajando día a día y con acciones concretas en todos los pasos que conducen a la construcción de un equipo ConLid.

2. LOS CUATRO TRIÁNGULOS DE LAS BERMUDAS DONDE LOS EQUIPOS DESAPARECEN

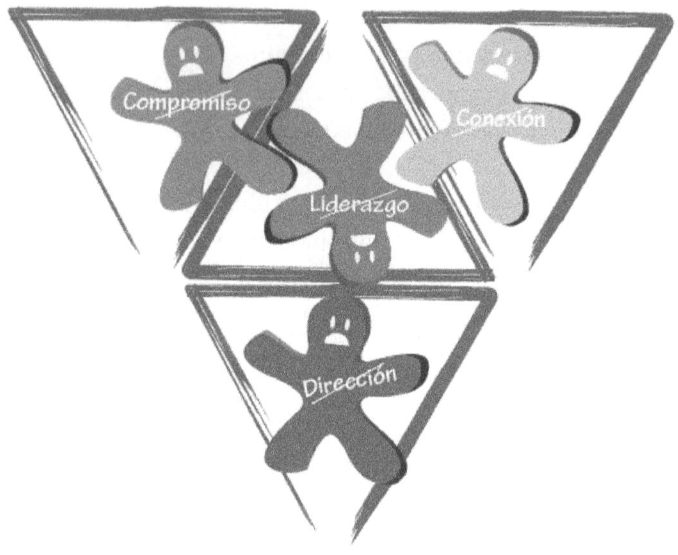

«Llegar juntos es el principio. Mantenerse juntos es el progreso. Trabajar juntos es el éxito».

Henry Ford

El 5 de diciembre de 1945, cinco aviones TBM Avenger de la Marina estadounidense salieron de la estación naval en Fort Lauderdale, Florida. El piloto que los dirigía se quejó de que sus brújulas no estaban funcionando bien y que no sabía dónde estaba. Después de varias horas de vuelo, los aviones se quedaron sin gasolina y hasta la fecha no se los ha vuelto a ver. Las últimas palabras del piloto a la torre de control fueron: *«Parece que estamos entrando en aguas blancas. Estamos completamente perdidos».* Luego, el silencio. Un silencio que no se ha quebrado aún.

Aquellos cinco aviones desaparecieron en uno de los espacios geográficos más conocidos, el Triángulo de las Bermudas. Situado en el océano Atlántico, entre las islas Bermudas, Puerto Rico y la ciudad estadounidense de Miami, esta área geográfica se ha convertido en un mito. La desaparición de más de cincuenta barcos, veinte aviones y más de mil vidas perdidas abrió paso a teorías, artículos y libros que explicaban estas desapariciones por la presencia de fuerzas sobrenaturales.

La realidad es bien distinta. Las investigaciones realizadas dieron una respuesta científica a cada uno de estos acontecimientos. La combinación de un denso tráfico marítimo y el tiempo tempestuoso debido a las condiciones climáticas de la zona pueden explicar la mayor parte de las desapariciones.

Las empresas y organizaciones también tienen que hacer frente a su propio «Triángulo de las Bermudas», donde desaparecen algunos de los atributos, cualidades o competencias que permiten categorizar a los grupos de trabajo como equipos. Los grupos de trabajo no llegan a convertirse en equipos debido al incumplimiento de una serie de condiciones que afectan a la *conexión*, el *compromiso*, la *dirección* y el *liderazgo*. Sin embargo, necesitamos explicar más en detalle cuáles son esas condiciones para entender mejor esos cuatros grandes elementos que determinan la existencia de un equipo.

Cuando en un grupo no existe confianza entre los diferentes miembros del mismo, cuando carecen de sensibilidad para apreciar los problemas de otros, o cuando la comunicación no es eficaz, la *conexión* desaparece. Cuando un grupo es incapaz de gestionar y transformar sus emociones ante situaciones de estrés, cuando no conoce sus motivaciones o cuando no reina un buen ambiente, el *compromiso* naufraga. Cuando un grupo no está orientado hacia los objetivos y descuida los resultados, cuando no existen sistemas de planificación, organización, ejecución, coordinación y control, o cuando no se preparan y extraen los aprendizajes necesarios, la *dirección* se pierde. Y, finalmente, cuando un grupo no tiene un propósito y unos valores compartidos, ni es capaz de gestionar el cambio de forma proactiva, el *liderazgo* se desvanece.

La desaparición de los equipos o la imposibilidad de transformar un grupo en un equipo no es ningún misterio. Simplemente es necesario que se produzcan determinadas condiciones que dan lugar a esos aspectos de los que todos hablamos cuando nos referimos a la construcción de un equipo: la *conexión*, el *compromiso*, la *dirección* y el *liderazgo*.

Imagen 1. El «Triángulo de las Bermudas» de los equipos.

En los siguientes apartados analizaremos qué condiciones y situaciones se producen en los grupos de trabajo para que desaparezcan estos cuatro elementos que definen a un equipo.

TRIÁNGULO 1: DONDE DESAPARECE LA CONEXIÓN

«Si estamos juntos no hay nada imposible. Si estamos divididos todo fallará».

WINSTON CHURCHILL

Durante muchos años asistí a reuniones de equipos de ventas donde cada comercial intentaba coordinarse con otros comerciales que vendían otro tipo de soluciones con el fin de dar una oferta conjunta al cliente. Cuando existía buen *feeling* entre ellos, se presentaban proyectos de forma coordinada, y de forma natural se producía una conexión que hacía crear equipo entre personas que procedían de diferentes departamentos.

Sin embargo, cuando esa química no existía, se producía una sensación de falta de encaje e incomodidad. Aparecían expresiones como *«no me siento cómodo»*, *«no trago a tal persona»*, *«me cuesta escuchar lo que dice»*, *«no entiendo su punto de vista»*, etc. No hay que ser un experto en gestión de equipos para darse cuenta de cuándo un grupo está dividido. Existen numerosos indicadores que nos muestran esta desconexión.

Quizá el elemento más visible sea la comunicación entre los componentes del grupo. Cuando un grupo de personas muestra una mala comunicación, lo primero que ocurre es que deja de ser eficaz. Es decir, los mensajes que intentamos transmitir no llegan. Una comunicación ineficaz puede tener numerosas causas, y es ahí adonde hay que llegar: a las causas raíz.

Generalmente, los problemas de comunicación suelen ser una consecuencia de problemas más profundos dentro del equipo y que están relacionados con el modo con el que nos relacionamos con otras personas. Difícilmente podremos comunicarnos con eficacia si no confiamos en la persona que tenemos delante o si tenemos dificultad para entender que existen otras realidades diferentes a nuestro punto de vista.

La falta de confianza, la incapacidad para empatizar con otros miembros del grupo, la mala comunicación son elementos que impiden la aparición del buen *feeling* o la química dentro de los grupos de trabajo. Estamos ante el primer «Triángulo de las Bermudas» de los equipos, donde desaparece la conexión.

La falta de confianza

«No podemos seguir juntos si sospechamos mutuamente».

Suspicious minds, Elvis Presley

El 24 de mayo de 1985, John Sculley, CEO de Apple, canceló un viaje a China para asistir a una reunión de su equipo directivo donde Steve Jobs, fundador y director de la división Macintosh, planeaba organizar una conspiración para deshacerse de él. Durante la reunión, Sculley le preguntó a Jobs si quería expulsarlo de la compañía, a lo que este le respondió afirmativamente. La respuesta de Sculley fue: «No confío en ti y no toleraré la falta de confianza», según cuenta Walter Isaacson en *Steve Jobs: la autobiografía.*

Aquel desencuentro había comenzado a fraguarse hacía meses debido a la falta de sintonía entre los dos personajes. Jobs pensaba que su compañero no se apasionaba por los productos ni comprendía los detalles técnicos, y por lo tanto no estaba capacitado para dirigir Apple. Para Sculley aquella obsesión por los detalles del diseño era obsesiva y contraproducente. De hecho, en los últimos meses había perdido la confianza en su capacidad para dirigir al equipo Macintosh. El resultado de aquella confrontación llevó a Jobs a dejar la compañía que él mismo había creado. El resto de la historia es conocida por todos.

Dice la canción de Elvis Presley *«no podemos seguir juntos si sospechamos mutuamente»*. La falta de confianza es como un veneno que se va extendiendo a gran velocidad entre los miembros de un grupo, destruyendo cualquier posibilidad de crear un equipo. Sobre la confianza se construye cualquier tipo de relación. Todo comienza por un juicio, una opinión o una valoración que hacemos sobre otra persona. Y de esta forma tan visceral comienzan a tejerse las relaciones dentro de un equipo. Cuando confías en otra persona o en tu equipo tienes la certeza de que el trabajo saldrá adelante y pones toda tu energía en lo tuyo, sabiendo que el otro cumplirá con su misión.

Sin embargo, cuando no sientes confianza en tu compañero o en el resto de personas que forman el grupo, todo se complica. La comunicación deja de ser fluida, levantándose un muro infranqueable que nos distancia de los otros. Adoptamos posiciones defensivas y dejamos de compartir información que puede ser valiosa para el bien común del equipo. Las conversaciones se vuelven poco sinceras y transparentes: se ocultarán temas o no se tratarán en profundidad asuntos complejos, se evitará compartir debilidades y errores, se vacilará al pedir ayuda...

Cuando aparece la desconfianza en los equipos, se activan la emoción del miedo y otros sentimientos asociados a este como el recelo, el temor, el desasosiego, la alarma, la ansiedad, la angustia, la preocupación o el estrés. El equipo tendrá temor a las reuniones y buscará razones para evitar pasar tiempo juntos.

Tres cosas nos hacen perder la confianza

La falta de confianza puede deberse a varias razones. La primera se produce cuando desconfiamos de las competencias o aptitudes del resto de miembros del equipo. Si no sentimos que nuestro compañero puede hacer su tarea con diligencia, dejaremos de confiar en él. La segunda causa tiene su origen en la experiencia que han demostrado los miembros de un equipo en el desempeño de sus tareas. Si han fallado en sus compromisos, su credibilidad caerá e inmediatamente dejaremos de confiar en ellos. Y la tercera causa por la que desconfiamos se produce cuando detectamos diferencias entre lo que dice y hace una persona. Esto se define como incoherencia y se traduce como falta de sinceridad.

¿Por qué es tan efectiva la falta de sinceridad o incoherencia en la destrucción de la confianza? Principios como la sinceridad, la honestidad y la integridad son fundamentales a la hora de establecer el grado de confianza que daremos a nuestras relaciones. A nadie le gusta rodearse de gente poco sincera o deshonesta que a las primeras de cambio te puede traicionar. De hecho, este sería el modo más doloroso de perder la confianza: la traición. Cuando en un equipo algún componente del mismo ha sufrido una traición por un compañero o por su jefe, la confianza se destruye de forma inmediata y es muy difícil reconstruirla.

Síntomas que muestran los equipos sin confianza:

- Ocultan mutuamente sus debilidades. Habrá dudas en pedir ayuda.
- Muestran una falsa sensación de invulnerabilidad. Equipos basados en «súper-héroes» sin aparentes debilidades. No reconocen ni examinan sus capacidades y experiencias.

- Encubren los errores y tienden a buscar culpables ante situaciones comprometidas o difíciles.
- Exhiben actitudes defensivas. Cada componente del grupo luchará por defender su parcela y no ofrecerá ayuda fuera de su propia área de responsabilidad.
- Existen conversaciones ocultas debido a que no se da toda la información. La comunicación es poco clara, sincera y transparente.

La ausencia de empatía

«Si no tienes empatía y relaciones personales efectivas, no importa lo inteligente que seas, no vas a llegar muy lejos».

Daniel Goleman

El 2 de junio de 2009, General Motors Corporation, una de las grandes compañías del planeta durante el siglo XX, anunciaba su quiebra y se declaraba en suspensión de pagos, la mayor en la historia industrial de los Estados Unidos. GM fue fundada en 1908 y llegó a ser la empresa más grande del mundo. En 1965 acaparó 54% del mercado de automóviles, pero en enero de 2009 apenas pudo llegar al 19%.

Después de los años dorados, la cultura empresarial de GM quedó dominada por la convicción de que siempre sería líder indiscutible. Esto impidió ver las señales del mercado y condujo a la compañía a trayectorias industriales equivocadas. El principal desacierto fue ignorar la necesidad de promover la producción de autos más eficientes en consumo de combustible. En su lugar privilegió los vehículos más pesados, camionetas y todo lo que tragara gasolina en cantidades industriales, sin tener en cuenta que los gustos de sus clientes se inclinaban hacia coches más pequeños. En suma, dejó de empatizar con lo que los consumidores querían, obstinándose en una estrategia inadecuada.

La empatía se define como la capacidad genuina para apreciar el mundo a través de los ojos de los demás. Y es fundamental desarrollar esta cualidad debido a que la percepción de la realidad por parte de los miembros de un equipo no siempre será coincidente. Compartir ideas con personas que piensan de forma diametralmente distinta a nosotros nos permite ampliar nuestra visión del mundo, ofreciéndonos otras posibilidades de elección. La ausencia de empatía en los equipos impide la comprensión y el entendimiento de otras realidades o de los puntos de vista de nuestros compañeros o clientes, como le sucedió a GM.

¿Por qué nos cuesta tanto ser empáticos?

Explica Daniel Goleman, psicólogo mundialmente reconocido por su teoría de la inteligencia emocional, que un escaso aprendizaje de las emociones durante nuestra infancia lastra el desarrollo de la cualidad de la empatía. La falta de sintonía emocional entre el niño y la madre, o posteriormente, de su entorno familiar más cercano, nos limita la posibilidad de poder sentir o percibir las emociones de los demás, ya que dejamos de mostrar las nuestras al no ser reconocidas por nuestro entorno. Ese descuido emocional que sufrimos durante nuestra infancia es una de las posibles causas de nuestra falta de empatía en la edad adulta.

Hay otro elemento que inhibe nuestra capacidad para sentir empatía con el otro, y es nuestro interés en querer llevar razón en nuestras ideas o en la forma de ver las cosas. La falta de tolerancia ante las opiniones de los otros nos hace situarnos en el autoritarismo y nos aleja de cualquier planteamiento empático.

Un tercer factor sería una deficiente capacidad para escuchar, en parte debido a que nos han enseñado a hablar, a leer y a escribir. Sin embargo, no nos han enseñado a escuchar. La consecuencia es que normalmente solo escuchamos para poder responder de forma inmediata, según nuestro propio interés o nuestras propias creencias. Como decía Stephen Covey: *«Muy poca gente escucha con la intención de entender; solo escuchan con la intención de contestar».*

Síntomas que muestran los equipos sin empatía:

- Presentan un grado de escucha insuficiente: imposibilidad de practicar la escucha empática.
- No aceptan las ideas de otros: falta de apertura e inmovilismo.
- Cada miembro del equipo libra su propia guerra, lo que impide crear lazos de unión y pertenencia.
- Muestran una falta de generosidad y compasión con el resto de miembros del equipo.
- Son incapaces de identificar, reconocer y sentir las emociones de los otros, lo que se traduce en la ausencia de emoción, insensibilidad, egoísmo...

La mala comunicación

«El problema más grande de la comunicación es la ilusión de que ha tenido lugar».

George Bernard Shaw

El viernes 29 de agosto de 2010, más de 30.000 personas esperaban en el Rock en Seine de París para disfrutar de la actuación de uno de los mejores grupos de pop británicos nacidos a principios de los noventa, Oasis. Sin embargo, la enésima pelea entre los líderes del grupo, los hermanos Gallagher, dio al traste con el concierto, y a la postre aquella pelea significaría el fin del grupo de Manchester.

Amy Macdonald, con la que compartían cartel en el festival, dio la exclusiva del porqué. La cantante escocesa fue testigo del penúltimo enganchón de camerino entre los hermanos y escribió en su cuenta de Twitter: *«Oasis ha cancelado su actuación pocos minutos antes de saltar al escenario. Liam ha destrozado la guitarra de Noel. ¡Una gran pelea!»*. Cuentan que aquella noche Liam le espetó a Noel: *«Ya no eres mi hermano»*. La organización del evento informó a los espectadores sobre la cancelación de la gira europea con estas palabras: «*Oasis ya no existe*».

La mala comunicación es uno de los síntomas más visibles que observamos en los grupos de trabajo. Y, la verdad, no es de extrañar que cada día sea más difícil comunicarnos con eficacia, cuando parece que vivimos permanentemente parapetados en posiciones defensivas, intentando mantener a toda costa nuestra forma de ver la vida o de tener razón. Tenemos problemas de comunicación permanentemente: con el jefe, con un compañero, con la pareja, con los amigos, con la familia... La mala comunicación deriva en conflictos, y este es uno de los grandes retos de cualquier equipo: cómo abordamos el conflicto.

¿Por qué se origina una mala comunicación?

La mala comunicación tiene su origen en diferentes causas. Si no hay confianza entre los miembros de un grupo, la comunicación deja de ser fluida, sincera y transparente. Aparecen los famosos muros de la incomunicación y, a refugio de estos, cada persona va construyendo su propia fortaleza para defenderse del otro, utilizando discursos o explicaciones dogmáticas sobre cómo vemos las cosas. Esa fijación en defender nuestro punto de vista o en tener razón en nuestros planteamientos hace que nos alejemos del otro. Dejamos de escuchar de forma empática y de este modo cerramos cualquier posibilidad de comunicarnos y, como consecuencia, la conexión desaparece.

Por otro lado, una de las herramientas más poderosas que ha creado el ser humano es el lenguaje. El lenguaje nos permite crear realidades y, en muchas ocasiones, el lenguaje que utilizamos en el mundo de la empresa más que conectarnos nos distancia. Durante años asistí a reuniones de trabajo inundadas de palabras y expresiones muy alejadas del lenguaje que conecta. Dichas reuniones se convertían en sesiones insufribles, donde lo habitual era desconectar. Un modo de detectar con rapidez el estado de la comunicación en un equipo es observar el grado de participación, la actitud y el estilo de comunicación de cada miembro del grupo.

Además, no es lo mismo decir algo de un modo u de otro. Las emociones que se activan son completamente diferentes. Un grupo caracterizado por una mala comunicación estará expuesto a vivir emociones negativas como la ira, el miedo o la tristeza, y aparecerán multitud de sentimientos asociados a estas emociones: enfado, hostilidad, agresividad, antipatía, estrés, temor, ansiedad, desgana, aburrimiento, desilusión, decepción...

Síntomas que muestran los equipos con mala comunicación:

- Muestran una baja participación en las reuniones de trabajo y, en consecuencia, bajo nivel de implicación y compromiso.
- Tienen miedo a entablar conversaciones complejas o difíciles, y no se abordan los temas «tabú».

- Ausencia de conflictos: suele producirse una falsa calma... hasta que la situación estalla. Se produce una armonía artificial, debido al miedo a abordar los conflictos.
- Aparece el dogmatismo y las posiciones inmovilistas con bajo grado de apertura a las ideas de otros: «yo tengo razón (siempre)». Se manifiesta en luchas de poder entre los diferentes componentes del equipo: «tu idea o la mía».
- Los niveles de escucha son bajos y esta se caracteriza por ser una escucha fingida o selectiva.

RECORDAR EL PRIMER TRIÁNGULO DE LAS BERMUDAS:
La conexión entre los miembros de un equipo desaparece cuando se producen las siguientes condiciones: falta de confianza, ausencia de empatía y una mala comunicación.

TRIÁNGULO 2: DONDE NAUFRAGA EL COMPROMISO

«El compromiso es un paso más allá en la motivación».

Isidro Fainé

Según la consultora Gallup (datos de 2015), en España tan solo el 13% de los empleados se siente realmente comprometido con su empresa. Es decir, solo este 18% está motivado, trabaja con pasión y dedicación. Por el contrario, un 64% del personal se muestra poco comprometido, lo que en la práctica supone que en su día a día hacen «lo justo» y esperan el momento de irse a casa.

Estos datos sirven para reflejar la dificultad que tienen los equipos para dar un paso más, para comprometer a la gente cuando las cosas se ponen feas. Porque el compromiso va de eso. No es de extrañar que muchos jefes o directivos se alarmen cuando piden a sus empleados que den un poco más para sacar un proyecto adelante o llegar a una cifra de ventas y se produzca la callada por respuesta. Pero ¿qué es lo que provoca estos bajos índices de compromiso en las empresas?

El compromiso puede caer por múltiples razones. Algunas tienen su origen en la falta de confianza para afrontar determinados conflictos o discusiones que dan lugar a decisiones donde el compromiso brilla por su ausencia. Por otro lado, la incapacidad para gestionar las emociones que provocan determinadas situaciones puede hacer caer la motivación y enturbiar el clima laboral. Además, como veremos a lo largo del libro, existen otros factores que inciden negativamente en el compromiso: la falta de objetivos, la ausencia de valores, la indefinición de un propósito compartido...

En resumen, la inmadurez emocional de un grupo debido a una incapacidad para gestionar las emociones, la desmotivación o la falta de motivación, y las condiciones que generan la existencia de un mal clima laboral, son algunos de los elementos que hacen caer el compromiso de los miembros de un equipo. Estamos ante el segundo «Triángulo de las Bermudas» de los equipos donde naufraga el compromiso.

La incapacidad para gestionar las emociones

«La persona inteligente emocionalmente tiene habilidades en cuatro áreas: identificar emociones, usar emociones, entender emociones y regular emociones».

John D. Mayer

El 18 de mayo de 1994, en el Estadio Olímpico de Atenas se disputó la Final de la Liga de Campeones entre el F. C. Barcelona y el A. C. Milán. Ambos equipos llegaban después de haber ganado la Liga y el Scudetto, respectivamente. Todo hacía presagiar un partido igualado y que se decidiría por pequeños detalles. Apenas una hora después de haber comenzado el partido, el equipo italiano ganaba por 4-0, que a la postre sería el resultado final. El desenlace de aquella final significó el final del *Dream Team*. Algunos de los principales miembros de aquel equipo abandonarían la disciplina azulgrana aquel verano y esta nunca más volvería a rearmarse como aquel equipo de ensueño que enamoró a media Europa.

Lo que sucedió en aquella final solo lo conocen los jugadores y el entorno más cercano a ellos. Sin embargo, la mayoría de ellos achacaron el mal resultado a la escasa preparación emocional para ese partido. El conjunto azulgrana había ganado su cuarta Liga consecutiva cuatro días antes, cuando pocos apostaban por ello. Ese subidón emocional hizo que descuidaran la preparación mental y no tuvieran la concentración necesaria para afrontar un partido de máxima exigencia.

Existen numerosas experiencias, positivas o negativas, que van a generar un impacto emocional, tanto a nivel individual como colectivo. Por ejemplo, la consecución de un proyecto que eleve las ventas, la pérdida de un cliente clave, el reconocimiento interno o externo, la salida forzosa de algún compañero... Si no somos capaces de gestionar las emociones que estos hechos provocan de un modo inteligente, el compromiso y el rendimiento se verán afectados.

Entramos en el terreno de la inteligencia emocional de los equipos, y esta es una asignatura pendiente en el entorno empresarial. La tendencia tradicional ha sido la de circunscribir los aspectos puramente racionales a un entorno profesional o público mientras que los aspectos emocionales quedaban relegados a la esfera estrictamente personal o privada. Sirva la metáfora de Dr. Jekyll y Mr. Hyde para identificar ambos mundos; por un lado, el mundo racional basado en un lenguaje de datos y hechos empíricamente demostrables, y por el otro el mundo emocional basado en las emociones, sentimientos, estados de ánimo, etc. La realidad innegable es que las emociones están presentes en todo momento, también en el mundo de la empresa. No son una ficción, ni un elemento baladí, ya que influyen en el rendimiento individual y colectivo.

Causas y consecuencias de la falta de educación emocional en los equipos

El desbordamiento emocional se produce cuando no sabemos gestionar determinadas situaciones de estrés, y tiene como consecuencia un efecto negativo en la motivación y el compromiso. Y tiene su origen en la existencia generalizada de un desconocimiento del mundo de las emociones.

El sistema educativo tradicional durante el siglo XX estuvo basado en adquirir conocimientos puramente técnicos a través de la razón, y las emociones fueron relegadas a un rincón. Las empresas requerían trabajadores con un conocimiento teórico y analítico, y eso encajaba con un tipo de educación que priorizaba el desarrollo de nuestro hemisferio izquierdo del cerebro, cuyo modo de razonar es secuencial, analítico, textual y funcional.

Sin embargo, en la actualidad la sociedad ha cambiado y las necesidades de las empresas son diferentes. Hoy se requieren otro tipo de trabajadores que sepan incorporar el uso del hemisferio derecho, cuyo modo de razonar es simultáneo u holístico y permite reconocer patrones e interpretar el mundo de las emociones.

Síntomas que muestran los equipos con baja madurez emocional:

- Incapacidad para identificar las propias emociones y sentimientos.
- Escaso lenguaje emocional para poder expresar las principales emociones y sentimientos asociados.
- Desregulación o desborde emocional ante situaciones complejas.
- Incapacidad para percibir las emociones y los sentimientos del resto de personas que forman el grupo.
- Imposibilidad para encontrar un equilibrio emocional, quedándose colgado en emociones y/o estados de ánimo negativos.

Falta de motivación

«Motivar a un equipo consiste en crear las condiciones necesarias para extraer lo mejor de cada miembro del equipo».

Anónimo

A finales de 1992, si había un grupo que dominara el panorama musical español ese era Mecano, el trío formado por los hermanos José María y Nacho Cano, y la solista del grupo Ana Torroja. El grupo había terminado una exitosa gira por España, Europa y Latinoamérica, y se disponía a emprender un merecido descanso de tres años. Sin embargo, el grupo no volvería a reunirse hasta seis años después para lanzar un disco recopilatorio que se convirtió en un nuevo éxito de ventas.

El entorno del grupo pensó realizar una gira para el siguiente año, pero sus miembros, en especial José María, no parecían muy ilusionados con el proyecto ya que tras los años transcurridos desde su último trabajo las motivaciones personales de cada uno habían cambiado. Finalmente, a finales de 1998 José María anunció su salida definitiva de Mecano, lo que tuvo como consecuencia la disolución del grupo y la desbandada de sus miembros.

Hay una frase que repite continuamente el que fuera jugador, entrenador y directivo del Real Madrid, Jorge Valdano: *«un equipo es un estado de ánimo»*. En el mundo del deporte existen numerosos ejemplos que atestiguan este hecho, equipos que mantienen rachas ganadoras donde todo sale bien y los triunfos se suceden sin que nada consiga torcer la dinámica ganadora. Y en el mundo de la empresa, las últimas investigaciones demuestran que los equipos más felices son los que obtienen mejores resultados.

Sin embargo, solo el 22% de los trabajadores españoles se muestran felices con su trabajo, según un estudio de Universia. Tener trabajadores descontentos en sus puestos de trabajo es una losa para cualquier equipo. La desmotivación y/o la falta de motivación provoca la falta de compromiso, lo que incide directamente en la cuenta de resultados. Además, la desmotivación nos aleja de los niveles de bienestar, satisfacción o felicidad que cualquier trabajador anhela y desea en su ámbito laboral, y tiene un reflejo innegable en otras facetas de su vida.

Causas de la falta de motivación de un equipo

La motivación es una de las competencias más frágiles dentro de los equipos, y hay multitud de elementos que influyen y pueden hacer perderla: el reparto poco equitativo del trabajo, la falta de reconocimiento por parte del jefe, el trato injusto por parte del responsable, la carga excesiva de trabajo que impida conciliar la vida personal, la existencia de malos resultados, la percepción de que los objetivos son inalcanzables, una comunicación que no es clara, sincera y transparente, la falta de confianza en el responsable del equipo, ya sea por falta de competencia, credibilidad o sinceridad; la excesiva burocracia o la existencia de complejos procedimientos a la hora de realizar el trabajo, la ausencia de sistemas de evaluación de objetivos y procesos de *feedback* para plantear nuevos retos o desarrollar áreas de mejora, saltarse las reglas de convivencia del equipo, traicionar los valores de cada miembro del equipo...

Por otro lado, en muchos casos no solo se desmotiva, sino que simplemente no existe ningún tipo de política motivacional o se desconocen aquellos factores que hacen mover a un grupo hacia el objetivo. Sorprende comprobar que muchos responsables de equipo piensan o dan por sentado que solamente se puede motivar a través de recompensas como un buen salario, algún incentivo económico o en especie, o una palmadita en la espalda de vez en cuando. Sin embargo cada persona es mundo y podemos encontrarnos con miembros del equipo que tengan otro tipo de motivaciones, como veremos más adelante.

Síntomas que muestran los equipos con baja motivación:

- Aparecen emociones como la tristeza, la ira o el miedo y sentimientos relacionados con la tristeza (decepción, desilusión, frustración, pesimismo, aburrimiento, apatía, resignación, incluso depresión).
- También aparecen sentimientos asociados a la ira (queja, mal humor, enfado, agresividad, re-

sentimiento...), que se entremezclan con otros asociados al miedo (estrés, ansiedad, preocupación, inquietud...).

- Baja orientación a resultados y a la consecución de objetivos.
- Baja apertura al aprendizaje de nuevos conocimientos, herramientas de trabajo, etc.
- Desinterés por todos los aspectos relacionados con el equipo o el trabajo que desempeña, inmovilismo.

La ausencia de buen clima laboral

«Si no sabes sonreír, no abras un negocio».

PROVERBIO CHINO

En 1913, una expedición canadiense dirigida por Vilhjamur Stefansson salió a explorar el Ártico. En 1914, la expedición británica liderada por Ernest Shackleton salió de la isla de Georgia del Sur con el objetivo de realizar la primera travesía continental de la Antártida. Ambos barcos, el Karluk en el norte y el Endurance en el sur, quedaron pronto bloqueados entre el hielo y sus tripulaciones tuvieron que luchar por sobrevivir.

El resultado de ambas aventuras fue muy diferente, y aunque fueron muchos los factores que influyeron en el devenir de ambas expediciones, el buen ambiente que mostró la expedición de Shackleton fue un factor diferencial para que todo el equipo regresara vivo a sus casas, algo que no ocurrió con la expedición de Stefansson. Mientras la tripulación del Karluk se transformó en una banda de individuos egoístas donde la mentira, la trampa y el robo eran la conducta habitual, la respuesta de la tripulación del Endurance fue completamente diferente. El trabajo en equipo, el espíritu de sacrificio y el buen humor se mantuvieron presentes los 634 días que duró la expedición entre hielos y glaciales.

Según recientes investigaciones, el 30% de los resultados de un equipo está condicionado por su ambiente o clima organizativo, mientras que numerosos estudios muestran una alta correlación entre el nivel de compromiso y el clima laboral. Por lo tanto, podemos concluir que un mal ambiente afecta al grupo, a su rendimiento y dificulta sobremanera la construcción de un equipo.

Causas que originan el mal clima dentro de un equipo

Las causas que provocan el mal clima dentro de un equipo son muy variadas: la falta de reconocimiento de los méritos y esfuerzos realizados, el sentimiento de injusticia apreciada por el trabajador, hacer promesas y luego no cumplirlas, la crítica delante de otros, la falta de interés del jefe por sus colaboradores, la falta de apoyo en las situaciones necesarias, inducir en el equipo sentimientos de fracaso o desconfianza, la parcialidad, la dirección a capricho, esquivar la responsabilidad en los momentos precisos, el mal humor, la falta de ejemplo por parte del jefe, etc.

Sin embargo, no podemos caer en la inocencia de pensar que todos los miembros de un grupo se van a llevar bien o van a ser amigos. Hacer convivir en un grupo diferentes personalidades con deseos, necesidades o motivaciones dispares no es una tarea sencilla. Siendo conscientes de esto, tampoco podemos obviar que la enemistad, los roces o el no cuidarse unos a otros complica sobremanera el logro de objetivos e impide que se instaure el buen clima.

Cuando un grupo vive un mal ambiente laboral, el cúmulo de emociones, sentimientos y estados de ánimo que nos podemos encontrar entre sus diferentes miembros puede ser una bomba de relojería emocional: mal humor, enfado, agresividad, resentimiento, decepción, desilusión, frustración, pesimismo, aburrimiento, apatía, ansiedad, preocupación, inquietud...

Síntomas que muestran los equipos con mal ambiente:

- Distanciamiento entre los diferentes componentes a la hora de realizar actividades o trabajar en equipo.
- Existencia de grupos dentro del equipo: aparece el «amiguismo».
- Comentarios malintencionados.
- Conversaciones en privado.
- Actitudes críticas y de reproche.

RECORDAR EL SEGUNDO TRIÁNGULO DE LAS BERMUDAS:
El compromiso entre los miembros de un equipo naufraga cuando se producen las siguientes condiciones: inmadurez emocional, falta de motivación y mal clima laboral.

TRIÁNGULO 3: DONDE SE PIERDE LA DIRECCIÓN

«Dirigir bien no es lo que se hace cuando estás delante, sino lo que sucede cuando no estás».

KEN BLANCHARD

Alejandro III de Macedonia, conocido como Alejandro Magno (356-323 a. C.), en menos de diez años forjó un imperio que iba desde Grecia a la India y Egipto. Cuentan que era conocido por ser muy cercano a sus soldados rasos. Esta lealtad fue demostrada hasta el final. Muchos decidieron seguirlo, aunque les ofreció la oportunidad de volver a casa. Servía continuamente de ejemplo y demostraba que lo que exigía a los demás él lo podía hacer. Afrontaba los mismos retos y no dudaba en ponerse a la cabeza de sus tropas para contagiarles entusiasmo y fe ciega.

Un equipo necesita ser dirigido por personas con humanidad, que sean cercanas, que traten con el máximo respecto a todos sus componentes, pero sin olvidar algunos de los aspectos más tangibles de la dirección de los equipos: claridad de objetivos, orientación a resultados, planificación, organización, ejecución, coordinación, control, preparación...

Conviene recordar las palabras del profesor de la Escuela de Negocios de Stanford, Bill Lazier: *«Nunca lo olvidéis: pagáis las facturas con dinero; podéis ser rentables y estar en bancarrota»*. Una de las mayores disfuncionalidades de un grupo es no estar centrado en los resultados que les acerquen a los objetivos. Es necesario recordar que los equipos se construyen con el propósito de conseguir un objetivo, que se traduce en unos resultados concretos que nos permiten acercarnos o alejarnos de él.

Descuidar esto, que tiene que ver con los aspectos más tácticos, como la fijación de objetivos, la orientación a resultados, la planificación, la preparación o la formación, es el modo más directo de dirigir a un grupo al desastre. Un equipo no puede vivir de espalda a los resultados, a las cifras porque, como dice Lazier, lo que paga las facturas es el dinero. Lo que hace perdurar a los equipos es la consecución de objetivos conforme a unos resultados concretos. Sin resultados, ni planes de acción concretos, ni una cultura de aprendizaje continuo, los grupos caen en el tercer «Triángulo de las Bermudas» de los equipos, donde se pierde la dirección.

Falta de orientación a resultados

«Cuando un hombre no sabe hacia dónde navega, ningún viento le es favorable».

SÉNECA

A finales de la década de los ochenta, IBM era una organización de unos 400.000 empleados caracterizada por procesos y funciones redundantes cuya estructura de costes no podía competir con otras empresas del sector menos diversificadas y más pequeñas. Además, algunas de las tecnologías que había inventado estaban empezando a erosionarse y su negocio de unidades centrales se veía amenazado por las nuevas tecnologías en red.

Sin embargo, el ejecutivo que comunicó estas tendencias y realidades a los altos directivos de IBM se vio reprendido. Incluso se dudó de la veracidad de los datos que presentaba en su informe. *«Sus datos tienen que estar equivocados»*, le espetó un poderoso directivo de la multinacional americana. La dura realidad confirmó los peores augurios de aquel ejecutivo en los primeros años de los noventa. IBM perdió más de ocho mil millones de dólares en 1993, encadenando tres años consecutivos de pérdidas de miles de millones de dólares. Decenas de miles de trabajadores fueron despedidos.

Durante años, los altos ejecutivos del «gigante azul» tendieron a minimizar los datos negativos que estaban apareciendo. En lugar de orientarse a los resultados y analizar los datos que tenían delante de sus narices, para buscar las causas que auguraban el desastre prefirieron mirar hacia otro lado provocando un desastre que casi acaba con la empresa.

Parece obvio que cuando un grupo de personas se reúnen para formar un equipo, lo hacen en pos de lograr un objetivo compartido o un fin común, y su misión consistirá en estar orientadas siempre hacia ese objetivo. A través del establecimiento y la consecución de metas intermedias se va avanzando hacia el objetivo final, por lo que es imprescindible estar pendiente siempre de los resultados que se van consiguiendo.

En las competiciones deportivas hay un indicador que nos muestra en todo momento los resultados que está obteniendo cada equipo: el marcador. El marcador nos dice si conseguimos el objetivo o si no lo hemos logrado. En el mundo empresarial, los equipos se miden por algún tipo de marcador que permite evaluar su productividad: en los equipos de ventas, cada comercial lleva el control de sus operaciones; en las unidades de negocio se hace un seguimiento de los productos o soluciones que se gestionan; en los departamentos financieros se mira con lupa la progresión de ingresos y gastos...

Causas que originan la falta de orientación a resultados

Sin embargo, hay equipos que pierden de vista esta característica fundamental y esto se convierte una de las mayores disfuncionalidades: ocuparse de algo distinto a las metas colectivas del grupo. No miran los resultados, no son capaces de realizar una autoevaluación del rendimiento.

Todos los equipos deberían especificar qué logros y resultados esperan conseguir en un periodo determinado, tanto a nivel colectivo como individual. Sin embargo, existen grupos en los que cada uno de sus componentes se centra en potenciar su propia posición o carrera a través de la consecución de los objetivos individuales y a expensas del grupo. Este hecho dinamita la posibilidad de construir un equipo. Un equipo funcional debe hacer que los resultados colectivos sean más importantes para cada individuo que las metas individuales de cada uno.

La realidad es que muchos equipos no se centran en los resultados. Simplemente buscan existir o sobrevivir ante las dificultades que van apareciendo y no les importa conseguir objetivos significativos, ni individual ni colectivamente.

Síntomas que muestran los equipos con baja orientación a resultados:

- Tendencia al estancamiento. Ausencia de foco en los objetivos y en la consecución de metas intermedias.
- Falta de tensión respecto a la actividad que están llevando a cabo. Dejan de ser competitivos.
- Pérdida progresiva de personas orientadas al logro.
- Predominio de los intereses personales (prestigio, reconocimiento personal, estatus...) sobre los del equipo. Aparición de los llamados «reinos de taifas».
- Pérdida del foco en mantener el buen ambiente dentro del equipo cuando existan problemas o situaciones comprometidas.

La inexistencia de sistemas de planificación, organización, ejecución, coordinación y control

«En la preparación para la batalla he encontrado que los planes son inútiles, pero la planificación indispensable».

DWIGHT D. EISENHOWER

Los New York Knicks son la franquicia más valorada de la NBA según Forbes, con un valor de 3.600 millones de dólares. Su origen se remonta a 1946, siendo uno de los miembros fundadores de la Basketball Association of America, embrión de la actual NBA. Además, la franquicia de la Gran Manzana es uno de los dos únicos equipos, junto con el Boston Celtics, que todavía se mantienen en la misma ciudad de su fundación. Pese a su prolongada historia, solamente se ha alzado con el título en dos ocasiones a principios de los años setenta.

Desde entonces, los Knicks tan solo han podido llegar a las finales en dos ocasiones, cosechando sendas derrotas. La última frente a los San Antonio Spurs en 1999. La comparación con los tejanos resulta odiosa. Durante las últimas veinte temporadas, los Spurs se han convertido en el equipo más fiable de la NBA, con una presencia continua en los *playoffs* y alzándose con la victoria final en cinco ocasiones, mientras que los Knicks encadenaban continuos fracasos y solo durante seis temporadas llegaron a los *playoffs* para caer a la primera de cambio. ¿Casualidad? En absoluto, como demuestran los siguientes datos.

Fijar un plan a medio/largo plazo otorga tranquilidad y estabilidad a los grupos. Si comparamos las trayectorias de ambos equipos, podemos observar que el equipo neoyorquino ha ido cambiando de plan continuamente, mientras que el tejano evidencia una estabilidad que se refleja en todos los niveles que conforman un equipo. Los Knicks tuvieron trece entrenadores, cinco *managers* y no mantuvieron un núcleo de jugadores clave. Los Spurs tuvieron un entrenador, un *manager* y varios jugadores clave unidos durante casi quince años.

Causas que originan la falta de planificación, organización, ejecución, coordinación y control

A la gente le cuesta creer que una buena planificación pueda mejorar de forma significativa el rendimiento. Sin embargo, en cualquier entorno competitivo la diferencia entre ganar y perder suele tener su origen en la calidad de la planificación, la organización, la coordinación, la ejecución y los sistemas de control. El anterior ejemplo ilustra de forma significativa la importancia de este aspecto en la vida de los equipos y las empresas.

Una vez que conocemos cuáles son los objetivos del equipo y tenemos puesto el foco en los resultados que nos aproximen a los objetivos, es fundamental tener un sistema que permita planificar cómo queremos lograr esos objetivos. Es decir, el equipo necesita determinar los pasos a seguir. La planificación sigue a la estrategia. Sin embargo, lo que vemos con demasiada frecuencia en los grupos de trabajo es que se actúa como «pollos sin cabeza».

Indagar las causas que provocan una mala o inexistente planificación es complejo y requiere conocer en profundidad la situación de cada equipo. Aunque hay una causa principal: las prisas, las urgencias, la imperiosa necesidad de alcanzar los objetivos antes de tiempo.

Síntomas que muestran los equipos sin sistema de planificación, organización, ejecución, coordinación y control:

- Dejan de pensar en el futuro: poca atención a las metas intermedias que los aproximen al objetivo final.
- Muestran una mala gestión de los recursos técnicos y humanos.

- Tienen dificultades a la hora de tomar decisiones.
- No tienen en cuenta las actividades de cada miembro del equipo, así como las circunstancias que les rodean.
- Incapacidad para comprobar si el equipo está en el camino correcto, debido a la ausencia de mecanismos de control.

La falta de entornos de preparación y formación. Estancamiento del aprendizaje

«La mayoría de las personas quieren ganar, pero pocas están dispuestas a prepararse para ganar».

Bobby Knight

En 1972, Nolan Bushnell y Ted Dabney fundaron Atari, una de las empresas pioneras en la industria de los videojuegos. Durante los primeros años, la empresa invirtió cuantiosas cantidades en la tecnología con el fin de desarrollar el mercado de videojuegos y consolas. El éxito definitivo llegó en 1976 cuando crearon la consola Atari 2600. Sin embargo, Atari no tenía los recursos suficientes para poder llevar a cabo este gran proyecto, por lo que vendieron la empresa a Warner Communication por 26 millones de dólares para producir y vender millones de unidades.

El vicepresidente de Warner, Manny Gerard, creía que Atari destinaba demasiados recursos a investigación y desarrollo, pero muy pocos a marketing. Para resolver eso, contrató a Ray Kassar, ex-vicepresidente de marketing de una empresa textil sin experiencia en el sector de la tecnología. Las diferencias de Bushnell con Kassar y Gerard llegaron a un punto insostenible y este decidió abandonar la empresa. Él quería seguir invirtiendo grandes esfuerzos en desarrollo e investigación y permitir que terceros escribieran *software* para Atari, pero ellos no.

Atari descuidó la «cultura de innovación y desarrollo tecnológico» orientada a lanzar nuevos y mejores videojuegos. En 1983 llegó la crisis de los videojuegos, producida por la tremenda cantidad de competidores y la saturación del mercado. Allí fracasaron muchas empresas, entre ellas Atari, que sufrió cuantiosas pérdidas de las que nunca llegó a recuperarse.

Consecuencias de la falta de preparación y formación

Una de las mayores dificultades que existen en el mundo de la empresa es el escaso tiempo que dedican las organizaciones a preparar a sus equipos y empleados para el desempeño de sus actividades. A diferencia de otros ámbitos (deportivo, militar, musical, etc.), en los que los profesionales emplean la inmensa mayoría de su tiempo a entrenarse y prepararse para el «día del partido», en la empresa apenas se destina tiempo a la preparación y formación de sus profesionales. Se considera la capacitación como una opción complementaria, limitada a un curso ocasional de uno o dos días de duración. Sin embargo, como nos recordaba Muhammad Ali, *«la pelea se gana o se pierde lejos de los testigos, en la trastienda, en el gimnasio y en la calle, mucho antes de salir a bailar bajo las luces».*

Obviamente, en el mundo empresarial cada día se compite por mejorar la cuota de mercado de un producto o solución, por conseguir la venta de un proyecto, por llegar a unos objetivos de rendimiento y productividad... Y esta tarea no se puede posponer para mañana, ya que el objetivo principal de cualquier empresa es la consecución de los objetivos marcados. Ahora bien, descuidar la preparación, el entrenamiento y la formación de los equipos es la vía más rápida para perder competitividad, y a medio plazo quedarse fuera de juego. Cuando un equipo no se prepara ni se forma, deja de aprender. Y una cultura donde no se fomenta el aprendizaje de nuevas competencias, se estanca y deja de progresar. A través del aprendizaje continuo podemos renovar el conocimiento de los miembros de un equipo y evolucionar, planteándonos retos mayores.

Síntomas que muestran los equipos donde se descuida la preparación y la formación:

- Manifiestan estados de torpeza y embotamiento en situaciones de estrés laboral.
- Activan emociones como agitación, agobio, ansiedad y tensión, produciendo un descenso del rendimiento.
- Desarrollan conductas y comportamientos poco útiles en situaciones de estrés: conductas agresivas, bloqueos, enfrentamientos verbales...
- Tienen menos información y, por consiguiente, la toma de decisiones es penalizada, teniendo problemas para llevar a cabo la elección más acertada.
- Bajo desarrollo de la intuición.

Síntomas que muestran los equipos donde no se fomenta una cultura basada en el aprendizaje:

- Estancamiento, pereza y falta de actitud a la hora de afrontar nuevos retos.

- Muestran una tendencia a hacer las cosas siempre del mismo modo.
- Dejan de hacerse preguntas que permiten evolucionar y abordar los retos desde otra perspectiva.
- Son intolerantes y están cerrados a recibir nuevas ideas y opciones a la hora de resolver problemas.
- Son dogmáticos, inmóviles en sus puntos de vista.

RECORDAR EL TERCER TRIÁNGULO DE LAS BERMUDAS.
La dirección de un equipo se pierde cuando se producen las siguientes condiciones: una falta de orientación a resultados, la ausencia de sistemas de planificación, organización y control de los equipos, una deficiente preparación y formación de los equipos

---

TRIÁNGULO 4: DONDE SE DESVANECE EL LIDERAZGO

«En pocas palabras, un líder es un hombre que sabe adonde quiere ir, se pone de pie y va».

John Erskine

Apple no sería lo que es hoy sin la obsesión de Steve Jobs por llevar los ordenadores a cualquier hogar. Virgin no habría llegado a ser el holding de más de 50 empresas sin el carisma y el atrevimiento de Richard Branson, que le llevó a entrar en sectores tan dispares como la música, la aviación o los seguros. Nike nunca se habría consolidado como una de las marcas más valoradas del mundo sin la fijación de Phil

Knight por aumentar las ventas a lo largo y ancho de EE. UU. de unas zapatillas importadas desde Japón.

Los equipos necesitan líderes. Equipo y liderazgo van de la mano. Son términos complementarios, son vasos comunicantes que se nutren uno a otro. No hay equipo sin líder, ni líder sin equipo. Sin embargo, si nos fijamos en los tres líderes que hemos nombrado, apreciaremos cuán diferentes son cada uno de ellos y cómo sus personalidades impregnaron a los equipos que terminaron construyendo.

Algunos expertos han identificado más de treinta competencias que se necesitan para llegar a ser un líder, agrupadas en cinco grandes áreas: autoconocimiento personal, auto-dominio emocional, conocimiento de los otros, manejo de las relaciones y desarrollo de competencias cognitivas y de razonamiento. Ante tal magnitud de requerimientos, uno tiene la sensación de que un líder es una especie de súper-héroe con una lista interminable de atributos.

Sin embargo, hay tres aspectos fundamentales relacionados con el liderazgo y la gestión de equipos que todavía no han aparecido en nuestro estudio de una forma explícita que definen al líder y deben ser compartidos por el grupo para convertirse en un equipo. La falta de un propósito compartido y de unos valores que rijan la vida del grupo, así como la incapacidad de tomar la iniciativa para realizar los cambios necesarios que lleven a la transformación de determinadas situaciones, impiden que un grupo llegue a ser un equipo. Estamos ante el cuarto «Triángulo de las Bermudas» de los equipos, donde se desvanece el liderazgo.

La falta de un propósito compartido

«Una vida sin propósito es una muerte prematura».

Goethe

El 20 de agosto de 1990 se disputaba en el estadio Luna Park de Buenos Aires la final del Mundial de Baloncesto entre las selecciones de las extintas Yugoslavia y la Unión Soviética. Los yugoslavos aplastaron a los soviéticos en una de las mayores exhibiciones de superioridad de un equipo sobre otro durante una final. De hecho, el conjunto balcánico fue uno de los mejores equipos de baloncesto que se hayan visto jamás. Talento, carácter, espectáculo, eficacia y una bandera eran las señas de identidad de aquel equipo.

Los yugoslavos debían ser los dominadores de Europa, y quizá del mundo del baloncesto, durante esa década. Pero los acontecimientos iban a depararle a Yugoslavia un futuro muy distinto. Cuando terminó la final, Drazen Petrovic y Vlade Divac, dos de los mejores jugadores «plavi», se fundieron en un abrazo que conmovió a muchos. Drazen, croata, Vlade, serbio, pero, ante todo, los dos eran amigos. Lo que sucedió segundos después cambió para siempre su relación y fue un indicativo de cuál iba a ser el futuro de aquel equipo. Un aficionado saltó a la pista con la bandera croata mientras los jugadores celebraban la victoria. Divac la vio y se la quitó con un gesto de desaprobación. Su bandera, la de todos, era la yugoslava. Ese gesto no agradó a Petrovic, que desde ese día se alejó de Divac, rompiéndose así una amistad de muchos años.

En ese momento nadie lo sabía, pero ese iba a ser el último Mundial de una Yugoslavia unida. En 1991, con la declaración de independencia de Croacia, comenzó una guerra en toda Yugoslavia que duró diez años y que fue calificada como el peor conflicto que ha habido en Europa tras la Segunda Guerra Mundial, provocando más de cien mil muertes. Y, aunque sea en un segundo plano, también privó al mundo entero de ver hasta dónde podría haber llegado esa maravillosa generación de jugadores.

Aquella celebración sobre la pista del Luna Park significó el principio del fin de un equipo donde el propósito compartido desapareció. Más allá del objetivo de ganar que une a cualquier equipo debe existir un por qué, un propósito mayor y compartido. En el caso yugoslavo, el sentimiento de nación, de patria, de identidad con una bandera, formaba parte inherente de la Selección balcánica desde hacía décadas. Y eso se rompió en aquel momento de la Historia y quedó ejemplificado con la actitud de dos jugadores cuyos propósitos eran diferentes: uno luchaba por la grandeza de Serbia y otro por la de Croacia.

Consecuencias de la falta de propósito

Decía Nietzsche que *«quien tiene un porqué (para vivir) puede soportar casi cualquier cómo»*. Y esa es la cuestión de fondo que sufren muchas organizaciones, empresas y equipos: desconocen su propósito, la causa primigenia que les mantiene unidos. Sin un propósito común los equipos se pierden, entran en decadencia y finalmente desaparecen. Sin un proyecto con sentido, el equipo pierde energía y poder.

Como resultado, los equipos dejan de comportarse como tales y cada miembro del mismo funciona de forma más autónoma, buscando lograr sus objetivos personales, pero no existe un elemento que permita integrar y aunar al grupo en pos de un objetivo común más grande que ellos mismos. El propósito es un componente esencial del liderazgo y debe ser compartido por todos. Si no hay propósito no hay visión, no hay objetivos a medio y largo plazo, no es posible mantener el compromiso, ni lograr la transformación de un grupo en un equipo.

Síntomas que muestran los equipos sin un propósito compartido:

- Falta de una visión estratégica. Sin un propósito claro y definido, la visión acaba convirtiéndose en algo borroso.
- Ausencia de compromiso.
- Incapacidad para trabajar en equipo al no haber un elemento unificador. Desaparece la colaboración, la cooperación o la solidaridad.
- Poca disposición a fomentar la comunicación interpersonal.
- Dificultad para desarrollar la inteligencia colectiva. Desaparecen la reflexión y el pensamiento crítico.

La ausencia o la falta de respeto a los valores compartidos

«Los valores no son simplemente palabras, los valores son por lo que vivimos. Son las causas que defendemos y por lo que lucha la gente».

JOHN KERRY

El 11 de septiembre de 1959, un hijo de inmigrantes italianos de Brooklyn llamado Francesco Vincent Serpico obtenía su placa como agente del Departamento de Policía de Nueva York (DPNY). En la academia de Policía había estudiado el Código Ético de los Agentes de la Ley que, entre otras cosas, dice: *«Como representante de la ley, mi deber fundamental es servir a la humanidad, salvaguardar vidas y propiedades, proteger a los inocentes del engaño, a los débiles de la opresión o la intimidación, la paz de la violencia o el des-*

orden, y respetar los derechos constitucionales de todos los hombres con libertad, igualdad y justicia (...) Mantendré la calma y el coraje ante el peligro (...) Nunca emplearé una fuerza o violencia innecesarias».

Ese código, donde se incluían los valores y el propósito que debían estar presentes en la vida de los agentes que formaban parte del cuerpo de Policía más famoso del mundo, estaba lejos de respetarse. A finales de los sesenta y principios de los setenta, Nueva York experimentó un aumento exponencial del tráfico de drogas y la prostitución. En ese contexto, el DPNY alcanzó en esa época las mayores cotas de corrupción. La Policía, o determinadas unidades o comisarios, eran colaboradores necesarios.

El joven Francesco vivió aquel ambiente mientras desarrollaba su actividad como agente encubierto. Enfrentado a tal situación decidió denunciar la corrupción de sus compañeros ante sus superiores. Dio información detallada, pero no se hizo nada. En 1972 abandonó el DPNY y acudió al New York Times a denunciar la corrupción que se desarrollaba dentro del cuerpo policial. La denuncia terminó con el arresto de varios oficiales y agentes importantes, y su historia fue inmortalizada por Al Pacino en la película *Serpico,* que refleja de manera impecable la gran corrupción policial que existía en aquella época.

Consecuencias de la falta de valores

Una de las frases más famosas de Groucho Marx fue *«estos son mis principios, si no le gustan tengo otros».* Esta ocurrente frase sirve para reflejar uno de los mayores problemas de la sociedad actual, donde el relativismo y la ausencia de elementos éticos como la integridad, la coherencia, la honestidad, la compasión o la responsabilidad parecen poner en evidencia que todo vale para la consecución de objetivos y resultados.

Sin embargo, identificar cuáles son los valores que nos guían no es algo inmediato; ni las personas ni los equipos suelen estar acostumbrados a responder a este tipo de cuestiones, lo cual refleja la necesidad de saber mirarnos mejor e identificar cómo somos. Es necesario preguntar y conocer cuáles son los valores de cada miembro del equipo y alinearlos para que surjan unos valores colectivos que nos permitan guiarnos hacia el objetivo propuesto. Los valores representan la cultura corporativa de una empresa o un equipo.

Además, hay que ser coherentes y cumplirlos en el día a día. La realidad es que los valores se han convertido en una cuestión de forma u ornamental. Queda muy bonito poner en los carteles o en las webs de las empresas palabras como innovación, integridad, honestidad, pasión o servicio al cliente, pero si estos valores no son llevados a la práctica, si no se viven día a día, pierden fuerza y se vuelven contra la organización o el equipo.

Síntomas que muestran los equipos que carecen de valores compartidos o donde estos no son respetados:

- Prestan poca atención a cómo se hacen las cosas. Se caracterizan por ser equipos sin unas reglas que les permiten interrelacionarse.
- Surgen conflictos si no hay claridad o se respetan los valores compartidos. Aparecen emociones asociadas a la ira (enfado, rabia, agresividad, indignación...)
- Tienen dificultades para diferenciar lo anecdótico o superficial de lo importante y trascendente. Viven en un relativismo ético, donde lo único que se busca es lograr el objetivo a cualquier precio.

- Muestran un déficit de autoconocimiento y reflexión individual y colectiva para determinar lo que es realmente importante.
- Falta de coherencia entre lo que dicen y hacen sus miembros, al no poseer unas guías claras sobre las que orientar sus comportamientos.

La dificultad para afrontar los procesos de cambio: inmovilismo

«¿Qué es la gestión del cambio? Gestionar los miedos propios y ajenos».

José Aguilar

En 1975, Steve Sasson, uno de los ingenieros de Kodak, creó una máquina del tamaño similar a una tostadora corriente, capaz de almacenar las imágenes de forma electrónica en una cinta, y que podían ser luego vistas en una televisión, pues por entonces había pocos monitores de ordenador disponibles. Había inventado la fotografía digital. Sin embargo, al propio Sasson y a sus superiores no les pareció viable y acabaron dejándola atrás. En este tipo de grandes empresas tecnológicas es común ver que la mayoría de las hipótesis y prototipos en los que trabajan no acaban siendo productos finales. En este caso el error fue mayúsculo.

La falta de innovación suele ser la principal causa del fracaso de las grandes empresas. Cuando un equipo no innova se estanca y termina perdiendo la ventaja competitiva que tenía. Sin embargo, Kodak era una de las compañías con más cantidad de patentes. Era pionera en el campo de crear centros de desarrollo donde dar rienda suelta a los científicos y técnicos, y tenía una gran historia de lograr avances superiores a la competencia.

Pese a que Kodak fue uno de los primeros fabricantes de cámaras digitales, no apostó por ese formato hasta que fue demasiado tarde. Temía que la ausencia del carrete en estas nuevas cámaras perjudicara su negocio de película fotográfica, donde era líder indiscutible. Esa tardanza en adaptarse propició la oportunidad para que compañías como Sony, Nikon o Canon se hicieran con una gran cuota del mercado digital, algo de lo que Kodak nunca pudo recuperarse. Pese a varios intentos para reflotar la compañía, en 2012 se declaró en concurso de acreedores y actualmente lucha por no desaparecer definitivamente.

Consecuencias del inmovilismo y la dificultad para afrontar los cambios

Al final de la Segunda Guerra Mundial, Winston Churchill reconocía que *«estamos modelando el mundo más deprisa de lo que podemos cambiar nosotros, y estamos aplicando al presente los hábitos del pasado»*. Hoy empresas y equipos se enfrentan a contextos de innovación acelerada, situación similar a la que se dio a mediados del siglo XX. Es necesario que las empresas, y los equipos en particular, sepan cómo gestionar gradualmente la adaptación al cambio, aplicar nuevos hábitos de conducta y comprender cuál es la dirección del cambio.

Sin embargo, no todos los equipos o las personas que los integran tienen la misma respuesta ante una situación de cambio. La primera reacción ante un cambio es el miedo a perder determinados beneficios y aparecen resistencias. Prefieren lo malo conocido a lo bueno por conocer, fenómeno al que le denomino «incomodidad acomodada». Es decir, la comodidad del momento presente (aunque se viva mal) es superior a la incomodidad del proceso de cambio. Porque cualquier proceso de cambio exige un esfuerzo, que no todos están dispuestos a asumir.

El origen de esta resistencia al cambio se debe al miedo a perder algo, a la falta de información o la desinformación provocada por rumores mentiras o datos falsos...

Síntomas que muestran los equipos con baja adaptabilidad a los cambios:

- Muestran estancamiento ante la ausencia de retos. Se centran en trabajos excesivamente automáticos que no requiere esfuerzo intelectual.
- Están desfasados y con un sabor «a rancio». No recuerdan cuándo fue la última vez que aprendieron algo nuevo relacionado con su trabajo.
- Exhiben un exceso de comodidad. Cada vez hacen menos, ya que les requiere menos esfuerzo hacer lo mismo.
- Falta de entusiasmo e ilusión ante los cambios, provocado por el miedo a perder algo o no conservar lo que tienen.
- Se muestran transparentes, pasan la jornada laboral sin demasiados sobresaltos antes que enfrentarse a nuevos retos.

RECORDAR EL CUARTO TRIÁNGULO DE LAS BERMUDAS:
El liderazgo de un equipo se desvanece cuando se producen las siguientes condiciones: la falta de un propósito compartido, la ausencia de unos valores que guíen al equipo y el inmovilismo ante el cambio.

3. ¿QUÉ ES UN EQUIPO?

«Un equipo es un conjunto de dos o más personas que se unen para conseguir un propósito común y que son mutuamente responsables de los resultados».

KEN BLANCHARD

El 17 de junio de 2012 era una noche calurosa en Madrid. Después de varias horas de espera para ver de cerca a mi ídolo musical desde la adolescencia, y tras casi cuatro horas de música, saltos, empujones, cánticos, sonrisas y abrazos... terminaba uno de los conciertos más largos que han ofrecido Bruce Springsteen y su banda, The E Street Band, en su dilatada carrera.

Lo que pasó aquella noche no difiere mucho del resto de conciertos a los que he asistido del «Boss». Es cierto que fue un concierto más largo de lo habitual. Sin embargo, hay algo que siempre me sorprende y constato cada vez que lo he visto en directo. El buen rollo que transmite una banda casi perfecta, donde se entremezclan sentimientos de conexión, camaradería, amistad y amor entre todos los componentes del grupo, y que son capaces de extender a los miles de fans que nos agolpamos al lado del escenario o en el punto más alto del estadio.

Cuando ves a Bruce y a su banda observas que hay algo mágico en lo que sucede cada noche en ese escenario. Todos sus componentes se lo pasan bien, sonríen, disfrutan, se divierten. Todos participan, aportan algo, son importantes, son protagonistas. Y además son capaces de conectar con el público, transmitir su alegría y felicidad a las decenas de miles de personas que llenan sus conciertos. Eso sería para mí un equipo: una especie de familia donde aparece la conexión entre sus diferentes miembros; el compromiso con la música que tocan desde hace años, con ellos mismos y con sus seguidores y que les permite continuar motivados y de buen rollo; la dirección para lograr en cada concierto que el público disfrute y se lo pase bien, y el liderazgo colectivo para crear cientos de miles de seguidores en todo el mundo conforme a un propósito y unos valores compartidos que mantiene a la banda unida desde hace casi cuarenta años.

Ahora bien, la pregunta es ¿qué hay que hacer para que en el mundo de la empresa los grupos se conviertan en equipos con mayúsculas como Bruce Springsteen y su E Street Band?

¿ES NECESARIO UN EQUIPO?

«Un equipo no es un grupo de personas que trabajan juntas».

Simon Sinek

Antes de explicar las diferencias entre un grupo de trabajo y un equipo es necesario definir si realmente está justificada la necesidad de crear equipos dentro de las organizaciones.

Porque podemos caer en la trampa de mitificar a los equipos, cuando en realidad puede que la existencia de un simple grupo de trabajo sirva para conseguir los objetivos propuestos, o que por la idiosincrasia de las empresas u organizaciones no sea posible construir equipos. Dicho de otra forma, los equipos no son siempre la solución a todas las necesidades que tiene una empresa. Son un instrumento para conseguir un fin; dependiendo del propósito y del objetivo será necesario tener o no un equipo.

El ejemplo más evidente lo encontramos en los equipos comerciales, donde cada miembro tiene unos objetivos individuales, cuyas ventas obviamente contribuyen a lograr los objetivos propuestos globalmente, pero que no requiere de la colaboración del resto del grupo para alcanzar sus objetivos individuales. Cuando no existe un objetivo principal claramente compartido por todos se hace casi imposible llegar a construir un equipo. La objeción del responsable del grupo o de cada miembro suele expresarse en estos términos: ¿para qué necesito construir un equipo o formar parte de él si me van a pagar solamente por lograr mis objetivos individuales?

Por otro lado, hay un elemento que se suele pasar por alto cuando hablamos de equipos: la complementariedad de habilidades y conocimientos de cada miembro del mismo. En una banda de rock o en un equipo de fútbol queda claro que cada componente del grupo está ahí porque aporta algo, porque su trabajo complementa al resto. Por ejemplo, en el mundo corporativo, cuando se produce una fusión o adquisición de empresas lo primero que sucede es la eliminación de departamentos con funciones análogas. Si hay personas que realizan el mismo trabajo y no llevan a cabo ninguna aportación diferencial, uno de los puestos sobrará.

En cambio, si tenemos grupos de trabajo donde diferentes miembros realizan la misma tarea con características muy similares, estaremos más cerca de sistemas de trabajo «taylorizados». Cada miembro realizará su tarea de forma más o menos mecanizada y no habrá que tener en cuenta factores clave necesarios para constituirse como equipos: un propósito único y unos valores compartidos.

En resumen, como explica Idoia Postigo, autora del libro *Gestión profesional y emocional de equipos*, aunque el equipo suponga el modelo laboral perfecto, igual que ocurre con una visión romántica de una relación idílica de pareja, en ocasiones quizá sea bueno y deseable ser solo amigos.

VENTAJAS E INCONVENIENTES DEL TRABAJO EN EQUIPO

«El talento gana partidos, pero el trabajo en equipo y la inteligencia ganan campeonatos».

Michael Jordan

Es evidente que los equipos se han convertido en una importante herramienta para trabajar. Son el principal motor de la industria y son los generadores de la fuerza motriz de una empresa. De hecho, las empresas y organizaciones tal y como las conocemos están conformadas por equipos, al menos nominalmente. Sin embargo, en realidad lo habitual es encontrarnos con un conjunto de personas que trabajan en el mismo departamento, que realizan tareas independientes y, en el mejor de los casos, que establecen relaciones amistosas, pero que carecen de los elementos distintivos de un equipo. Podríamos decir que son grupos de trabajo pero no equipos.

Pese a esto, la mayor parte de las organizaciones reconocen la importancia de los equipos y del trabajo en equipo como un medio para mejorar la competitividad y elevar los niveles de productividad. Además, la comunicación se hace más eficaz, se generan mayores niveles de compromiso, mejora el clima laboral, se facilita la integración de los nuevos miembros o se desarrolla una identidad grupal a través de la transmisión de los valores del equipo.

También es preciso recordar las ventajas que aporta a las personas el formar parte de un equipo. Podemos destacar entre los principales beneficios la satisfacción de las necesidades de afiliación, y el desarrollo personal y profesional a través del reconocimiento y apoyo de los compañeros:

Ventajas del trabajo en equipo/equipos	
PARA LA ORGANIZACIÓN	PARA EL INDIVIDUO
• Mayor nivel de productividad • Comunicación más eficaz • Mayor compromiso con los objetivos • Mejor clima laboral • Mayor flexibilidad • Facilita la dirección, control y supervisión del trabajo • Mayor éxito en tareas complejas • Facilita la integración y coordinación de los miembros del grupo • Mejora de la satisfacción • Desarrollo de una identidad grupal	• Satisface la necesidad de afiliación • Aumenta la seguridad personal • Facilita el desarrollo personal y/o profesional • Estimula la creatividad y la innovación

Sin embargo, los equipos también pueden plantear problemas, y no conviene caer en su idealización. Al menos debemos conocer cuáles son los principales inconvenientes para poder prevenirlos o en su caso afrontarlos eficazmente.

- El trabajo en equipo y la construcción de equipos requiere tiempo para la coordinación de las distintas actividades.
- Propicia el conformismo y desaparecen los juicios críticos en algunos miembros en relación a la mayoría, debido al temor a ser excluidos.
- Un individuo o un subgrupo pueden controlar y manipular al resto de los componentes.
- Pueden darse fenómenos como el «pensamiento grupal», que consiste en aceptar conclusiones erróneas en la confianza de que el grupo se equivoca menos que el individuo; o el «pensamiento único», que consiste en no dejar espacio para voces discrepantes.
- Desarrollar unos objetivos o valores contrarios a los del equipo, por la existencia de subgrupos o luchas de poder.
- Menor productividad, debido al fenómeno de la «holgazanería social», consistente en que a medida que aumenta el grupo, la tendencia de los individuos es a esforzarse menos.
- Rechazar o menospreciar a determinados miembros del equipo.

De todo lo anterior se puede deducir que el trabajo en equipo –y por ende la construcción de un equipo– no es algo fácil ni sencillo. Los grupos pasan por una serie de fases antes de convertirse en equipos maduros y efectivos, y esta evolución exige tiempo. Las tensiones y los conflictos surgirán de forma inequívoca, como aparecen en cualquier tipo de relación entre personas. Esos momentos son inevitables y necesarios para poder evolucionar y hacer crecer al equipo. Unos grupos se convertirán en equipos y otros muchos no lo conseguirán al no poder superar las crisis y acceder al nivel necesario de madurez que exige un equipo. A lo largo del presente libro expondremos los pasos necesarios para convertirse en un verdadero equipo.

Quizá no esté de más adelantar en este sentido que uno de los principales problemas en la construcción de un equipo sea el tiempo, y en concreto querer ir más deprisa de lo que aconseja un proceso tan complejo como este. A él nos referiremos en el último capítulo del libro. Un grupo necesita tiempo para madurar y, al igual que ocurre con cualquier ser humano, es preciso que supere distintas fases de desarrollo, con las tensiones que ello implica y los apoyos que exige, antes de llegar a la plena madurez.

DISTINCIÓN ENTRE «GRUPO DE TRABAJO» Y «EQUIPO»

«Un equipo es como un buen reloj: si se pierde una pieza todavía es bonito, pero ya no funciona igual».

RUUD GULLIT

Uno de los primeros recuerdos profesionales que tengo fue la organización de un evento donde la división a la que pertenecía iba a mostrar las últimas soluciones en sistemas de almacenamiento de datos. Recuerdo que se creó un grupo de trabajo con personas procedentes de diferentes departamentos que estaban implicados en dicho evento: *marketing*, unidades de negocio, servicios de preventa técnica, servicios de postventa, ventas, *partners* de negocio y alianzas...

Fue una preparación compleja, ya que la planificación comenzó en pleno verano y el evento se celebraría a finales de septiembre. Pese a todas las dificultades que trae consigo la organización de un evento de tales características, el resultado fue un éxito. De hecho, al final todos los implicados teníamos la sensación de que una parte del éxito del evento nos correspondía a cada uno.

Pero, ¿cuál fue la clave del éxito? El equipo que se creó. Todos los miembros del grupo teníamos clara cuál era nuestra misión y nos responsabilizamos de nuestra parcela, confiando en la diligencia del resto de implicados a la hora de realizar su tarea. Existió una comunicación constante entre los diferentes departamentos, con reuniones de seguimiento semanales y diarias en los días previos al evento. Todos participamos, todos fuimos importantes y protagonistas. Se estableció un clima de colaboración y un buen ambiente entre todos basado en el respeto, el buen humor y la confianza. Hubo planificación, organización y control de todos los pasos que se iban dando. Se prepararon las demostraciones con máquinas y los mensajes que se lanzarían durante las sesiones de trabajo. Se implicó a toda la organización para que invitará a sus clientes y colaboradores. Se fijaron objetivos y metas intermedias. Nos adaptamos a las circunstancias que iban aconteciendo... Y, lo más importante: había un objetivo compartido por todos y todos aceptamos unas reglas para funcionar y llevar el trabajo a buen puerto.

Si queremos hablar con propiedad del término equipo, hay dos elementos que resultan imprescindibles: un objetivo común y unas reglas que permitan establecer un marco de convivencia. Cuando un equipo conoce cuál es el objetivo y lo hace suyo como un propósito común, entonces se desarrolla una responsabilidad compartida; todos reman en la misma dirección. Además, para que un grupo de personas adquiera la connotación de equipo, este debe estar estructurado y organizado a través de unas reglas que los guíen en la consecución de ese propósito.

Pero ¿cuáles son los atributos que caracterizan a un equipo?, ¿qué elementos fundamentales los distinguen de los grupos de trabajo? A lo largo del libro explicaremos todos los elementos que dan lugar a la creación de un equipo. Como avance, en la siguiente tabla podemos identificar los principales elementos que definen a un equipo y lo distinguen de los grupos de trabajo.

PRINCIPALES INDICADORES	GRUPO	EQUIPO
CONEXIÓN	Bajo espíritu de pertenencia	Se autodefinen como familia
Confianza	Desconfianza e invulnerabilidad	Confianza y reconocimiento de debilidades
Empatía	Bajo nivel de escucha y dogmatismo	Escucha empática y aceptación ideas de otros
Comunicación	Ineficaz y miedo a abordar conflictos	Eficaz y promueve el debate de ideas
COMPROMISO	Relativo	Elevado
Gestión emocional	Inmadurez a la hora de gestionar emociones	Autocontrol y regulación emocional. Resiliencia
Motivación	Desmotivación y falta de políticas motivacionales	Automotivación y creación de condiciones motivantes
Clima laboral	Mal clima	Buen clima
DIRECCIÓN	Mala gestión	Buena gestión
Orientación a resultados	No hay foco en los objetivos ni sistemas de autoevaluación. No existen objetivos compartidos	Foco en los objetivos y resultados compartidos. Sistemas de evaluación continua
Planificación, organización, ejecución, coordinación y control	Poca atención a los sistemas organizativos	Estructura consolidada con diferentes mecanismos para la gestión diaria del equipo

Preparación y aprendizaje	Ausencia de entornos de formación y aprendizaje	Entornos de preparación y formación. Fomentar la cultura de aprendizaje
LIDERAZGO	Ausencia de líder	Existe uno o varios líderes
Propósito	Desconocimiento o falta de claridad	Claridad y compartido por todos
Valores	Ausencia o poca atención	Cultura basada en valores compartidos
Orientación al cambio	Inmovilidad	Promueven los cambios para la transformación

ROLES DE EQUIPO: LA COMPLEMENTARIEDAD

«La fuerza del equipo está en cada persona. La fuerza de cada persona está en el equipo».

Phil Jackson

Cuando se construye un equipo solemos caer en la tentación de pensar que podemos elegir libremente a sus miembros, como hacíamos cuando jugábamos al fútbol en el colegio y el capitán elegía a los mejores. La realidad demuestra que ni es posible elegir siempre a los mejores, ni los equipos que cuentan en sus filas con los «número 1» obtienen los mejores resultados.

Esta fue la hipótesis de trabajo que en la década de 1970 desarrolló el Dr. Raymond Meredith Belbin mientras investigaba con equipos en la Henley Business School: si queremos un equipo número uno, buscaremos equipos que estén formados por los mejores. La premisa principal del estudio establecía que el éxito de los equipos debía estar vinculado al intelecto, pero se encontró que no era el intelecto sino el equilibrio entre personas diversas lo que posibilitaba que un equipo tuviese éxito. Descubrió a través de la observación de diferentes grupos que la compatibilidad entre las aptitudes personales y el hecho de tomar esta diversidad como una fortaleza podían favorecer la formación de un buen equipo de trabajo.

A raíz de este estudio, el Dr. Belbin definió el «rol de equipo» como *«una tendencia a comportarse, contribuir y relacionarse con los demás de una determinada manera»* y estableció junto a su equipo ocho roles de equipo a los que posteriormente añadió uno más. Según el Dr. Belbin, *«un equipo no es un conjunto de personas adscritas a determinados puestos de trabajo, sino una congregación de personas donde cada uno de ellas desempeña un rol que es comprendido por el resto de miembros. Los miembros de un equipo negocian entre sí el reparto de roles y desempeñan de manera más eficaz aquellos que les son más naturales»*.

Estos son los nueve roles de equipo de Belbin agrupados en tres categorías: roles orientados a la acción (impulsor, implementador y finalizador); roles orientados a las personas (coordinador, cohesionador e investigador de recursos); y roles orientados la reflexión (cerebro, monitor evaluador y especialista).

ROLES DE EQUIPO	CONTRIBUCIÓN AL EQUIPO
ROLES ORIENTADOS A LA ACCIÓN	
Impulsor	Retador, dinámico. Trabaja bien bajo presión. Tiene iniciativa y coraje para superar obstáculos.
Implementador	Práctico, de confianza y eficiente. Transforma las ideas en acciones. Organiza el trabajo que debe hacerse.
Finalizador	Esmerado, concienzudo y ansioso. Busca los errores. Pule y perfecciona.

ROLES ORIENTADOS A LAS PERSONAS	
Coordinador	Maduro, seguro de sí mismo. Identifica el talento. Aclara las metas. Delega bien.
Cohesionador	Cooperador, perceptivo y diplomático. Escucha e impide los enfrentamientos.
Investigador de recursos	Extrovertido, entusiasta, comunicativo. Busca nuevas oportunidades. Desarrolla contactos.
ROLES ORIENTADOS A LA REFLEXIÓN	
Cerebro	Creativo, imaginativo, librepensador. Genera ideas y resuelve problemas difíciles.
Monitor evaluador	Serio, perspicaz y estratega. Percibe todas las opciones. Juzga con exactitud.
Especialista	Entregado, independiente, con intereses limitados. Aporta cualidades y conocimientos específicos.

La idea básica que pretenden transmitir los roles de Belbin es la necesidad de la complementariedad dentro de los equipos. Es necesario que haya diferentes roles para dar una mayor amplitud de miras al equipo y que cada miembro realice la función que mejor se ajuste a su personalidad.

El futbolista chileno Iván Zamorano cuenta una anécdota que sirve para ilustrar la importancia de la complementariedad en un equipo. A su llegada al equipo del Inter de Milán se encuentra con otros dos jugadores de primer nivel que juegan en su misma posición, Ronaldo Nazario y Christian Vieri. Aparentemente todo hacía pensar que no jugaría ningún partido de titular; sin embargo, terminó jugando más que ellos. La razón consistía en que él aportaba algo que los otros dos no podían aportar. Ninguno de ellos se sacrificaba por el otro ni por el equipo. Sin embargo, él si podía hacerlo gracias a su capacidad de lucha, de entrega, de sacrificio, de presión, de movimientos continuos... Eso le permitió consolidarse dentro del equipo como jugador titular y jugar durante cinco años en la disciplina del conjunto interista.

4. ¿CÓMO TRANSFORMAMOS UN GRUPO DE TRABAJO EN UN EQUIPO?

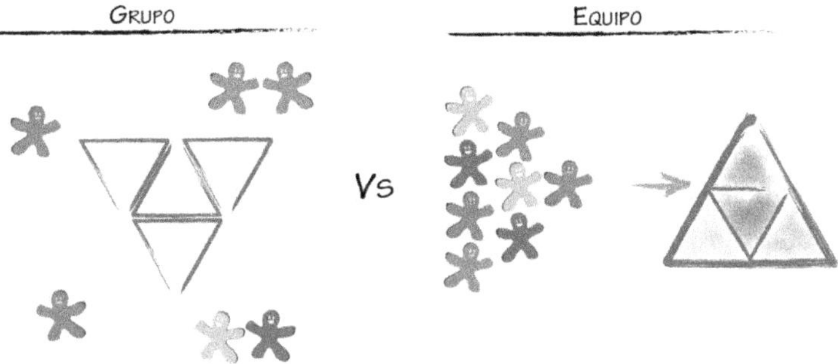

«Quizá la verdadera sede de la inteligencia no sea la razón sino el corazón; un corazón inteligente y una razón sensible forman un tándem imparable».

SANTIAGO ÁLVAREZ DE MON

Alrededor del año 300 a. C. surgió en Atenas una corriente filosófica denominada «estoicismo», que tuvo entre sus figuras más destacadas a Epicteto, Séneca o el emperador Marco Aurelio. Los estoicos argumentaban que en esencia el propósito de vida para los seres humanos es el uso de la razón para construir la mejor sociedad que humanamente es posible construir.

Lo que nos querían decir Epicteto y el resto de estoicos es que el aspecto fundamental del ser humano es que somos *seres sociales*, no solo en el sentido de que nos gusta la compañía de los demás, sino en el sentido profundo de que en realidad no podríamos existir sin la ayuda de los demás. Esta es la razón fundamental por la que el *Homo sapiens* triunfó sobre el *Homo neandertal.* Fue nuestra capacidad para cooperar en grupos cada vez mayores de individuos lo que permitió asentarnos y evolucionar como especie única, siendo los equipos la forma más elevada de organización de las personas para la realización del trabajo.

Las razones para fundamentar la importancia de los equipos respecto a los grupos de trabajo fueron expuestas en el anterior apartado. A modo de resumen podríamos concluir que los equipos pueden actuar mejor y con mayor rapidez, y cambiar más fácilmente que los grupos de trabajo. Tienen el poder de aumentar la productividad y la moral, tomar mejores decisiones, resolver problemas más complejos, hacer más para mejorar la creatividad y construir habilidades que los individuos trabajando por separado. Además, el equipo es la única unidad organizativa que cuenta con la flexibilidad y los recursos para responder velozmente a los cambios y las nuevas necesidades que afrontamos en el mundo de hoy.

Sin embargo, para construir una sociedad mejor no basta solamente con acudir a la razón, como defendían los estoicos. También es necesario tener en cuenta el componente emocional que activa el proceso. Lo único que permitirá mover a un grupo de trabajo hacia un equipo es la *pasión.* Es el resorte para poner en marcha un proceso de cambio extraordinario, conjugar emociones con argumentos racionales.

Ahora bien, en el mundo de la empresa hay determinadas creencias profundamente arraigadas, como «trabajo y diversión son incompatibles» o «las emociones no se pueden compartir en el trabajo» o «lo que no se puede medir no es importante». Por ejemplo, Henry Ford se refería a la relación entre trabajo y juego en los siguientes términos: *«Cuando estamos trabajando, deberíamos estar trabajando. Cuando estamos jugando deberíamos jugar. No hay por qué mezclar ambas cosas».* Fin de la discusión... O no.

Las cosas han cambiado. Los estudios científicos avalan las propiedades del juego y su repercusión positiva en el desarrollo personal, tanto a nivel emocional como creativo. Incluso se ha acuñado el término «déficit de juego» para aquellas personas que lo sufren por no poder jugar sin otra finalidad que la diversión debido a las rutinas, las responsabilidades y el ambiente laboral. El juego es la manera más eficaz de combatir el estrés, de entrar en armonía con nosotros mismos y liberarnos de las tensiones. Mientras jugamos nos recreamos, y al hacerlo evolucionamos y nos recargamos de energía.

Pero no solo se han detectado estos efectos positivos en las personas; también se han estudiado los beneficios del juego en las empresas, que lo incluyen como parte de sus políticas de motivación. Hoy día, las empresas modernas y adaptadas a la competitividad del mercado saben de la importancia de generar un ambiente de trabajo que no esté reñido con la diversión y el entretenimiento. Conseguirlo es poder contar con una plantilla motivada, inspirada y capaz de generar ideas que aporten innovación y creatividad.

En suma, las emociones y el juego son dos elementos que facilitan la transformación de los grupos de trabajo en equipos, y que complementan los argumentos estrictamente racionales que nos permiten hablar de los equipos como la forma de organización del trabajo más efectiva.

LOS ENEMIGOS DE LOS PROCESOS DE TRANSFORMACIÓN DE UN GRUPO

«Todos piensan en cambiar el mundo,
pero nadie piensa en cambiarse a sí mismo».

Alexei Tolstoi

Hace unos meses, durante un curso de formación con un equipo me sorprendió comprobar el inmovilismo respecto a las opiniones que tenía cada miembro del mismo. Eran posiciones enconadas sobre cómo deberían comunicarse dentro del equipo. La discusión fue subiendo de tono y lo que era un ejercicio agradable y entretenido dio paso a un momento de tensión entre las diferentes facciones que se crearon.

Ese momento reflejaba lo que nos sucede a menudo en cualquier discusión que podemos mantener con nuestra pareja, un amigo o un familiar: nuestra forma de ver un tema impide que podamos apreciar otra opinión distinta a la nuestra, y podemos caer en la tentación de acabar creyéndonos poseedores de la verdad. Esto es el dogmatismo, un fenómeno de alta densidad en nuestras vidas, y también en los grupos de trabajo y equipos.

Se manifiesta en expresiones tales como *«yo tengo razón»* o *«esto es así porque lo digo yo»*. Y refleja nuestra dificultad para salir de nuestro mapa mental, de la forma en la que percibimos la realidad. El dogma nos aleja de la diversidad, del pensamiento crítico y de otras posibilidades de hacer las cosas. Las posiciones dogmáticas de cada uno de los miembros del grupo cierran la opción de cualquier tipo de acuerdo. Y cuando se trabaja en equipo siempre habrá algún punto en el que la negociación será inevitable para poder conciliar posturas encontradas.

Esta cerrazón en defender nuestra posición tiene su origen en otro de los grandes enemigos a la hora de construir un equipo: el miedo. Mantener una opinión muy enconada hasta el extremo de sostener que «solo yo estoy en posesión de la verdad» suele ser el reflejo de un miedo a perder algo. Por ejemplo, un trabajo, una situación cómoda dentro del equipo, un estatus adquirido... Cuando hay miedo, los equipos no avanzan, se paralizan. El miedo al cambio es uno de los mayores enemigos de los equipos.

A la inmensa mayoría de las personas nos gusta vivir en la tranquilidad. Preferimos la estabilidad a la incertidumbre que traen consigo los cambios. Sin embargo, los cambios son inevitables, y en demasiadas ocasiones nos aferramos al concepto de «incomodidad acomodada» para mantener situaciones poco placenteras –ambientes estresantes, insatisfacción laboral o nulo reconocimiento profesional– pero que nos reportan algún tipo de beneficio como la seguridad del puesto de trabajo.

Existe otro gran enemigo que impide la conversión de los grupos en equipos. En alguna ocasión he presenciado como los jefes con los que estaba trabajando se removían incómodos en sus asientos cuando algún miembro de su propio equipo hacía alguna observación crítica sobre algún área de mejora. Y aquí es donde aparece uno de los principales obstáculos: la falta de autocrítica, que se traduce en autocomplacencia.

Un conocido entrenador de fútbol a menudo suele decir que el momento más peligroso de un equipo y cuando hay que estar más atentos es cuando todo va bien, cuando todo marcha perfecto. No le falta razón. En esta vida, *«o empeoras o mejoras»*. Y cuando un equipo ha alcanzado un nivel alto de rendimiento se relaja (a nivel individual también nos ocurre). Preferimos ver la montaña que hemos escalado mirándonos el ombligo y recrearnos en los logros conseguidos, aunque esos logros queden muy lejos en el tiempo.

Por último, y no menos importante, otro de los grandes enemigos para construir un equipo es el victimismo, que se traduce en la queja continua sobre las condiciones que nos han tocado vivir. Cuando nos vienen mal dadas, solemos echar la culpa a los demás de nuestros males y la consecuencia es el victimismo. La queja significa echar balones fuera, buscar excusas, no aceptar nuestra responsabilidad en la situación. Cuando nos quejamos dejamos de hacer autocrítica y cerramos la posibilidad a la mejora continua.

LOS ALIADOS PARA CONSTRUIR UN EQUIPO: RESPONSABILIDAD, RESPETO, PERSEVERANCIA Y HUMILDAD

«La mejor manera de mejorar tu equipo es mejorando tú mismo».

John Wooden

Para poder superar estos cuatro obstáculos –victimismo, dogmatismo, miedo y autocomplacencia– es necesario forjar el carácter de cada miembro del equipo mediante el desarrollo de determinadas cualidades.

En primer lugar, cuando un grupo quiere convertirse en un equipo, cada componente del mismo debe asumir la responsabilidad frente al desafío que se le plantea. Todos tienen que querer conseguir dicho objetivo. Es decir, debe existir la voluntad de hacerlo realidad. La voluntad se define como la fuerza interior que impulsa a cada miembro del grupo a fijarse unas metas individuales y colectivas, y poner todas las energías al servicio de este objetivo. Y se manifiesta en la intención de querer aprender una nueva forma de hacer las cosas, de abrirse a nuevas opiniones, de aceptar y respetar otros puntos de vista... Cuando el grupo desarrolla la voluntad por entender otras realidades supera el dogmatismo más obtuso, a través de la aceptación y el respeto por las ideas de otros.

En segundo lugar, para llegar a ser un equipo, el grupo tendrá que hacer frente a diferentes retos, dificultades y adversidades, que exigirán a todos sus componentes desarrollar la capacidad de aguantar y continuar como explica Toni Nadal sobre lo que diferencia a Rafa Nadal del resto. Es decir, resiliencia y perseverancia. En general no estamos acostumbrados a practicar estas cualidades. Ambas sirven para fortalecer nuestro carácter, nos permiten apretar los dientes y seguir adelante. Aguantarse no significa resignarse. Aguantarse es aceptar que la adversidad forma parte de la vida, y por tanto es natural.

Y, en tercer lugar, un equipo que quiere progresar necesita la autocrítica y desarrollar la cualidad de la humildad. Esto significa no tener miedo a mirar nuestros errores, nuestros fallos o equivocaciones, a recibir *feedback* sobre cómo mejorar. La humildad nos ofrece la oportunidad de seguir avanzando al tiempo que vamos aprendiendo a decir «no sé» o «me he equivocado». La humildad nos aleja de la soberbia y la prepotencia, que aparecen cuando un grupo de trabajo se recrea pensando «lo buenos que somos».

LA DIVERSIÓN ENCIENDE LA MECHA DE LA TRANSFORMACIÓN

«No es lo que tenemos, sino lo que disfrutamos lo que constituye nuestra abundancia».

EPICURO

Conviene recordar a otro filósofo heleno, Epicuro, quien, también alrededor del año 300 a. C., creó una nueva corriente filosófica que tenía como principal fin lograr la felicidad a través de la búsqueda del placer y la evitación del sufrimiento. La ética epicúrea se enmarcó dentro de lo que se denominó el «hedonismo», que establece la satisfacción como fin superior y fundamento de la vida. Su principal objetivo consiste en la búsqueda del placer.

La gente no suele tener éxito en nada a no ser que se divierta haciéndolo. De hecho, hoy en día existe la tendencia a incorporar en nuestras vidas todo lo que tenga que ver con la diversión, el pasarlo bien, el hacer lo que nos gusta, etc. Cualquier intento de transformar un grupo de trabajo en un equipo pasará por establecer un clima de diversión que permita conectar al grupo con el proceso. Necesitamos divertirnos con lo que hacemos. Cuando hacemos algo que nos divierte disfrutamos y todo es más sencillo. Buscamos disfrutar de experiencias positivas y divertidas, y huimos de aquello que nos reporta experiencias poco satisfactorias. Aunque debemos evitar caer en la idea infantil e inmadura, que todo es diversión y placer cuando estamos construyendo un equipo o trabajando en equipo.

Stuart Brown y Christopher Vaughan, en su libro *¡A jugar!* definen el juego como aquello que hacemos para divertirnos de forma voluntaria. Es agradable por sí mismo, entretenido y absorbente. Nos ayuda a improvisar, porque dentro de sus parámetros se producen siempre situaciones inesperadas que nos desafían. Además, es algo que deseamos siempre debido al placer que nos produce.

Incorporar el juego en el ámbito empresarial tiene numerosas ventajas:

1. Permite adaptarnos a diferentes situaciones y aprender habilidades y conocimientos.
2. Facilita la búsqueda de soluciones creativas en un entorno que está libre de presiones.
3. Favorece las relaciones cordiales entre los diferentes participantes del juego.
4. Posibilita el aprendizaje de los valores morales y habilidades para las relaciones sociales.
5. Ofrece la posibilidad a los distintos participantes del juego de valorar positivamente el esfuerzo y el éxito del resto de compañeros.

6. Incrementa las conductas de ayuda y comunicación entre los participantes del juego.

Decía Raph Koster, autor del libro *A Theory of Fun for Game Design*, que la diversión es otra forma de aprender. Jugamos para divertirnos y a la vez estamos aprendiendo. Es más, cuando en un juego dejamos de aprender comenzamos a aburrirnos. Mientras nos ofrece retos complicados nos atrae. Cuando deja de hacerlo, lo abandonamos. Cada reto es un problema que solucionar. Pero, ¿cómo podemos incorporar el juego y la diversión en el proceso de transformación de un grupo en un equipo?

Podemos utilizar juegos que permitan recrear aquellos escenarios a los que el grupo tendrá que enfrentarse en el proceso de transformación. Por ejemplo, el Ejército de EE.UU. crea videojuegos que recrean situaciones de combate a las que tendrá que enfrentarse en la vida real; existen juegos de rol que ayudan a profundizar la habilidad de la empatía y promover interacciones sociales; o la metodología Lego Serious Play, que permite construir la identidad de equipos a través de la identificación de un propósito y valores compartidos por el grupo.

En resumen, el objetivo consiste en crear a través del juego una realidad alternativa, o un mundo paralelo que podamos crear y explorar, limitados únicamente por nuestra imaginación. El juego es una herramienta para poder desarrollar nuestra creatividad y generar un clima de diversión y entretenimiento.

Ahora bien, el reto está en aprender a disfrutar de aquello que hacemos, sea lo que sea. Hacer solo lo que nos divierte o lo que nos gusta no es perdurable en el tiempo. Incluso aunque tengamos el trabajo de nuestros sueños, habrá situaciones en las que deberemos hacer cosas que no nos gustan ni nos divierten. Si solo pensamos que a través de la diversión podemos lograr nuestro objetivo, estaremos abocados al fracaso. Durante el proceso de transformación de grupo a equipo, el grupo pasará dificultades, donde la diversión dejará paso a otros requisitos necesarios para poder continuar el camino. Es ahí cuando aparece el compromiso del grupo para lograr el objetivo de construirse como equipo.

EL PROCESO DE TRANSFORMACIÓN DE UN EQUIPO CONLID

«Del compromiso individual al esfuerzo de un equipo. Eso hace que un equipo funcione, que una compañía funcione, que una sociedad y civilización funcionen».

Vince Lombardi

Un iceberg es una gran masa de hielo flotante que se mueve lentamente por la parte más septentrional de los polos. Aparenta no ser muy grande, apenas sobresale del agua la octava parte de su volumen total; sin embargo, su parte sumergida puede alcanzar dimensiones enormes.

La metáfora del iceberg sirve para explicar aquellos hechos que no son completamente visibles a nuestra vista. Por ejemplo, los procesos internos que suceden en una persona o en un grupo. Cuando trabajamos con ellos podemos ver la parte visible, representada a través de sus comportamientos. Pero hay otra parte inmensa que no se ve, donde encontramos diferentes elementos que determinan su identidad: capacidades, creencias, valores, emociones, motivaciones, propósito...

Además, el iceberg se mueve debido a las corrientes internas que se producen en la profundidad del océano. Lo mismo sucede con los equipos. Podemos ejecutar acciones o tareas que permitan modificar los comportamientos de cada miembro del grupo, pero lo que realmente los transformará serán las acciones que realicemos en aquello que no se ve a primera vista.

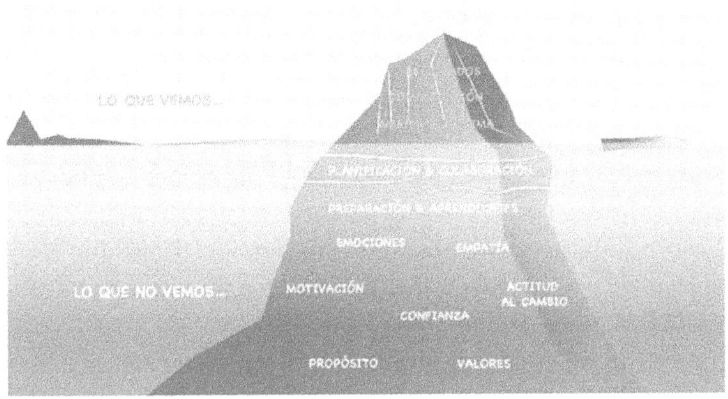

Imagen 2. Un equipo es como un iceberg.

Por lo tanto, cualquier proceso de transformación que aborde un grupo nacerá desde las entrañas más profundas del mismo, irá de dentro hacia fuera. Y, como veremos más adelante, cuando un grupo inicia un proceso de transformación para convertirse en un equipo deberá trabajar en paralelo diferentes aspectos.

«Houston, tenemos un problema»

Cuando a una persona o a un equipo le sonríe la vida en raras ocasiones se plantea cambiar algo. ¿Para qué vamos a tocar lo que funciona? Evitamos la palabra *revolución* para centrarnos en el término *evolución*. Lo que funciona no se toca, como mucho se hacen pequeños cambios ornamentales que sirvan para mantener la tendencia. Sin embargo, llega un momento en el que, por el propio devenir del tiempo, las cosas dejan de funcionar. Es en ese momento cuando aparecen las palabras crisis, cambio y transformación.

Para que un grupo se transforme en un equipo, lo primero que tiene que ocurrir es que tome conciencia de que está en un aprieto, que las cosas no funcionan bien. Se tiene que dar cuenta de que necesita hacer las cosas de forma diferente. Por ejemplo, debe ser consciente de que las condiciones que se dan en cada uno de nuestros «triángulos» no son las más adecuadas para conseguir los objetivos planteados, ya sea en términos de productividad y rendimiento, o en términos de felicidad y bienestar del equipo. Tiene que ver y sentir los efectos de la falta de confianza, de empatía, de una mala comunicación, etc.

Estos efectos se resumen en los siguientes puntos: disminución de la productividad y el rendimiento, menores niveles de felicidad y bienestar, bajo nivel de compromiso y motivación, ausencia de espíritu de equipo, errores en la toma de decisiones, baja resolución de problemas complejos, escasa capacidad para abordar los cambios, estancamiento en el aprendizaje de habilidades, bajo nivel de inteligencia colectiva/social...

Este despertar se producirá cuando el dolor emocional que supone vivir en la desconfianza, la mala comunicación, la desmotivación, el mal clima, etc., sea tan grande que requiera un cambio. O cuando los beneficios que traen consigo la conexión, el compromiso, la dirección y el liderazgo sean tan nítidos y aporten tanto al grupo que provoquen la ilusión por lograrlos. Es decir, en cualquiera de los dos casos el componente emocional dará el pistoletazo de salida: alejarnos del dolor o acercarnos al placer, entendido este como felicidad o bienestar.

Los cuatro triángulos esenciales de los equipos

El segundo paso que necesita dar un grupo que quiera convertirse en un equipo es construir la visión de lo que quiere llegar a ser. Visionar consiste en tener la capacidad de traer el futuro al presente. Todo proceso de transformación pasa por la necesidad de fijar un rumbo y un destino. Cuando existe una visión clara y compartida de lo que queremos, se aúnan las voluntades de cada miembro del grupo y todos se comprometen y movilizan para lograrla. Lo que hay detrás de la visión es el propósito, la causa por la que el equipo se pone en acción.

Un grupo de trabajo que quiera convertirse en un equipo tendrá que trabajar aquellos aspectos que provocaban la desaparición de los equipos: la confianza, la empatía, la comunicación, la gestión emocional, la motivación, el buen clima, la orientación a resultados, la planificación, la preparación y el aprendizaje, el propósito, los valores y el cambio.

Cuando realizamos este ejercicio, comenzamos a transformar nuestro «Triángulo de las Bermudas» donde desaparecían los equipos en un nuevo triángulo formado a su vez por los cuatro triángulos esenciales de los equipos, donde aparecen los cuatro elementos clave: conexión, compromiso, dirección y liderazgo.

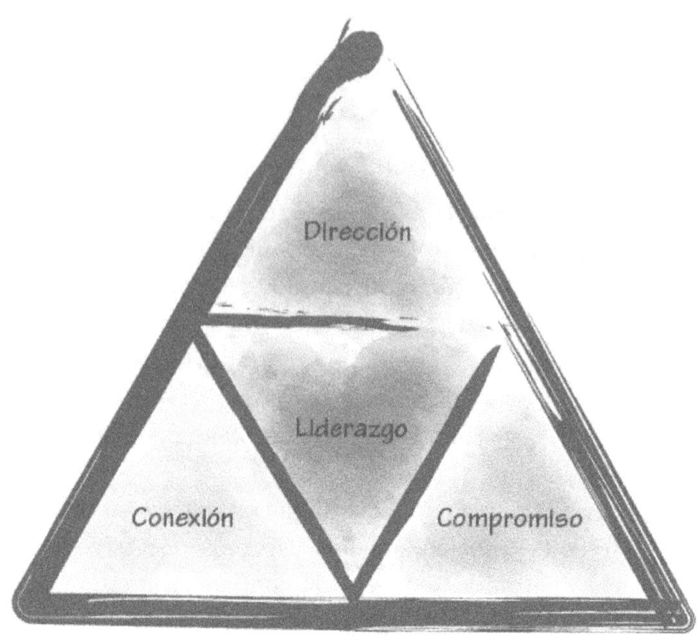

Imagen 3. Los cuatro triángulos esenciales de los equipos ConLid.

Los equipos ConLid: de la conexión al liderazgo

El tercer paso consiste en crear el equipo, y a este le daremos un nombre específico: «equipo ConLid», que es el resultado del proceso de transformación de un grupo que adquiere los cuatro aspectos clave para convertirse en un equipo: la conexión, el compromiso, la dirección y el liderazgo. El término «ConLid» es un acrónimo tomado de las tres primeras letras de las palabras conexión y liderazgo, y refleja la idea de un proceso de transformación realizado de forma sincronizada y simultáneo sobre diferentes aspectos relacionados con el equipo, y que se produce desde que los diferentes miembros del grupo comienzan a crear la conexión necesaria para desarrollarse como equipo hasta llegar al último elemento, el liderazgo.

Crear es la capacidad para imaginar cómo se puede llevar a cabo este proceso. En este paso, se trata de actuar en el presente tomando decisiones para poder alcanzar el futuro deseado. La única forma de tener un futuro diferente es haciendo las cosas de manera distinta en el presente. Es el momento en que el grupo y el responsable del mismo se plantearán determinadas preguntas relativas a los cuatro aspectos centrales de los equipos: ¿qué vamos a hacer para fortalecer la conexión entre los diferentes miembros del grupo?, ¿qué necesitamos para activar el compromiso?, ¿a qué elementos tenemos que poner atención para dirigir con efectividad al grupo? Y, por último, ¿cuáles son los factores que permiten liderar un equipo?

Una vez que hemos tomado conciencia de dónde estamos, qué es lo que queremos y cuáles son los aspectos fundamentales para lograr transformarnos en un equipo, solo resta el último paso: pasar a la acción, es decir, hacer que suceda. La transformación es el resultado de una decisión llevada a la acción. En esta etapa, el grupo trabajará con las acciones concretas en cada uno de los pasos necesarios para construir un equipo ConLid. Los doce pasos que hemos identificado son los opuestos a las condiciones que se daban en los cuatro «Triángulos de las Bermudas» de los equipos, y los hemos agrupado en cada uno de los triángulos mágicos de los equipos ConLid:

- CONEXIÓN: Confianza, empatía&comunicación
- COMPROMISO: Gestión emocional, motivación& buen clima
- DIRECCIÓN: Orientación resultados, planificación, organización, ejecución, coordinación y control& preparación/aprendizaje
- LIDERAZGO: Propósito, valores&cambio

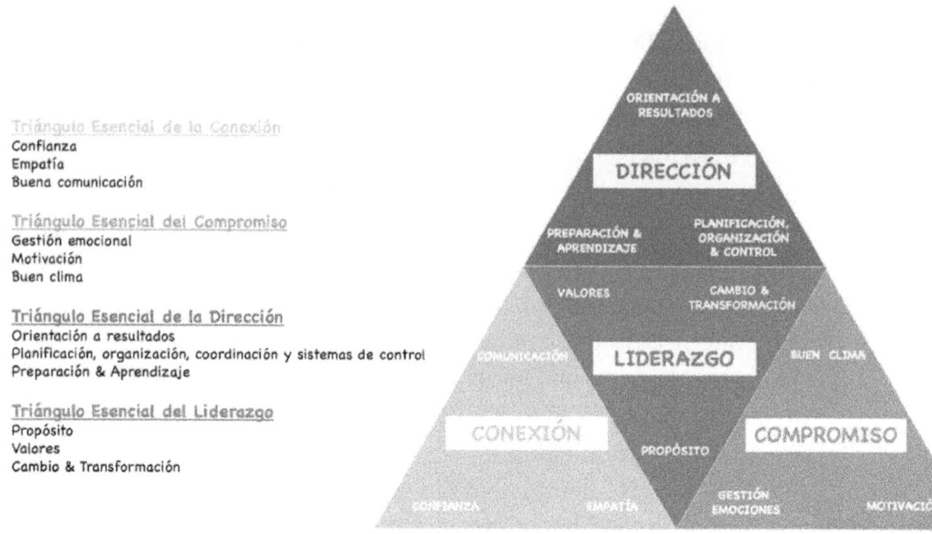

Imagen 4. Equipos ConLid, los 12 pasos de la conexión al liderazgo.

Conviene aclarar que el proceso de transformación de un grupo en un equipo ConLid requiere trabajar en paralelo los diferentes triángulos que hemos definido. Cada uno de estos triángulos representan los conceptos esenciales, y se han asociado tres pasos o competencias a cada uno de ellos. Sin embargo, cada paso puede influir y estar relacionado con el resto de conceptos esenciales. Además, no es necesario seguir un orden estricto durante el proceso. De hecho, algunos equipos, como veremos más adelante, pueden optar por priorizar algunos pasos, como por ejemplo la búsqueda del propósito o instaurar los valores, y abordarlos de forma inmediata. De ahí la necesidad de que el proceso de transformación de grupo a equipo se realice desarrollando los diferentes pasos o competencias de forma simultánea y sincronizada hasta alcanzar un equipo ConLid. Para facilitar el proceso de comprensión seguiremos el siguiente orden: conexión, compromiso, dirección y liderazgo.

Construyendo equipos ConLid a través del juego

A través del juego podemos responder de forma creativa a cuestiones fundamentales relacionadas con la vida de un equipo. Como dice John Cleese, *«si quieres trabajadores creativos, dales tiempo suficiente para jugar»*.

Por ejemplo, vivimos en un mundo complejo y en continuo cambio y el juego permite a los equipos recrear esta realidad para saber cómo gestionarla, diseñando y planificando soluciones sencillas y prácticas. Además, el juego facilita la participación de todos los miembros de un equipo, elemento vital para crear proyectos sostenibles e integradores, aprovechando los conocimientos e ideas de todos. Por último, por muy inteligente que sea el líder o el responsable del equipo, la clave de la evolución y el desarrollo de cualquier grupo radica en escuchar las ideas de cada componente. A través del juego cada componente del grupo puede expresar sus ideas.

Utilizando la metodología Lego Serious Play podemos responder a estas cuestiones para construir los equipos ConLid. Decía Peter Drucker: *«No sabemos cómo será el futuro con precisión. Sin embargo, hay que imaginarlo, hay que crear una visión que sirva para representar adónde queremos llegar»*. Y esto es lo primero que hacemos cuando jugamos con Lego: cada uno de los miembros del equipo imagina cómo quiere que sea el mundo y, desde esa visión, el equipo crea una estrategia útil y práctica hasta alcanzar el objetivo deseado.

El «juego serio» ayuda a los equipos a resolver problemas complejos. Utilizando un conjunto de herramientas y estrategias, podemos examinar las cosas a fondo. Explorar nuevas ideas, llevar a cabo experimentos y poner hipótesis a prueba. El objetivo es generar enfoques y resultados nuevos y sorprendentes. ¿Cómo? Desde el «conocimiento que tienen las manos» y con un modo diferente de pensar podemos abordar los aspectos fundamentales para construir un equipo: la conexión, el compromiso, la dirección y el liderazgo.

5. PRIMER TRIÁNGULO ESENCIAL DE LOS EQUIPOS CONLID:

Conexión

«Cuando las arañas tejen juntas, pueden atar un león».

Proverbio etíope

El 3 de septiembre de 2006, un grupo de amigos que jugaban al baloncesto se proclamaron campeones del mundo por primera vez en la historia del básquet español. La imagen de aquel grupo, con sus cintas de samurái anudadas en sus cabezas, quedará marcada para siempre en nuestras retinas. Aunque había algo más en aquel grupo que llamaba la atención y que te daba ganas de formar parte de él: la conexión entre los diferentes miembros del equipo.

Una conexión que comenzó a fraguarse muchos años antes, desde que aquella generación de jugadores se reunía cada verano para disputar con la Selección Española diferentes competiciones (campeonatos de Europa, mundiales o JJ.OO.). Aquel grupo de amigos estaba deseando que llegara el verano para volver a reunirse y ponerse un nuevo reto. Formaban una piña, una familia. Pero, ¿dónde estaba el secreto de aquel equipo?, ¿qué elementos provocaban aquella conexión?

Una de las preguntas clave para determinar el grado de pertenencia a un grupo tiene que ver con la palabra conexión: ¿estamos conectados? Pero, ¿qué significa realmente estar conectado? Si acudimos a la RAE, «conectar» significa *«unir o poner en comunicación dos cosas o dos personas»*. También *«lograr una buena comunicación con alguien»*. Por lo tanto, un primer aspecto para determinar si un grupo está conectado será analizar qué tipo de comunicación existe entre sus componentes.

Y una de las claves de aquel equipo era la comunicación. Como cuenta Carlos Cabezas, componente de aquella selección, en el libro de Antonio Sánchez *Generación ÑBA*: *«aquel grupo hablaba sobre cualquier malentendido y se solucionaba. Incluso si un compañero estaba tocado lo decía para que los demás supieran que quizá tuvieran que hacer un esfuerzo extra»*. Una comunicación basada en la confianza, término al que hizo referencia el entrenador de aquel equipo, Pepu Hernández, en el primer encuentro que mantuvo con sus jugadores: *«Confianza para abordar cualquier tipo de cuestiones, técnicas, tácticas o físicas, y sobre todo, de los problemas personales»*. Además, aquel grupo tuvo que hacer frente a determinadas situaciones adversas que difícilmente podrían haberse superado sin la capacidad para empatizar y conectar las emociones que estaban viviendo sus compañeros u otros miembros del equipo.

Alex Pentland, profesor del Laboratorio de Dinámica Humana del Instituto Tecnológico de Massachusetts, a través de los estudios realizados sobre grupos humanos explica que el rendimiento de un equipo viene dado por determinados factores y comportamientos relacionados con la comunicación como hablar y escuchar en la misma proporción, mantener conversaciones frecuentes y de forma presencial con todos los miembros del equipo incluido el jefe, o establecer conversaciones gestuales. Por lo tanto podemos concluir que la comunicación es un factor clave para determinar si estamos ante un equipo o un grupo de trabajo a secas.

Sin embargo, la comunicación eficaz que caracteriza a un equipo no es magia, ni se produce porque casualmente todos los componentes del mismo se lleven bien. Una comunicación fluida, transparente y sincera dentro de un grupo es una consecuencia de haber trabajado otros elementos como la confianza o la empatía. Cuando sentimos que podemos confiar en nuestros compañeros, la comunicación se hace más sincera. La confianza es el pegamento que une y conecta a los componentes de un grupo. La empatía, por otro lado, nos permite escuchar de un modo diferente, conectando con los sentimientos de los demás.

Cuando un grupo muestra una buena comunicación, cuando existen confianza y empatía, comienza a surgir un espíritu de pertenencia que se caracteriza por la sensación de querer estar y pertenecer a ese grupo. Esta sensación se refuerza cuando sentimos que somos valorados y reconocidos y cuando existe un horizonte de continuidad que nos mantiene unidos. Cuando sucede esto, conectamos. Entramos en un estado que los científicos denominan «seguridad psicológica». Viene a ser algo similar a lo que nos sucede cuando estamos en familia; nos despreocupamos y conectamos porque nos sentimos seguros. De hecho, así es como se sienten los equipos, como una familia.

PASO 1: ENTRENAR LA CONFIANZA ENTRE LOS MIEMBROS DEL EQUIPO

«La confianza se entrena».

Svetislav Pesic

La palabra «*scipio*» significa bastón en el que apoyarse. La mención de esta palabra nos lleva a una de las familias más conocidas y veneradas de la antigua Roma: los escipiones, cuyo máximo exponente fue Publio Cornelio Escipión, quien luchó contra Aníbal en la primera guerra mundial de la antigüedad. El apodo por el que eran conocidos se debía a que uno de sus antepasados, Lucio Cornelio Barbo, era ciego, y su hijo, Lucio Cornelio, se convirtió en su «*scipio*», es decir, en su bastón. Desde ese momento, todos los miembros de esta familia fueron denominados «escipiones».

Los escipiones aprendieron que cada generación debía enseñar a la siguiente, a que fuera su *scipio* o bastón para ayudarla a sostenerse cuando llegaran las dificultades. Se establecía una confianza mutua entre padres e hijos. De este modo, Publio Cornelio Escipión, conocido como «el Africano», se convirtió en el único general romano que venció a Aníbal. Y lo consiguió gracias a la confianza que depositaron en él su padre Publio y su tío Cneo. Una confianza basada en la preparación y el entrenamiento de las cualidades necesarias para ser un excelente militar y poder desenvolverse con soltura en la política.

Este general de carácter benévolo, afable y magnánimo fue capaz de rodearse de militares prestigiosos que mostraban grandes cualidades en el campo de batalla y de políticos afines a sus ideas. Eran sus hombres de confianza y extendió dicha confianza a sus centurias para ser elegido cónsul a pesar de que solo tenía treinta años de edad.

La confianza en el contexto de un equipo es la seguridad que tienen todos los componentes del mismo sobre las intenciones de cada uno de sus compañeros. No hay necesidad de desconfiar de ninguno de ellos, ni de ser cauteloso dentro del grupo. Confianza es poder creer en tus compañeros por completo. Es el fundamento de un equipo cohesionado y que funciona.

Por otro lado, para afrontar cualquier reto, cada componente del grupo necesita confiar en sus fortalezas, sus capacidades, su talento... Tener confianza significa creer en uno mismo y en sus posibilidades, habilidades, actitud y experiencia. Y en un equipo, el primero que tiene que tener confianza es el que dirige, porque nadie va a seguir a alguien que parece inseguro y que duda continuamente de sus planteamientos, o que se muestra incoherente entre lo que dice y lo que hace.

La piedra angular de los equipos: la confianza

«Los buenos equipos se convierten en grandes equipos cuando sus integrantes confían tanto en sus compañeros como para que prevalezca el 'nosotros' sobre el 'yo'».

Phil Jackson

Etimológicamente, el significado de la palabra «confianza» proviene del latín *confidentia,* donde el prefijo «con» significa «junto, todo, con» y el término latino *fides* significa «fe». Por lo tanto, el significado de la palabra completa es «con toda la fe», con absoluta convicción.

La confianza es el primer pilar sobre el que se construyen todos los equipos. No es posible crear un equipo si los componentes del mismo no tienen una convicción absoluta en las aptitudes, los comportamientos y las actitudes del resto de compañeros. Cuando formamos parte de un equipo, cada componente aporta su granito de arena y se convierte en una pieza importante dentro del engranaje del grupo, cumpliendo su cometido. Si alguien falla, el equipo se resiente.

Hay diferentes aspectos que debilitan la confianza dentro de un equipo: los cambios, la falta de rutinas o planificación, el miedo al fracaso y al error, los problemas personales, las bajas prolongadas, los problemas de la empresa a nivel más general, la ausencia de buen clima, perder el foco en los resultados, olvidarnos de nuestro talento, no alcanzar los objetivos, las opiniones de los demás... Todos estos elementos inciden negativamente en la confianza de cada miembro del grupo y se extienden al equipo como unidad.

Crear un clima de confianza dentro del equipo se convierte en una responsabilidad compartida, tanto por el que dirige el grupo como por cada persona. Por ejemplo, si se han producido cambios en la organización o el equipo, el responsable del grupo debe explicar y argumentar los motivos del cambio, puesto que cada componente se sentirá seguro si le encuentra sentido a ese cambio. Por tanto, la confianza no surge de la nada. Como todo lo que realmente merece la pena en esta vida, necesita trabajarse, requiere un esfuerzo.

La confianza nace de un juicio

«El miedo llamó a la puerta, salió la confianza y cuando abrió ya no había nadie».

Anónimo sufí

La confianza es el material con el que se construyen las relaciones. Cuando conocemos a una persona o entramos a formar parte de un grupo no hay nada entre nosotros. La confianza va cimentando nuestras relaciones poco a poco. De esa forma, y teniendo en cuenta determinadas experiencias o situaciones, somos capaces de emitir un juicio o una opinión sobre alguien: *«yo confío»* o *«yo no confío»*. Esto nos abre o cierra las puertas a relacionarnos con los demás.

La confianza trae asociada la posibilidad de abrir espacios de conversación con el equipo, donde se activarán determinadas emociones positivas como la alegría, la felicidad... que veremos en los próximos capítulos. Esto permite generar más acciones y desarrollar la creatividad dentro de los equipos para emprender proyectos. Un equipo donde reina la confianza no tiene miedo a abordar proyectos ambiciosos porque confía plenamente en las capacidades de todos sus miembros para enfrentarse a cualquier reto.

Además, la confianza permite abordar conversaciones «difíciles», ya que todos los miembros del equipo pueden expresarse con sinceridad sobre determinados temas sin temor a sufrir represalias. Sin embargo, cuando desconfiamos nuestras conversaciones se vuelven precavidas, suspicaces y temerosas. La falta de confianza nos genera miedo. Cuando no podemos confiar en nuestros compañeros de equipo andamos con pies de plomo, sin compartir toda la información por miedo a ser traicionados. Actuaremos buscando la protección dentro de nuestra zona de confort y se crearán grupos con personas afines, que desconfiarán también del resto del grupo.

La confianza implica poder creer a una persona por completo. Utilizando una metáfora, la confianza sería como una pompa gigante de jabón. Cuesta mucho hincharla sin que se rompa, pero es muy fácil que se pinche. Y, si lo hace, cuesta mucho volver a hincharla, pero cuesta más aún recuperar la ilusión de querer llenarla de nuevo. Por lo tanto, nos podemos equivocar, pero nunca engañar ni traicionar la confianza de las personas que nos rodean.

Entrenar la capacidad para ser más confiable

«Cada vez que te corrijo es porque me interesas como jugador. Si un día dejo de corregirte, habrás dejado de interesarme».

ZELJKO OBRADOVIC

Decía André Agassi en su autobiografía *Open*: *«A muy pocos de nosotros se nos concede la gracia de conocernos a nosotros mismos y, hasta que lo hacemos, tal vez lo mejor que podamos hacer sea ser coherentes»*. Y probablemente esos sean nuestros dos principales males: la falta de autoconocimiento en nuestras propias capacidades y la falta de coherencia. Ambos elementos son imprescindibles para desarrollar la confianza en uno mismo y en el resto de componentes del equipo, junto a la credibilidad. Es lo que definimos como la fórmula de la confianza, la suma de las tres «ces»: capacidad, credibilidad y coherencia.

En primer lugar, confiamos en los miembros de un grupo cuando creemos en sus capacidades o competencias para cumplir con su tarea. Si no tenemos confianza en sus habilidades para desarrollar la función encomendada, difícilmente les daremos ningún trabajo y su participación en el equipo decaerá. Además, cuando desconfiamos de alguien por su incompetencia, la relación se debilita inmediatamente.

La falta de competencia tiene solución con la formación y el aprendizaje. Cuando entrenamos nuestras capacidades lo que estamos haciendo es desarrollar nuestro talento. Talento y confianza van de la mano y ambos se alimentan el uno del otro. Una persona con talento se siente segura de sus aptitudes y genera confianza en el resto del grupo. Y sin la confianza en uno mismo y del grupo es complicadísimo desarrollar nuestro talento.

Además, el desarrollo del talento tiene otros componentes que es necesario tener en cuenta para no caer en la ingenuidad de pensar que por mucho que entrenemos o nos formemos vamos a ser talentosos en nuestra tarea. Primero, el talento nace de un don, de una condición innata que nos permite desarrollar con habilidad una tarea y generalmente disfrutando de lo que hacemos. Segundo, el talento tiene en cuenta el contexto, la situación en la que desarrollamos nuestro trabajo, y en muchas organizaciones o grupos de trabajo hay una inmensa cantidad de talento dormido o desperdiciado, al no estar en el contexto adecuado para desarrollarse. Tercero, el talento necesita competencia; estar rodeado de gente talentosa nos hace mejores, nos incentiva a no quedarnos atrás, a ir más allá, buscando la superación personal y el crecimiento. Y, cuarto, el talento requiere libertad. Una persona con talento necesita espacio y autonomía para desarrollarse.

La credibilidad nos hace predecibles

«La cualidad esencial para el liderazgo no es la perfección sino la credibilidad. Las personas tienen que ser capaces de confiar en usted o no lo seguirán. ¿Cómo puede aumentar su credibilidad? No pretendiendo ser perfecto sino siendo franco».

Rick Warren

En segundo lugar, confiamos en otras personas en la medida en que su historial de acciones y comportamientos avala su trayectoria. Es lo primero que hacemos cuando conocemos a alguien: buscamos su currículo o referencias que nos permitan conocer si podemos fiarnos de ella. Cuando alguien se incorpora a un grupo de trabajo, previamente pasa por una evaluación del jefe, que tiene en cuenta los aspectos técnicos, sus capacidades y competencias, y estos se contrastan con la experiencia demostrada.

Pero este proceso de evaluación también se extiende al resto de miembros del grupo. Cada vez que llega un nuevo componente a un equipo, el grupo también lo evalúa. Basta con realizar una dinámica con varios equipos e intercambiar a sus diferentes líderes para observar la diferencia en cómo cada miembro recibe a los nuevos líderes. Aquellos que mostraron un desempeño brillante en su anterior puesto son recibidos con confianza, mientras que los que no cumplieron con los objetivos despiertan desconfianza.

El histórico de acciones, la trayectoria demostrada a lo largo del tiempo, es lo que genera credibilidad en los demás porque nos permite ser predecibles. Si en el pasado fuiste sincero y cumpliste tus promesas, si hiciste bien tu trabajo, estimo que en el futuro las cosas seguirán siendo igual. Este fenómeno también se conoce como la «ley de la profecía autocumplida». Cuando juzgamos que una persona es creíble, todo lo que haga tenderá a parecernos adecuado, mientras que si se equivoca, lo pasaremos por alto o lo justificaremos.

Como decía Goethe, *«trata a una persona tal y como es, y seguirá siendo lo que es; trátala como puede y debe ser, y se convertirá en lo que puede y debe ser»*. Este fenómeno se conoce por el «efecto Pigmalión» y en términos de gestión de equipos está asociado al poder de las expectativas. Lo que esperamos de los demás, en sentido positivo o negativo, condiciona nuestro trato hacia ellos.

La coherencia refuerza la confianza

«No interesa tanto lo que pensamos y sentimos, como lo que decimos y hacemos con lo que pensamos y sentimos».

Santiago Álvarez de Mon

Y, en tercer lugar, aparece la coherencia como elemento básico en la fórmula de la confianza junto a las otras dos «ces»: la capacidad o competencia para hacer las cosas, y la credibilidad que muestra mi histórico de veces que me he enfrentado a situaciones complejas. La coherencia se mide por el grado de sinceridad que mostramos entre lo que decimos y hacemos.

En los grupos de trabajo y en la vida en general, cuando abordamos cualquier situación compleja que implique una decisión importante se establece un combate entre lo que pensamos y lo que sentimos. Aparecen el miedo, la incertidumbre, las dudas o la inseguridad. En los momentos de cambio, conflicto, crisis o fracasos es cuando con más virulencia entran en juego las emociones, los sentimientos y los pensamientos. Y ahí es donde más necesitamos la confianza, que sale reforzada cuando mostramos coherencia entre lo que pensamos y hacemos.

La coherencia se demuestra cuando somos francos y sinceros entre lo que pensamos, sentimos, decimos y hacemos. La coherencia tiene que ver con la sinceridad de mirar la realidad a los ojos y mostrar lo que eres realmente. Es ahí donde surge la autenticidad.

Sin embargo, instintivamente pensamos que la confianza en uno mismo, o la que mostramos en grupo, puede verse amenazada cuando aparecen las dudas, los miedos, las incertidumbres, las debilidades. De tal forma que creemos que un equipo con confianza es una especie de grupo de súper-héroes invulnerables en las situaciones complicadas y difíciles. Nada más lejos de la realidad, como demostraremos a continuación.

Necesitamos algo más: reconocer nuestra vulnerabilidad

> *«La más peligrosa de todas las debilidades es el temor a parecer débil».*
>
> JACQUES-BÉNIGNE BOSSUET

Daniel Coyle, autor del libro *Cuando las arañas tejen juntas pueden atar un león*, nos cuenta que el grupo de élite del Ejército de los EE. UU., los Navy SEAL, encajaría en ese perfil de equipo cuyos miembros parecen súper-héroes sacados de una película de acción, con cuerpos esculpidos por horas de durísimos entrenamientos y que tienen que ser máquinas perfectas para llevar a cabo misiones a vida o muerte.

Sin embargo, una de las claves del éxito de este equipo son las reuniones donde todos sus miembros reconocen sus errores y debilidades después de haber realizado cualquier actividad. Son encuentros basados en la franqueza y la sinceridad, y en ellos se debate acerca de los errores de cada miembro del equipo, haciendo autocrítica personal. A nadie le gusta reconocer sus errores y sus debilidades, y menos delante de otros.

Este tipo de acciones, donde se promueve el reconocimiento de la vulnerabilidad, está muy alejado de la cultura en la que hemos sido educados y la que se practica en las empresas y organizaciones. Pensamos que solo desde la invulnerabilidad podemos resolver nuestros problemas y solemos aparecer con una coraza de súper-héroes con la que batirnos en nuestros trabajos o dentro de las empresas.

Jeff Polzer, profesor de comportamiento organizativo de Harvard, señala que *«tendemos a pensar en la vulnerabilidad como en un sinónimo de sensiblería, pero lo cierto es que no es así. Se trata de enviar una señal muy clara de que tenemos puntos débiles y que necesitamos que nos ayuden. Si ese comportamiento se convierte en un modelo para otros, se pueden dejar de lado las inseguridades y trabajar en un clima de confianza y ayudas mutuas. Sin embargo, si nunca se dan momentos de vulnerabilidad, los demás intentarán disimular sus puntos débiles y las inseguridades terminarán manifestándose en cualquier tarea trivial»*.

Reconocer nuestras debilidades y compartirlas en público nos hace conectar con los demás. Nos damos cuenta de que la debilidad nos une; si queremos superar una adversidad o un obstáculo necesitamos al otro. Conectamos con personas que tienen la humildad para reconocer sus debilidades; no conectamos con las personas que se muestran como súper-héroes.

Los equipos comienzan a construirse desde la humildad

«El secreto de la sabiduría, del poder y del conocimiento es la humildad».

Ernest Hemingway

Uno de los aspectos que definen a un equipo es la composición de las personalidades de sus miembros. Por ejemplo, en el último Mundial de Fútbol disputado en Rusia, la Selección de Japón sorprendió al mundo al dejar el vestuario absolutamente limpio tras caer eliminados en su último partido. La fotografía que asombró a todos fue realizada justo después del partido. Además, se tomaron la molestia de colocar un cartel en el que escribieron la palabra «gracias» en ruso. Toda una lección de humildad del equipo nipón.

La RAE define la «humildad» como *«la virtud consistente en el conocimiento de las propias limitaciones y debilidades y en obrar de acuerdo con este conocimiento»*. La humildad es lo que nos hace ser más personas, más humanos. Nos recuerda nuestros defectos, debilidades y áreas de mejora para no vanagloriarnos solo con nuestros talentos o virtudes.

Fernando Botella, en su libro *Factor H*, nos cuenta que humildad y vulnerabilidad van de la mano y nos permiten huir de la prepotencia y la soberbia que nos conducen al perfeccionismo del «súper-héroe». Esa fue uno de las lecciones que nos dejaron los generales de la antigua Roma. Cuando regresaban de sus gloriosas campañas y eran aclamados por las multitudes, desfilaban acompañados por un siervo que sostenía sobre ellos una corona de laurel que no dejaba de repetirles: *«Memento, homo»* (recuerda, hombre).

Es necesario ser humildes para admitir las debilidades y los errores que se comenten. Para pedir ayuda cuando las cosas no salen como queremos. Para aceptar preguntas y aportaciones sobre las áreas de las que somos responsables y necesitan mejorar. Para entender que estamos en un estado continuo de aprendizaje. Para apreciar las capacidades y experiencias de otros miembros del equipo. Para dedicar tiempo y energía a asuntos importantes en pos del bien común del equipo en lugar de entablar luchas de poder. Para ofrecer y aceptar disculpas sin vacilar...

Trabajar la humildad

«La humildad es la única verdadera sabiduría que nos prepara para todos los posibles cambios de la vida».

George Arliss

Cuenta Jorge Valdano en *Los 11 poderes del líder* una anécdota vivida como jugador durante el Mundial de México 1986. El entrenador de aquella Selección argentina que se proclamó Campeona del Mundo era Carlos Salvador Bilardo. Durante los cuarenta y cinco días de concentración vivieron en unas habitaciones prefabricadas y sin ningún síntoma de prosperidad en la manera de vestir, viajar, vivir...

En una ocasión, los jugadores se quejaron de una sesión de entrenamiento más larga y exigente de lo habitual. A la mañana siguiente, Bilardo despertó a toda la plantilla a las cinco de la mañana, los subió a un autobús y los llevó a una boca de metro. Aún era de noche y durante más de una hora los jugadores vieron entrar y salir a un río de gente con su cansancio a cuestas, sus bolsas de comida, sus maletines de trabajo...

La lección terminó cuando, después de un buen rato, Bilardo dijo: «*Esta gente sale de casa cuando aún es de noche y vuelven cuando ya es de noche. No vuelvan a quejarse de los entrenamientos largos, por favor*». El autobús volvió al hotel en un silencio inolvidable.

La mejor forma de entrenar nuestra humildad es poner en valor lo que tenemos. Ir de prepotentes y soberbios por la vida significa no entender de dónde venimos, adónde vamos y la importancia que tienen el resto de miembros del equipo.

La humildad nos cuenta la verdad: solo cuando reconocemos nuestras debilidades podemos poner las condiciones para ser cada día un poco mejores. La humildad nos capacita para decir *«no lo sé todo»*, base del aprendizaje continuo, y reconocer nuestros errores e intentar no volver a repetirlos.

En la cocina se construye la confianza

«La confianza viene de horas, días, semanas y años de constante trabajo y dedicación».

Roger Staubach

La confianza se construye creando espacios donde poder conversar de cosas sobre las que rara vez hablamos durante las reuniones. En el deporte existe la expresión, *«los trapos sucios se lavan en el vestuario»*, y eso es lo que normalmente no se suele hacer en el mundo empresarial, quedando pendientes siempre los famosos «temas tabú» o «inconversables».

Para poder abordar estas conversaciones pendientes es necesario haber creado previamente un entorno de confianza. A través del juego podemos crear ambientes amenos, divertidos y distendidos donde poder hablar de lo que nunca hablamos. Otra forma de generar este clima de confianza consiste en entablar conversaciones sobre aspectos más personales o privados: aficiones, sentimientos, emociones, sueños, deseos, necesidades... Cuando nos abrimos a un nivel más personal, construimos confianza.

Es normal que en el día a día ocurran contratiempos, adversidades y situaciones que nos alejen de los otros componentes del grupo. Ni los equipos ni las personas son perfectas y las imperfecciones están a la orden del día. Sin embargo, no podemos permitirnos el lujo de romper una relación porque se haya producido un deterioro de la misma por causa de determinadas circunstancias: una situación que nos ha parecido injusta, un agravio comparativo, una mala contestación...

Necesitamos aprender a expresar qué es lo que ha sucedido en las reuniones de trabajo o en las conversaciones mantenidas con compañeros. Necesitamos limpiar nuestros trapos sucios en el vestuario, o siguiendo la analogía de la cocina, necesitamos limpiar la cocina que hemos ensuciado para volver a preparar nuevos platos.

¿Cómo se hace esto? Primero, conversando sobre lo que hemos comentado en una reunión. Pueden haberse producido aprendizajes o situaciones de enfrentamiento que han dejado personas heridas en sus sentimientos. Segundo, y más importante, expresando lo que siento con lo que la otra persona o el grupo hace o dice. Cuando verbalizamos lo que nos sucede tras una reunión tensa o que nos ha dejado tocados liberamos parte de la emoción que ha quedado activada. A veces el simple hecho de hablar las cosas nos permite encontrar una solución, sin necesidad de hacer nada más. Cuando expresamos lo que nos ocurre abrimos nuevos espacios para nuevas conversaciones.

Al hacer esto nos completamos y no dejamos una conversación pendiente, que solemos continuar con nuestro amigo del alma en la máquina de café. La cocina, el vestuario o la trastienda es un espacio regulador donde desaparece la crítica destructiva y por la espalda, y uno se permite decir todo aquello que se quedó sin decir.

Diez herramientas para entrenar la confianza

«La confianza es un edificio difícil de construir, fácil de demoler y muy difícil de reconstruir».

Augusto Cury

La confianza no se puede construir de la noche a la mañana. Se necesita tiempo para crear un clima en el que se puedan compartir experiencias. Existen muchas personas que muestran reticencias a mostrarse tal cual son, o a abrirse emocionalmente, o a compartir sus debilidades. Sin embargo, al mostrarnos tal y como somos aparece nuestra autenticidad. Si queremos construir un equipo ConLid, todo comienza aquí. Y eso también implica mostrar nuestra vulnerabilidad. Estas son algunas de las herramientas con las que podemos entrenar la confianza dentro de los equipos:

1. Desarrollar el *autoconocimiento* de cada miembro del equipo para reconocer sus fortalezas, habilidades y talentos. Poner el foco en las fortalezas potencia el talento. Saber que tenemos habilidades y recursos que nos han permitido alcanzar determinados logros, refuerza nuestra confianza.

2. Reconocer las *debilidades y las áreas de mejora*. Necesitamos trabajar aquellos aspectos que no nos gustan o lo que no hacemos bien. Es una forma de hacer autocrítica constructiva con el fin de mejorar aquello que necesitamos para alcanzar los objetivos. Los equipos con confianza hablan con franqueza sobre sus áreas de mejora. Los equipos inseguros evitan hablar de sus limitaciones y debilidades.

3. *Fijar objetivos y crear planes de acción* sencillos y concretos hacia la consecución de resultados. Tener claridad en los objetivos nos permite fijar una ruta a seguir, y eso nos aleja de distracciones. Cuando sabemos qué queremos nos mostramos más seguros, más confiados en nosotros mismos.

4. Establecer rutinas de trabajo que permitan al equipo tener orden y estabilidad. Las personas necesitamos hábitos para desarrollar nuestras actividades. Las rutinas, los hábitos, los sistemas de trabajo, la planificación... hacen posible desarrollar el trabajo de forma ordenada y tranquila, y eso aporta confianza al equipo.

5. Poner el *foco en aquello que está bajo tu control*. Los estoicos lo llaman «dicotomía del control». Consiste en distinguir qué cosas están bajo nuestro control y cuáles no lo están. Las dudas, las preocupaciones y la inseguridad surgen cuando nos centramos o pretendemos resolver cosas que no están completamente bajo nuestro control. Sin embargo, si el equipo se centra en aquello que está bajo su control (el trabajo, la actitud, las decisiones, los pensamientos positivos o las creencias potenciadoras) aumentará su seguridad y su confianza.

6. Trabajar la *comunicación*. Establecer una continua comunicación dentro del equipo estrecha los lazos de confianza. En ella deben aparecer tres elementos: sinceridad, claridad y transparencia.

7. Cuidar el lenguaje que utilizamos. El lenguaje crea realidades, así que si un equipo recurre a palabras o frases donde están presentes el fracaso, las dudas, la negatividad, la queja, etc. se alejará de la confianza para instalarse en la inseguridad. Es necesario instaurar un lenguaje útil, centrado en lo que se está haciendo, lo que funciona, lo positivo...

8. Compartir *experiencias emocionales*: secretos, deseos personales, anhelos. Los grupos con los que nos identificamos y en los que nos sentimos cómodos nos ofrecen la

posibilidad de expresarnos, de compartir nuestras ideas, lo que nos pasa, las emociones o sentimientos que vivimos. Y lo podemos hacer porque sentimos que nos quieren, nos valoran, nos dan su respaldo y seguridad.

9. Instaurar una *cultura del refuerzo positivo.* El elogio justificado y en su justa medida es una forma de elevar la autoestima de las personas y alimenta la seguridad y la confianza. Establecer espacios donde el equipo pueda ofrecer un reconocimiento a sus compañeros por algo que hayan hecho de forma brillante o por alguna cualidad, habilidad o talento, refuerza la confianza individual y colectiva.

10. Minimizar el *ruido exterior.* Las opiniones de los demás, tanto si están dentro del equipo o no forman parte de él, nos afectan en mayor o menor medida. Es fundamental tener la suficiente madurez para saber qué dejamos entrar en la vida del equipo y diferenciar entre aquellos a los que no merece la pena escuchar porque no aportan nada y aquellos de los que podemos aprender porque realizan críticas constructivas.

PASO 2: DESARROLLAR LA HABILIDAD DE LA EMPATÍA

«Lo más importante es que necesitamos ser entendidos. Necesitamos alguien que sea capaz de escucharnos y entendernos. Entonces, sufrimos menos».

Thich Nhat Hanh

El 9 de agosto de 1992, la Selección de waterpolo de España se proclamaba subcampeona olímpica en Barcelona. Aquel equipo se había comenzado a forjar cuatro años atrás, cuando se unieron dos grupos de jugadores muy diferentes, dos grupos que no se tragaban, unos de Barcelona, otros de Madrid. Los primeros representaban la historia del waterpolo español, muy arraigado en Cataluña; los otros eran la arrogancia, la prepotencia, la chulería, la seguridad del que no se amedranta ante los rivales.

El éxito de aquel equipo no es posible entenderlo sin una palabra: «empatía». Empatía para conectar con el otro a través de lo que se podían enseñar unos a otros. Empatía para superar las diferencias y aceptar modos diferentes de entender la realidad. Y empatía para conectar a través de las dificultades que tuvieron que superar durante la etapa de preparación. Manel Estiarte, el capitán de aquella Selección y mejor jugador del mundo en aquel momento, lo explica así: *«lo que nosotros (los catalanes) hicimos fue absorber ávidamente todo lo bueno de ellos, y ellos (los madrileños) absorbieron todo lo que nosotros teníamos de bueno»*.

Se creó una familia, desapareciendo la distinción que hacía el propio capitán del equipo entre «ellos», los madrileños, y «nosotros», los catalanes. Ambos grupos se convirtieron en «hermanos» que llegaron a los mayores éxitos deportivos del waterpolo español porque entendieron que saliendo de su mundo y aprendiendo cosas los unos de los otros podían ser mejores.

¿Qué hacemos cuando no «tragamos» a una persona que forma parte de un grupo? Por lo general, le ponemos una cruz y evitamos tener cualquier tipo de relación con ella. En cambio, cuando simpatizamos con alguien porque nos cae bien o compartimos algún tipo de creencia o afición, pasa a formar parte de nuestro núcleo de relaciones más cercano. Y entre esos dos polos oscilamos en el mundo de las relaciones:

en la antipatía y la simpatía. Sin embargo, un equipo no puede estar presidido por esta dicotomía.

No podemos desperdiciar el capital humano de personas que no forman parte de nuestro grupo más cercano partiendo de la base de que en un equipo no todos tienen por qué ser amigos o todos caernos bien. Sería un error pensar que un equipo está formado siempre por buenos amigos. Si se da perfecto; la amistad facilita las cosas y hace que la confianza y el espíritu de equipo se refuercen. Pero no debemos obviar que no siempre podemos ser amigos de todos los componentes del grupo. Cada uno tenemos nuestras manías, rarezas o formas de ver la vida, y no siempre a coincidirán con las de los demás.

Poner una cruz a aquellos con los que no comulgamos e ignorarlos no parece el modo más inteligente cuando queremos construir un equipo. Entonces, ¿cómo resolvemos este tipo de conflicto relacional que afecta a la comunicación y la vida del equipo? Necesitamos encontrar un punto intermedio entre la simpatía y la antipatía, y ese estadio lo encontramos cuando desarrollamos la habilidad de la *empatía*.

Comprender antes de ser comprendido

«Escuchar detenidamente te hace especial, pues casi nadie lo hace».

ERNEST HEMINGWAY

La empatía se define como la capacidad genuina de ver el mundo a través de los ojos del otro. Consiste en tener la capacidad de conectar emocionalmente con la otra persona, aunque tengamos ideas diferentes. Lo más frecuente es considerarla un atributo único. Sin embargo, Daniel Goleman estableció tres tipos de empatía: empatía cognitiva, que nos hace entender y comprender cómo piensa una persona; empatía emocional, que nos permite sentir en nosotros mismos las emociones de otra persona; y la preocupación empática, que nos hace ser sensibles hacia las necesidades de otras personas y ayudarlas.

Para desarrollar la empatía cognitiva, debemos adquirir uno de los hábitos que Stephen Covey explicaba en *Los 7 hábitos de la gente altamente efectiva*: el hábito de *«comprender antes de ser comprendido»*. Y, para ello, es vital desarrollar un tipo de escucha a la que no estamos acostumbrados: la escucha empática. Este tipo de escucha incorpora una cualidad que no está presente en los diferentes tipos de escucha y que explicaremos a continuación: la capacidad de conectar con las emociones de los demás, comprendiendo lo que siente la otra persona. Esto es la empatía emocional.

Por último, hay otro aspecto adicional para llegar a la tríada de la empatía. Tradicionalmente se ha utilizado una frase bíblica para referirnos a cómo deberían ser las relaciones sociales: *«trata a los demás como te gustaría que te tratasen a ti»*. Sin embargo, puede que al tratar a una persona como nos gustaría que nos tratasen a nosotros estemos cometiendo un error. Es probable que esa persona quizá prefiera ser tratada de otro modo. Necesitamos reformular esa afirmación y *«tratar a los demás como a ellos les gustaría ser tratados»*. De esta forma dejamos de ver la realidad bajo nuestra óptica y la miramos según los ojos de la otra persona, para entender lo que realmente necesita.

La escucha empática

«Escucha, serás sabio. El comienzo de la sabiduría es el silencio».

Pitágoras

La escucha empática comienza por el silencio. El silencio nos incomoda porque no estamos acostumbrados a él. Somos seres sociales y como tales necesitamos comunicarnos con otros y expresar lo que nos sucede. Sin embargo, perdemos de vista con demasiada frecuencia que no hay comunicación si no hay escucha. En una ocasión escuché que existen tres tipos de silencios: el de palabra, el de deseos y el de pensamientos. Para acallar las palabras, necesitamos la virtud de no abrir la boca; para aplacar los deseos, necesitamos la quietud; y para adormecer los pensamientos, necesitamos darnos cuenta de qué estamos pensando.

La combinación de los tres silencios nos abre la puerta a un estadio de escucha más elevado del que normalmente practicamos. Por ejemplo, cuando una persona habla podemos estar ignorándola, no escucharla en absoluto. Es la *escucha biológica*: oímos, pero no escuchamos. Podemos avanzar en nuestro nivel del escucha fingiendo que la escuchamos. Utilizamos expresiones de asentimiento como *«sí»*, *«ya»*, *«correcto»*, pero realmente no escuchamos lo que está diciendo. Es la escucha fingida, la que más frustración causa a nuestro interlocutor.

Si damos un paso más practicaremos la *escucha selectiva*, escuchando solo ciertas partes de la conversación. A menudo lo hacemos en las reuniones de trabajo; solo ponemos la oreja en aquellas partes que nos interesan, luego desconectamos. Y finalmente, podemos brindar una *escucha activa,* prestando atención y centrando toda nuestra energía en las palabras que se pronuncian. Sin embargo, muy pocos son capaces de situarse en el quinto nivel, la forma más alta de escuchar: la *escucha empática*. Esta difiere de la escucha activa, que básicamente consiste en imitar lo que la otra persona dice. La escucha empática implica escuchar con la intención de comprender.

A través de ella, entramos en el marco de referencia de la otra persona. Vemos el mundo tal y como ella lo ve. Incluso somos capaces de comprender lo que siente. Su esencia no consiste en estar de acuerdo con sus argumentos; consiste en comprender profunda y completamente a la otra persona, tanto emocional como intelectualmente. No solo se registran y comprenden las palabras pronunciadas; en la escucha empática uno escucha con los oídos pero también (y esto es más importante) con los ojos y el corazón. Se escuchan los sentimientos, los significados, la conducta. Incluso se es capaz de descifrar los silencios de la otra persona, mientras escuchamos en silencio.

La aceptación de las ideas de otros

«Señor, concédeme serenidad para aceptar todo aquello que no puedo cambiar, fortaleza para cambiar lo que soy capaz de cambiar y sabiduría para entender la diferencia».

Reinhold Niebuhr

En el desarrollo de la habilidad de la empatía está implícita la idea de aceptar al otro. De comprender su mundo, su mapa y su realidad. De aceptar la diversidad y conectar con ella, aunque sigamos manteniendo nuestra visión de las cosas. Es importante aclarar que la empatía no implica necesariamente «comprar o asumir» las ideas de otro. Yo puedo comprender los argumentos de una persona, puedo percibir la emoción que está sintiendo y puedo entender cuáles son sus necesidades y aun así yo seguiré teniendo mis propias ideas.

En este sentido debemos tener en cuenta dos aspectos de vital importancia en las relaciones que se establecen dentro de cualquier equipo: la firmeza y la flexibilidad respecto a nuestros ideales, creencias o valores. Habrá situaciones en las que podamos establecer un punto de conexión cuando ambas partes sean flexibles a la hora de modificar sus puntos de vista, pero difícilmente se podrán resolver otras cuando estemos en posiciones opuestas y sin intención de abrirnos a las ideas de otros. La clave está en saber discernir entre aquellas cosas que no queremos cambiar y aquello en lo que podemos ser flexibles y respecto a lo cual podemos hacer concesiones.

Una de las formas de salir de situaciones de bloqueo es revisando nuestras creencias. A veces sostenemos determinadas creencias o valores sin ni siquiera habérnoslos cuestionado. ¿Son importantes?, ¿nos están ayudando a conseguir nuestros objetivos?, ¿somos más felices cuando las seguimos o cuando nos las saltamos? Otra alternativa pasaría por la fijación de un objetivo compartido y priorizar esta meta común ante cualquier tipo de fricción en las relaciones por falta de sintonía o *feeling*.

Sin embargo, hay un punto en el que la empatía no resuelve conflictos. Son situaciones en las que las creencias o los valores que están siendo agredidos son tan importantes que nos impiden hacer concesiones o mostrarnos flexibles y empáticos. Para ello es necesario tener muy claro cuándo se están transgrediendo nuestros límites.

Cuando la empatía no es posible… aparece el conflicto

«Un equipo es un conjunto de personas que se han puesto de acuerdo en cómo ponerse de acuerdo cuando no están de acuerdo».

Luis Carchak

Uno de los aspectos más difíciles de abordar dentro de los equipos es el conflicto. La aparición del conflicto puede levantar sentimientos de ansiedad en un grupo, de tal forma que muchas personas hacen lo que sea por evitar las fricciones interpersonales. Sin embargo, el conflicto es un componente predecible en cualquier organización o equipo al mezclarnos con otras personas que tienen otros comportamientos, creencias, valores, actitudes, etc.

Cada vez que nos levantamos por la mañana ponemos en marcha nuestra peculiar forma de ver el mundo. Porque no vemos las cosas como son, sino que vemos las cosas como somos. Así, cuando llegamos a la oficina y nos encontramos con nuestros compañeros, existe una probabilidad muy elevada de que se desate un conflicto ante diferentes visiones que tenemos sobre un problema, un reto o un objetivo que conseguir.

Ante un tema menor, podemos ser condescendientes y aceptar otras opiniones, siempre que ello no toque nuestro ego o algún valor de vital importancia. Sin embargo, cuando estamos en una reunión de equipo y se cuestiona nuestro trabajo o se nos sugiere una forma diferente de hacer las cosas, saltamos como fieras y aparece el temido conflicto. El ego y querer imponer nuestra razón hacen que el conflicto sea inevitable.

Un equipo alcanza un nivel de madurez cuando es capaz de tratar los conflictos con naturalidad, cuando se enfrenta a una discusión o a un debate de ideas y termina alcanzando algún tipo de acuerdo. Como rezaba la cita de uno de mis profesores de *coaching*, Luis Carchak, que abría este apartado: *«un equipo es un equipo cuando los componentes del mismo se han puesto de acuerdo en cómo ponerse de acuerdo cuando no están de acuerdo»*.

El conflicto: definición, consecuencias y formas de abordarlo

«La única diferencia entre escollos y peldaños es la manera en que los usamos».

Adriana Doyle

El conflicto consiste en la existencia de intereses, ideas y/o percepciones contradictorias entre dos o más personas que entran en contacto en algún momento. Se manifiesta de diversas formas: discusiones directas, desacuerdos, sabotaje y agresión pasiva. Si se maneja mal o no se afronta, la tensión que no se soluciona puede resultar muy destructiva. El conflicto puede suponer menor productividad, aumento del estrés, energía desperdiciada, menor capacidad de solucionar problemas, un lugar de trabajo desagradable, pérdida de beneficios, vulnerabilidad frente a la competencia o la destrucción y desaparición de un equipo.

Existen diferentes formas de abordar un conflicto en función de la personalidad de cada miembro del grupo. Los cuatro escenarios más habituales son:

- *La huida.* En este caso evitamos enfrentarnos al conflicto porque creemos que va a ser difícil o incómodo. Se mantiene en ebullición bajo la superficie. Normalmente termina complicándose y explota.
- *La fuerza.* Buscamos imponer nuestra voluntad o punto de vista sobre el de los demás. Provoca ganadores y perdedores. Termina dañando las relaciones ya que puede generar enemistad, amargura y resentimiento.

- *La cesión.* Una parte sacrifica sus necesidades y deseos, aunque se corre el riesgo de terminar con una percepción de «yo he perdido, tú has ganado».
- *Mitad y mitad.* Es el escenario más rápido; ambos cedemos a partes iguales. Sin embargo, rara vez suelen quedar satisfechas ambas partes.

Estos mecanismos se ponen en marcha en cada persona cuando dentro del equipo surgen intereses contrapuestos, derivados de formas de pensar diametralmente opuestas. Cuando sucede esto nos enfrentamos a situaciones que pueden provocar el alejamiento entre cada uno de los miembros del grupo.

El conflicto es inevitable debido a que, en cualquier equipo, habrá personalidades distintas con formas de ser, pensar o sentir muy diversas, y con diferentes formas de ver la realidad. Un primer paso para poder afrontar este tipo de situaciones es prepararnos para poder comunicar con asertividad cuáles son nuestras ideas cuando tenemos a alguien delante que no piensa lo mismo que nosotros. Un estilo de comunicación asertivo permite expresar los deseos, las necesidades y las opiniones de forma directa y apropiada sin violar los derechos de los demás.

Sin embargo, ser asertivo no implica que no vaya a haber conflictos. A todos nos cuesta dejar de tener razón y pensamos que nuestra versión es la buena. Es entonces cuando comienzan a aparecer los roces y las tensiones con la persona que no piensa igual que yo, o con el resto del equipo.

El miedo al conflicto

«No tengas miedo a la oposición; recuerda que una cometa vuela al estar contra el viento, y no con el viento».

Hamilton Mabie

Sostiene Patrick Lencioni, en su libro *Las 5 disfunciones de un equipo,* que uno de los trastornos más graves que puede ocurrir dentro de un equipo es la ausencia de conflictos. Se ha demostrado que los peores resultados se producen cuando se llega a acuerdos irreflexivos, sin que haya existido un debate previo cuestionando las ideas que surgen respecto a un tema. Los mejores equipos son capaces de debatir acerca de cualquier situación, por compleja y delicada que resulte, como los temas tabús.

Sin embargo, es común encontrarnos con equipos donde existe una armonía artificial y donde parece que nunca pasa nada, o nunca se llegan a abordar algunos temas innombrables. Es lo que suelo definir como «equipos Disney», donde todo es maravilloso. Ahora bien, es importante establecer cuándo abordar un conflicto es positivo y cuándo no aporta nada. En este sentido, la profesora de Stanford y de la Universidad de Pensilvania Karen Jehn definió dos tipos de conflictos: conflicto personal y conflicto de tarea.

No hay nada más insufrible que llegar a tu lugar de trabajo y tener que convivir con un compañero al que no tragas. El conflicto personal disminuye el rendimiento de un equipo. Afecta a la confianza y a la cohesión. Provoca una caída de la satisfacción de los miembros del grupo y de su compromiso. Abordar un conflicto personal o de relación solo es posible bajo una premisa: que sus protagonistas busquen y reconozcan los aspectos positivos del otro y trabajen en pos de un objetivo compartido. Si esta premisa no se cumple, el conflicto nunca se resolverá y estará condenado a que alguno de ellos o ambos salgan del equipo.

Por otro lado, el conflicto de tarea dentro de un grupo surge cuando alguien es capaz de levantar la voz y reconocer que se están haciendo mal las cosas. Es cierto que a nadie le gusta que le digan que está haciendo mal su trabajo; sin embargo, hacer observaciones prácticas sobre las áreas de mejora es necesario para que un equipo obtenga mejores resultados, como veíamos en el ejemplo de los Navy Seal del Ejército de EE. UU.

El método RAVEN para gestionar los conflictos

> *«Todo lo que te da miedo es una oportunidad para conocerte mejor».*
>
> Robin Sharma

El significado de RAVEN en inglés es «cuervo». El cuervo es un ave que se caracteriza por su gran inteligencia, capaz incluso de construir y razonar. Este método se basa en el planteamiento de una serie de preguntas orientadas a la resolución de conflictos, estructuradas en diferentes fases, cuyo objetivo es desarrollar la inteligencia colectiva del equipo. Estas son las cinco fases:

1. *Reflexionar* sobre el conflicto que está ocurriendo. Todas las personas implicadas deben plantearse algunas preguntas que sirvan para analizar la situación actual:
   - ¿Cuál es el conflicto que está viviendo el equipo? Analizar los hechos siendo lo más objetivo posible.
   - ¿Cuáles son las causas y los síntomas? Indagar en lo que hay detrás de lo evidente.
   - ¿Cómo se siente el grupo? Identificar qué emociones y sentimientos aparecen.
   - ¿Qué aspectos son relevantes para el equipo? Descubrir las necesidades y deseos más profundos, distinguiendo lo importante de lo accesorio.

2. *Analizar* la foto completa. Es importante tener en cuenta todos los datos:
   - ¿Qué es lo que funciona bien dentro del equipo?, ¿qué aporta el grupo?, ¿cuáles son los aspectos positivos de cada componente? Buscar la foto completa, siempre hay otra perspectiva.
   - ¿Cuál es el peor escenario posible?: aspectos negativos. Descubrir qué hay detrás de ese escenario terrible. Ahí suelen encontrarse los miedos más profundos de cada persona o del grupo, aquello a lo que no queremos enfrentarnos o lo que realmente está en juego.

3. *Visualizar* qué es lo que quiere el equipo.
   - ¿Cuál es el escenario ideal? Imaginar cuál es la solución ideal que permite resolver el conflicto de forma satisfactoria para todos los miembros del grupo.
   - ¿Qué objetivo quiere conseguir? Plantear un reto o desafío concreto.

4. *Encontrar* qué obstáculos impiden al equipo lograr el mejor escenario posible.
   - ¿Qué obstáculos aparecen en la vida del grupo?

5. *Negociar* las necesidades y pasar a la acción.
   - ¿Qué necesita el equipo para mejorar la situación actual? Este paso requiere negociar dentro del equipo, buscando un alineamiento entre todos los componentes del mismo y tomar una decisión.
   - Elaborar un plan de acción «imperfecto» con tres o cuatro tareas o pasos que permitan al equipo ponerse en acción.

Evitar las luchas estériles. Buscar la cocreación

«Hay que saber elegir qué batallas enfrentar. Sé inteligente».

Anónimo

Es vital decidir en qué batallas merece la pena luchar y en cuáles no. Cuando abordemos un conflicto deben emplearse todos los recursos disponibles y desestimarse todo aquello que no sea vital para la resolución del mismo. Cuando un problema no puede resolverse inmediatamente, lo más conveniente es optar por no quemarse entrando en él y dejar que la otra persona, o el grupo, pueda ver las cosas de otro modo, enfriando el tema. Es mejor esperar hasta que se esté preparado que responder deprisa y provocar que el conflicto se agudice. El general romano Escipión aconsejaba dar a los enemigos un «puente de plata» para retirarse y argumentaba para ello que un enemigo sin salida combatiría con extrema ferocidad.

El término que permite resolver el conflicto con un mayor grado de satisfacción es la «cocreación», que consiste en buscar una solución en la que ambas partes aporten sus ideas y creen algo conjuntamente. Imaginemos una situación que sirve para ejemplificar en qué consiste este proceso de resolución de conflictos. Un jefe está negociando el salario con un miembro de su equipo. La negociación puede convertirse en un tira y afloja eterno si las dos personas tienen distintas cifras en mente y solo piensan en dinero. Difícilmente la empatía puede resolver la negociación si solo nos fijamos en la variable del salario.

Pero supongamos que al subordinado realmente lo que le importa es el crecimiento profesional y que el *manager* quiere evitar que se marche al poco tiempo. En ese caso, ofrecer más formación y estabilidad supondría una victoria para las dos partes. Se trata de una demostración de empatía por parte del *manager*, que le lleva a conocer cuáles son los otros deseos o necesidades del candidato sin tener que agotarse en una negociación que no convencerá plenamente a ambos.

Los límites de la empatía

> *«La virtud es una disposición voluntaria adquirida, que consiste en un término medio entre dos extremos malos, el uno por exceso y el otro por defecto».*
>
> ARISTÓTELES

Hemos hablado de la importancia del desarrollo de la empatía como forma para conectar con otras personas, para poder resolver diferentes conflictos relacionales. De hecho, la empatía está de moda en prácticamente todas partes, y las empresas comienzan a dedicar recursos a enseñar esta cualidad entre sus empleados.

Por ejemplo, hace un par de años, Ford Motor Company empezó a pedir a sus ingenieros que llevaran puesto el «*empathy belly*», un simulador que les permitía experimentar de primera mano los síntomas de un embarazo (dolor de espalda, presión sobre la vejiga, 14 kilos más o menos de peso adicional, etc.). La idea era conseguir que comprendieran los problemas de ergonomía a los que se enfrentan las mujeres embarazadas al conducir, como movilidad limitada, cambios en la postura y el centro de gravedad, y la torpeza del cuerpo en general.

Sin embargo, investigaciones recientes llevadas a cabo por Adam Waytz, profesor adjunto de Gestión y Organizaciones de la Escuela de Negocios Kellogg de la Universidad Northwestern, sugieren que es necesario reconocer los límites de la empatía. Aunque es esencial para construir y liderar equipos, así como para organizar el trabajo de otras personas, un excesivo celo en desarrollar esta habilidad puede perjudicar el desempeño individual y colectivo.

En primer lugar, la empatía agota, debido a que merma nuestros recursos mentales. Ponerse en la piel de otra persona requiere un gran esfuerzo mental, al igual que responder con compasión en lugar de indiferencia. Y, en segundo lugar, la empatía es un juego de suma cero, que no solo se limita a drenar toda la energía y recursos cognitivos, sino que también se agota en sí misma.

Solemos utilizar la empatía con los más próximos –por ejemplo, personas de nuestro equipo–, lo que puede limitar la capacidad de empatizar con personas ajenas a nuestros círculos más inmediatos. Dedicamos de forma natural más tiempo y energía a comprender las necesidades de nuestros amigos y compañeros cercanos. Simplemente nos resulta más fácil porque, para empezar, nos importan más. Al gastar la mayor parte de nuestra empatía disponible con las personas más cercanas se refuerzan nuestros lazos con ellos, pero también se reduce nuestro deseo de conectar con personas menos próximas.

Herramientas para desarrollar la empatía

«La empatía requiere tiempo; la eficiencia es para las cosas, no para la gente».

Stephen Covey

La empatía es una habilidad que se ha puesto de moda en las empresas como una de las competencias clave para desarrollar la inteligencia emocional dentro de los equipos y mejorar las relaciones que se establecen en ellos. Estas son algunas de las herramientas recomendadas para su desarrollo:

- Fomentar la *escucha empática*. Ponerse en el puesto de un compañero por un día agudiza nuestro nivel de escucha y comprensión. Por ejemplo, en la próxima reunión de grupo haz que los miembros del equipo intercambien sus puestos y expliquen lo que hacen como si fueran sus puestos reales. De esta forma, todos tienen que ver el negocio, la función o la tarea a través de los ojos de otro.

- Repartir la carga de trabajo de la empatía. No podemos ser empáticos durante todo el día, ni con todo el mundo. Por eso es necesario repartir la carga de trabajo de la empatía entre los diferentes miembros del equipo. Cada uno se debe centrar en un conjunto determinado de personas o partes interesadas en lugar de empatizar con todo el mundo.

- Salir de mentalidades conflictivas. Buscar soluciones integradoras, como la cocreación, que respondan a los intereses de las dos partes en lugar de mantener una mentalidad conflictiva, que no solo nos impide entender y responder a la otra parte, sino que también nos hace sentir como si hubiéramos «perdido» cuando no nos salimos con la nuestra.

- Dar un descanso a las personas y permitir que se centren en sus propios intereses. Entender y responder a las necesidades, los intereses y los deseos de otros seres humanos es el trabajo más duro de todos. Por esta razón es recomendable que las personas también se centren en sus propios intereses. Cuando una persona está descansada es más capaz detectar, descifrar y satisfacer las necesidades de los demás.

- Preguntar y guardar silencio. Cuando se intenta empatizar, normalmente es mejor hablar con las personas sobre sus experiencias que imaginar cómo podrían sentirse. Hablar con la gente –preguntarles cómo se sienten, qué quieren y qué piensan– puede parecer simplista pero es el modo más preciso y efectivo de mostrar empatía. Es la forma más inteligente de empatizar.

PASO 3: ESTABLECER UNA COMUNICACIÓN EFICAZ

«Lo más importante en la comunicación es escuchar lo que no se dice».

Peter Drucker

¿Cómo es posible que una persona tímida, poco habladora, con un lenguaje corporal apagado y de expresión vacía, con un tono de voz inexpresivo de timbre monocorde pueda convertirse en el capitán de un equipo? ¿Dónde está el secreto para que un tipo serio, inflexible, de formación militar, con mal genio y que suelta broncas que asustan a cualquiera se convierta en un líder respetado y querido por parte de su equipo? ¿Cómo dos estilos comunicativos tan alejados del canon del buen orador permiten tener una comunicación tan eficaz?

Estas dos personas tienen nombres y apellidos. Son Tim Duncan y Gregg Popovichm, capitán, ya retirado, y entrenador de los San Antonio Spurs, respectivamente. La pregunta que nos podemos hacer es ¿cómo es posible que un entrenador malhumorado y exigente, y un capitán aburrido y tan poco expresivo hayan podido lograr una comunicación tan efectiva que les ha llevado a conectar un equipo y lograr el éxito durante más de quince años? La respuesta la podemos encontrar en dos elementos fundamentales: ambos provocaban un diálogo constante y generaban una conexión continua entre todos los componentes del grupo, pese a tener estilos de comunicación tan dispares.

La comunicación es un tema vital para la vida de cualquier equipo, y como han demostrado numerosos psicólogos sociales, influye de manera decisiva en el rendimiento de las personas, y por extensión en la eficacia que muestra el equipo a la hora de alcanzar sus objetivos. Por ejemplo, podemos hacer un diagnóstico al respecto con solo prestar atención a lo que sucede en una reunión: quiénes participan, quiénes guardan silencio, si existe debate o discrepancias, si percibimos claridad o confusión respecto al objetivo de la conversación, si se comunica con asertividad, si hay preguntas que sirven para profundizar en los temas tratados, cómo es la comunicación no verbal o la corporalidad, si hay escucha, si hay comentarios irónicos, sarcásticos o malintencionados, si hay agresividad, enfado, apatía o si hay temas tabú sobre los que se pasa de puntillas...

La suma de todos estos elementos nos indica el estado de la comunicación de un grupo. Sin embargo, lo importante es encontrar cuáles son las causas que están generando esa realidad. Y en la mayoría de las ocasiones son consecuencia de no saber escuchar lo que se dice y lo que no se dice, de no saber empatizar con la realidad de otros miembros del equipo, de no haber creado lazos de confianza...

En definitiva, la buena o mala comunicación es consecuencia de un trabajo previo. Solemos decir que «tenemos un problema porque en nuestro equipo hay mala comunicación», cuando deberíamos decir que «la mala comunicación es consecuencia de problemas más profundos, como la falta de confianza o la ausencia de empatía».

Una torre es alta y con cimientos fuertes… o no

> *«Para comunicarnos efectivamente, debemos darnos cuenta de que todos somos diferentes en la forma en que percibimos el mundo y usar ese conocimiento como guía para comunicarnos con otros».*
>
> Anthony Robbins

Uno de los primeros ejercicios que realizo cuando trabajo con equipos es pedir que todos los participantes construyan una torre con piezas Lego exactamente iguales y la misma cantidad de ellas. La primera conclusión que extraemos de este ejercicio es la enorme variedad y diversidad de torres construidas. Algunas personas construyen torres altas con fuertes cimientos y buscando una simetría de piezas, otras centran su atención en construir torres bajas, anchas y fuertemente protegidas semejantes a una fortaleza, mientras que otras construyen torres «a ras del suelo» recreándose en elementos decorativos o en el fácil acceso a ella. Y yo pregunto: ¿cuál es la «realidad» de una torre?

La respuesta tiene que ver con lo que el filósofo Immanuel Kant denominó «percepción objetiva». Nuestra percepción se encuentra condicionada por nuestras categorías cognitivas, lo que hace que continuamente percibamos e interpretemos lo que sucede a nuestro alrededor y de una forma completamente diferente a la que lo hace otra persona. Lo que percibimos e interpretamos es consecuencia del mapa mental que hemos construido desde nuestro nacimiento y que está condicionado por nuestro carácter, temperamento, experiencias personales, valores, educación, cultura... Por eso, dos personas perciben, interpretan y reaccionan de forma diferente ante un mismo estímulo en función de «la realidad que han construido» en su mente.

Sin embargo, nos hemos acostumbrado a pensar que el mundo es como lo percibimos y juzgamos, sin darnos cuenta de que también intervienen otros elementos como la atención, el estado emocional, la actitud, la motivación... que difieren en cada persona. Podemos decir que no conocemos la realidad sino que solo la interpretamos; por eso existe esa diversidad de torres. Lo importante en este caso es darnos cuenta de que *«nuestro mapa no es el territorio»*, solamente es una forma de interpretar lo que estamos percibiendo, y que existen muchos más mapas que no tienen por qué coincidir con el nuestro, ya sea en la percepción de una torre o en cómo entendemos conceptos más abstractos como la confianza, la motivación o el liderazgo, por ejemplo.

Si a esto le unimos un pensamiento habitual, basado en que nuestra conducta es la «normal» y los demás deberían actuar de la misma manera en las mismas circunstancias, denominado «sesgo del falso consenso», obstaculizamos la comunicación con el resto del mundo. De esta forma estamos considerando que nuestra forma de ver el mundo es la única y verdadera, lo que nos sitúa en posiciones dogmáticas y nos aleja de la apertura a las ideas de otros miembros del equipo.

Para lograr una comunicación eficaz es necesario romper con estos patrones de pensamiento basados en la ilusión de pensar que *«yo siempre llevo la razón y estoy en posesión de la verdad»*, y sustituirlos por pensamientos basados en la humildad, el respeto y la curiosidad por entender y comprender las ideas de otras personas.

El lenguaje crea realidades

«Un lenguaje diferente es una visión diferente de la vida».

Federico Fellini

¿Te has preguntado cómo influyen tus palabras en tu comportamiento o en el de otras personas que forman parte de tu equipo? ¿O cómo nuestro lenguaje condiciona la manera en la que percibimos el mundo y nuestras relaciones con los demás? ¿O cómo algunas frases determinan la manera en la que recordamos el pasado, o impulsan o limitan las decisiones que tomamos sobre el futuro?

El lenguaje importa, y mucho. Es nuestra herramienta de comunicación con otros. Pensamos a través del lenguaje, creamos nuestra realidad con palabras. Nos sirve para describir el mundo que existe, y también para crear una realidad que todavía no existe. Por ejemplo, cuando decimos *«te quiero»*, estamos creando una nueva realidad. A través del lenguaje somos capaces de reinventarnos, de lanzarnos mensajes que nos potencian o limitan.

En los equipos, las palabras que utilizamos revelan el estado de salud de la confianza o la empatía, por ejemplo. Sí utilizamos un lenguaje hueco, vacío o falso, dejamos de ser dignos de confianza; por el contrario, si nuestras palabras se traducen en hechos, la confianza se refuerza. Si utilizamos palabras con carga positiva de alta activación como conexión, alegría, felicidad, comprensión, escucha, emoción, sentimiento, sonreír, reír, solidaridad... estaremos mostrando que la empatía no es una palabra hueca, sino que nos estaremos ocupando de que tenga un lugar predominante en nuestro equipo.

Habla Luis Castellanos, en su libro *La ciencia del lenguaje positivo,* de un estudio realizado por el doctor David A.

Snowdon basado en un grupo de 180 monjas a las que se les pidió que escribieran una pequeña autobiografía y explicasen sus motivos personales para tomar los hábitos. Muchos años después, un equipo de expertos se encargó de examinar esos escritos y descubrieron que la cantidad de expresiones de emociones positivas y la intensidad de las mismas que habían empleado en sus textos estaban directamente relacionadas con su longevidad. Aquellas que habían expresado en sus cartas más emociones positivas y más intensas vivieron una media de siete años más que las que expresaban una emocionalidad positiva menor.

En suma, el lenguaje con el que nos comunicamos y la emoción que transmitimos al hacerlo cuentan. Es esencial tomar conciencia de este hecho, observar qué palabras utilizamos y pensamos, cuáles deseamos utilizar y cuáles buscamos, cuáles nos limitan y cuáles nos impulsan, tanto a nivel individual como colectivo. El lenguaje es fundamental para escribir nuestro destino y el de nuestros equipos.

Elevar la calidad de nuestras conversaciones: el *feedback*

«La potencia de un equipo se amplifica mediante la posibilidad de enriquecerse mutuamente, de compartir la propia mirada para ayudar al otro a ver lo que no ve».

Beatriz Valderrama

El lenguaje determina la realidad en la que vivimos, y la calidad de las conversaciones que mantenemos es el indicador de la salud de nuestra comunicación. En este sentido, cuantas más conversaciones complejas mantengamos, mayor será la profundidad y efectividad de nuestra comunicación. Las conversaciones más difíciles, o las que más nos cuesta abordar, son aquellas que hacen referencia a situaciones incómodas o conflictivas, y entre ellas siempre aparece el *feedback*.

El *feedback*, o retroalimentación en castellano, es en realidad cualquier información que nos dan de nosotros mismos. Es la forma que tenemos de aprender cómo somos desde lo que hacemos a ojos de los demás: en qué creen que tenemos que mejorar o aquello que hacemos bien. Dar y recibir *feedback* es crítico para nuestro crecimiento, mejora y aprendizaje y el de nuestros equipos. Es una habilidad que debemos desarrollar partiendo de la humildad para reconocer y asumir nuestras debilidades y áreas de mejora. El concepto de *feedback* está basado en la «ventana de Johari», de Joseph Luft y Harry Ingham, que nos permite identificar cuatro áreas de conocimiento:

	Lo que conoces de ti	Lo que desconoces de ti
Lo que conocen de ti	ÁREA PÚBLICA Lo que yo conozco sobre mí y los demás conocen de mí	ÁREA CIEGA Lo que los demás conocen de mí y yo no conozco
Lo que desconocen de ti	ÁREA OCULTA Lo que conozco de mí y no cuento a los demás	ÁREA DESCONOCIDA Lo que ni yo ni los demás conocemos de mí

Imagen 5. La «ventana de Johari».

El *feedback* trabaja con el área ciega. Con ello somos conscientes de las cosas que funcionan y debemos mantener o reforzar, y de las cosas que no funcionan, para eliminarlas o hacerlas de otro modo. En los equipos sucede exactamente lo mismo. Cada grupo tiene su propia área ciega. En este sentido, la presencia de un *coach* de equipos permitirá revelar al grupo aspectos que desde dentro no están viendo y que les están impidiendo lograr determinados objetivos.

Las ventajas que obtenemos cuando abordamos este tipo de conversación son múltiples: desarrollo personal y profesional, mayor motivación y entusiasmo, mejora en la competencia y una mayor orientación a resultados. A nivel colectivo, un equipo que promueva este tipo de conversación obtendrá mejoras en la productividad, la comunicación se volverá más asertiva y honesta, y se establecerá un clima de mejora continua.

¿Cómo recibir y dar *feedback?*

«Los hombres sabios hablan porque tienen algo que decir; los necios porque tienen que decir algo».

Platón

Como explica Jane Rodríguez del Tronco en su libro *Smart feedback*, saber dar un buen *feedback «pasa primero por aprender a recibirlo, por reconocernos vulnerables y ser capaces de gestionar nuestras propias emociones»*. No todo el mundo está preparado para recibir *feedback,* pese a que este debe ser considerado como un regalo que nos ayuda a crecer. Es necesario tener en cuenta algunos conceptos tanto para el que los recibe como el que los ofrece.

Para el que recibe *feedback:*

1. Tener la valentía y humildad para recibir una opinión de otra persona, que puede ser muy diferente a la propia, y reconocer que contiene áreas de mejora.

Para ello es necesario saber escuchar y estar abierto al aprendizaje.
2. Ser consciente de que necesitará saber reconocer y gestionar determinadas emociones.
3. Poseer una actitud de agradecimiento, entendiendo que es un regalo, que abre la posibilidad de mejora y que, por tanto, debe ser recibido con un «gracias».

Para el que ofrece *feedback*:
1. Entender que el protagonista de la conversación es quien lo recibe. No es un momento para sermones ni para pasar factura por algo que ha ocurrido.
2. Comprender que el propósito del *feedback* es la utilidad. El objetivo perseguido es resolver un reto, una dificultad o un problema. Para ello necesitamos lograr la conexión emocional con la persona que lo recibe desarrollando escucha empática y poniéndonos a su disposición ofreciéndole nuestra ayuda.
3. Preparar la conversación. Es imprescindible pensar previamente qué queremos que pase durante la conversación y qué acciones o conductas deseamos que se produzcan posteriormente. Hay que cuidar el momento y el lugar ideal, crear el contexto adecuado.

Para dar *feedback* de forma constructiva, este debe ser:
1. Descriptivo, centrado en situaciones concretas y con el mayor número de detalles. Evitar opiniones, juicios o interpretaciones. Podemos empezar así: «lo que he visto...», «lo que a mí me llega...».
2. Específico, directo y selectivo: hay que ir a lo concreto, que esté orientado a la acción y centrado en dos o tres comportamientos. Recordar distinguir

entre el ser y hacer. El *feedback* nunca se da sobre la persona, sino sobre el comportamiento.

3. Evitar el *«feedback sandwich»:* empiezo y termino por algo positivo y en medio intercalo lo negativo. Esto genera confusión porque el que lo recibe se va con una sensación extraña.
4. Hacer sugerencias mejor que indicaciones o consejos sobre lo que debe hacer. Es importante no precipitarse, no pretender dar *feedback* rápidamente. Lo ideal es dejar que la persona o el equipo piense sobre su comportamiento, se auto-evalúe y encuentre sus propias soluciones.

Ser protagonista dentro del equipo

«Los individuos marcan goles, pero los equipos ganan partidos».

Zig Ziglar

Seguro que en alguna ocasión has estado presente en una reunión de trabajo en la cual no has intervenido y tu aportación ha sido mínima. No te alarmes; este tipo de reuniones donde la mayor parte de la información –en torno al 80%– proviene de un número reducido de participantes, el 20% aproximadamente, es una práctica habitual en las empresas y organizaciones. Se conoce como «reuniones 80/20».

Estas reuniones nos dan mucha más información de la que podemos imaginar, precisamente por todo lo que no se dice. Cuando en un equipo solo hablan unos pocos y el resto calla, algo está fallando. Basta observar el lenguaje corporal (sus gestos faciales, cómo se sientan), la emocionalidad que transmiten (apatía, indiferencia, desgana) o cómo la energía se va haciendo cada vez más densa. Se establece un pensamiento único que provoca que aquellos que no intervienen no se sientan parte de lo que sucede. La baja participación refleja el escaso protagonismo que tienen en la reunión y cuando eso sucede el equipo se resiente.

Los equipos que comunican con más eficacia son aquellos que muestran una alta participación en sus reuniones o en las interacciones que mantienen en su día a día. Cuando una persona participa es porque siente que su opinión cuenta, se siente protagonista de lo que sucede en el equipo y no tiene miedo a expresar sus ideas. De este modo, aumenta el número de ideas que se comparten durante una reunión, surgen nuevas conversaciones y eso permite abordar nuevas acciones. Además, la participación permite reforzar la confianza individual de cada componente del equipo. Al sentirse escuchados y ser partícipes de lo que pasa en el equipo, su autoestima se eleva.

Por el contrario, las reuniones poco participativas tienen un efecto muy perjudicial para la vida de un equipo. Al no expresarse las ideas o pensamientos, surgen conversaciones pendientes que dan lugar a diferentes patrones comunicativos. Por ejemplo, las quejas improductivas basadas en juicios personales negativos, el silencio basado en el «callar y tragar», o diferentes patrones agresivos de comunicación cargados de comentarios despectivos, ironía o cinismo.

El discurso oportuno

«Eso es un equipo, caballeros. O nos curamos ahora como equipo o nos moriremos como individuos».

Un domingo cualquiera, Al Pacino

«Sangre, fatigas, lágrimas y sudor» fueron las palabras que pronunció Winston Churchill en uno sus discursos más recordados, justo cuando Inglaterra pasaba por los peores momentos de su historia. El discurso es un recurso al que recurren todos los grandes líderes para comunicar algo de vital importancia o para activar la motivación de sus equipos. De hecho, el recurso del discurso puede ser utilizado no solo por el líder, sino por cualquiera de los componentes de un equipo.

Un discurso oportuno sirve para conectar la visión del líder con el equipo. Y este tipo de discursos son necesarios e imprescindibles en momentos complicados y adversos. Por ejemplo, en una época de despidos no sirven discursos demasiado optimistas ni que oculten la realidad. El discurso más efectivo se caracteriza por ser sincero, firme y directo, sin estar exento de empatía ante la situación que está viviendo el equipo o la organización.

Hay cientos de ejemplos que sirven para reflejar este tipo de discursos: personajes históricos, políticos, entrenadores de equipos deportivos, directores de orquesta... Al Pacino, en la película *Un domingo cualquiera* nos brinda un ejemplo perfecto de discurso oportuno.

La estructura de un discurso oportuno debe tener las siguientes partes:

- Exponer clara, directa y concisamente la situación a la que uno se enfrenta.
- Expresar desde el primer momento la confianza en el equipo.
- Contar una historia personal que sirva para empatizar con la situación que vive el equipo.
- Explicar el propósito que persigue el equipo: por qué hacemos lo que hacemos.

- Detallar cómo se puede superar la situación: dar una salida. Por ejemplo, apelar a los valores compartidos que ayudan a resolver el problema.
- Ofrecer una visión de adónde queremos llegar y apostar personalmente por eso: creer con convicción en esa idea, en ese sueño.
- Realizar una llamada a la acción: qué necesito del equipo.
- Agradecer al equipo su compromiso e implicación.

Llena tu equipo de conectores carismáticos

«Piensa como un hombre sabio, pero comunícate en el lenguaje de la gente».

William Butler Yeats

Intenta recordar una situación en la que hayas experimentado la sensación de conectar con otra persona sin ni siquiera haber abierto la boca. Solo necesitasteis miraros a los ojos para saber qué estabais pensando. En ese momento, ambos estabais en la misma longitud de onda. Pensabais y actuabais como una sola. Compartíais el mismo mapa mental. Lo mismo sucede con los equipos. Cuando con el tiempo los miembros del grupo se acostumbran a realizar una tarea juntos, desarrollan una cualidad que los científicos denominan «cognición compartida».

Llegar a ese nivel de comunicación requiere conocimiento y experiencia por parte de cada componente. Se crea un modelo o mapa mental común que permite a cada uno de ellos anticiparse a las respuestas de los demás y coordinar su trabajo con mayor eficacia. Este hecho permite establecer una comunicación fluida sin apenas tener necesidad de hablar. Sin embargo, no todos los equipos logran llegar a ese nivel de interacción. Es necesario establecer algunas pautas para mejorar la comunicación en los equipos.

Alex Pentland y su equipo de investigadores del laboratorio de Dinámica Humana del Instituto Tecnológico de Massachusetts (MIT) estudiaron durante siete años diversos equipos de 21 organizaciones distintas, desde bancos a hospitales, pasando por servicios de atención telefónica, para ver cómo se comunicaban y cómo esas pautas de comunicación influían en su rendimiento.

El estudio confirmó que el estilo de comunicación de una persona es el mejor indicador de su rendimiento. De hecho, los investigadores lograron detectar datos relativos a la comunicación que identificaban a los «líderes naturales» de aquellos equipos y los denominaron «conectores carismáticos». Estas personas se caracterizan por un comportamiento que les permite alternar con cualquier miembro del grupo; mantienen conversaciones breves y de gran energía. Hacen un uso democrático de su tiempo, comunicándose del mismo modo con todo el mundo y asegurándose de que todos tienen la oportunidad de contribuir. Y, lo que es más importante, escuchan tanto como hablan o más y se muestran muy atentos con aquellos a quienes escuchan. Por lo tanto, tener este tipo de personalidad permite mejorar la comunicación del equipo.

Escuchar más que hablar nos hace más inteligentes

«La comunicación efectiva comienza con la escucha».

ROBERT GATELY

Hay un consejo que nos dejó Epicteto en el manual de enseñanzas que uno de sus alumnos más aventajados escribió a su muerte llamado el *Enquiridión: «Deja que el silencio sea tu objetivo en la mayoría de las ocasiones; di solo lo que sea necesario y sé breve. En las raras ocasiones en que te pidan que hables habla, pero nunca sobre banalidades. Sobre todo, no cotillees sobre otras personas, alabándolas, culpándolas o comparándolas».*

En raras ocasiones las personas queremos sermones durante una comida o en un encuentro social. No hay nada más molesto que una persona que no para de hablar y que rara vez te deja intervenir, y cuando lo hace te das cuenta de que ni siquiera te ha escuchado. La falta de escucha en las diferentes modalidades que vimos en el capítulo anterior es un denominador común en los equipos.

Los mejores comunicadores, al contrario de lo que se piensa, no son quienes más hablan sino los que mejor saben escuchar. No tienen que ser necesariamente extrovertidos, pero son capaces de sentirse cómodos abordando conversaciones con otras personas. Y son capaces de desarrollar la cualidad de la *escucha empática*: atienden no solo a lo que dicen las palabras, sino también a la comunicación no verbal (lenguaje corporal, expresiones faciales, gestos, contacto físico) y a las emociones.

Para poder desarrollar esta cualidad necesitamos saber identificar y reconocer nuestras emociones y las de los demás. En suma, saber cómo regular nuestras emociones y dar una respuesta apropiada, que no sea una respuesta impulsiva. Significa poner inteligencia entre los estímulos que recibimos y la respuesta que damos.

Argumentar y preguntar: la antesala de la persuasión

«La mayoría de conversaciones son simples monólogos desarrollados en presencia de un testigo».

MARGARET MILLER

No hay nada más frustrante y agotador que mantener una discusión con otra persona en la que cada uno intenta imponer su punto de vista sobre un tema. Es como un combate en el que ambos contendientes buscan imponer su razón por la fuerza de las palabras. Nos encontramos ante el paradigma de ganar-perder, donde las conversaciones se convierten en debates y el único objetivo es mantener a toda costa mi postura.

Cuenta Dale Carnegie en su libro *Cómo ganar amigos e influir en las personas,* que el mejor modo de salir ganando una discusión es evitándola, y ofrece algunas sugerencias para impedir que se dé un desacuerdo: aceptar que otra persona tenga ideas diferentes a las mías, gestionar nuestras emociones, escuchar primero, buscar las áreas en común, agradecer las ideas de los otros... Sin embargo, no podemos olvidar que cuando estamos trabajando o conviviendo con otras personas, el conflicto en modo de discusiones que reflejan la existencia de diferentes puntos de vita aparece de forma inevitable. ¿Qué podemos hacer para avanzar en una conversación estancada donde la comunicación ha llegado a un punto muerto?

El doctor Alan Cirlin, profesor de la Teoría y Comunicación y Debate de la Universidad de San Antonio, aporta la idea de «perspectiva argumental», según la cual cada sujeto tiene su propia visión del mundo forjada por su educación, posición social, nivel cultural, etc. Según Cirlin, la verdadera persuasión es el proceso por el cual se altera la perspectiva que otra persona tenía sobre cierto asunto. Pero, ¿qué podemos hacer para lograr este reto sin caer en la manipulación?

1. Exponer mis ideas partiendo de la premisa de que puedo estar equivocado. Para ello, previamente he debido realizar un trabajo de preparación basado en la argumentación de lo que quiero expresar. La argumentación se basa en una cadena de razonamientos destinada a que el oyente considere que mis ideas son sensatas, lógicas, razonables, basadas en hechos constatables y, sobre todo, utilizar un lenguaje que permita conectar emocionalmente con nuestro interlocutor. La persuasión requiere una argumentación razonada y generar emoción, ilusión, simpatía...

2. Mantener una actitud abierta para descubrir los razonamientos de los demás y comprender por qué piensan lo que piensan. Escuchar, no interrumpir, evitar los juicios, mantener el contacto visual en todo momento y, sobre todo, preguntar, como hacía Sócrates. El padre de la filosofía hacía preguntas y cuando le respondían preguntaba para desafiar.

3. Trabajar la «pre-suasión», un término creado por Robert Carlin que consiste en preparar a los destinatarios para que estén receptivos al mensaje antes de que este les llegue. Esta idea está basada en el principio de la comunicación que dice que «aquello que mostramos primero modifica la forma en la que la gente percibe lo que presentamos después». Crear contextos de confianza permite que nuestras ideas no sean percibidas como una amenaza o que vayan a suponer una confrontación con las de otros.

Herramientas para mejorar la comunicación dentro de los equipos

«La comunicación funciona para aquellos que la trabajan».

JOHN POWELL

1. *Fomentar las reuniones sociales* y la interacción continua entre los componentes del grupo hace mejorar la comunicación. Los equipos que se comunican con mayor eficacia son aquellos que en las reuniones sociales no formales (comidas, tiempos de descanso) son capaces de charlar sobre cualquier tema de forma acalorada. Además, es necesario fomentar las conversaciones cara a cara.

2. *Desarrollar una comunicación democrática y participativa* donde haya equidad respecto a la cantidad de tiempo utilizada para cada miembro del grupo. No es conveniente que nadie acapare el uso de la palabra. Seguro que te ha pasado alguna vez sentir hastío cuando una persona monopolizaba una conversación. La consecuencia directa cuando eso ocurre es que dejamos de escuchar. En una situación ideal, todos los integrantes de un equipo hablan y escuchan más o menos en la misma medida haciendo aportaciones breves, concisas y concretas.

3. *Utilizar un estilo de comunicación asertivo,* que permita manifestar los pensamientos, deseos, sentimientos y opiniones sin ofender a los demás y respetando siempre los derechos propios y ajenos. Un estilo asertivo permite solicitar a los demás lo que se desea con claridad y se genera un trato justo entre todos los miembros del grupo. Además, ser asertivos es una habilidad clave cuando se

trabaja en equipo o en la resolución de conflictos y negociaciones.

En resumen, el secreto de una comunicación eficaz de un equipo se basa en mantener un diálogo constante, escuchando, observando y participando en todos los momentos importantes.

6. SEGUNDO TRIÁNGULO ESENCIAL DE LOS EQUIPOS CONLID:

COMPROMISO

«El compromiso es lo que convierte una promesa en realidad».

ABRAHAM LINCOLN

El 1 de septiembre de 2006, aquel grupo de amigos se jugaban el pase a la gran final del Mundial de Baloncesto. Cerca de veinte mil personas llenaban el Saitama Super Arena en Japón. Aquel partido frente a Argentina tuvo un desenlace feliz para la Selección Española. Sin embargo, todos los aficionados españoles nos quedamos helados cuando vimos abandonar la cancha a la gran figura del equipo, Pau Gasol, en volandas ayudado por dos compañeros.

Pau se había lesionado. Adversidad máxima; el mejor jugador del equipo y del torneo no podría jugar la final. Cuenta Pepu Hernández a Luis Fernando López en *Entrenar el éxito: «Salimos reforzados y enriquecidos mutuamente de la adversidad. No recuerdo un vestuario con tanta gente llorando de tristeza. No se lamentaban por el jugador, sino por el hermano, por el amigo, por el compañero. No les preocupaba quién iba a anotar el próximo día frente a Grecia. Nos unimos y chillamos: 'Por él vamos a ganar'»*.

Según la RAE, una de las acepciones de «compromiso» es la de *«obligación contraída o palabra dada»*. El compromiso es uno de los elementos clave en la construcción de cualquier equipo porque indica lo que es realmente importante, aquella parte relevante de nuestra vida que ponemos en juego. Si hay compromiso por construir un equipo, se hará. Como decía Goethe en su loa al compromiso: *«Hasta que uno se compromete, siempre hay dudas»*.

Comprometerse significa dar un paso más. Cuando construimos un equipo necesitamos que haya conexión entre los diferentes miembros del grupo y para ello desarrollamos los aspectos que vimos en el primer triángulo mágico: confianza, empatía y comunicación. Sin embargo, es necesario comprometernos en la consecución del objetivo, lo que implica asumir unas obligaciones públicas con el fin de lograrlo, aun sabiendo que las cosas se pondrán difíciles en el transcurso de la travesía, como le sucedió a la Selección Española aquel día.

El compromiso es fruto de una decisión personal de cada miembro del grupo que nace de una elección libre y consciente de la voluntad individual y que exige una serie de responsabilidades. Todos los componentes de aquel grupo querían estar dentro. Postergaban su tiempo de vacaciones por compartir la experiencia de competir cada verano, de volver a reunirse con sus amigos. Muchos de ellos sufrieron lesiones que aconsejaban el descanso y sin embargo ahí estaban. Comprometidos con sus compañeros, con el grupo, con el equipo.

El compromiso se prueba, no solo en el éxito sino sobre todo en el fracaso y la frustración. Se demuestra cuando las cosas se ponen feas, cuando se acaba la diversión. Aquel equipo fue capaz de superar uno de los momentos emocionalmente más duros, perder a un compañero, al líder, en el momento más importante. Fueron capaces de gestionar y transformar un conjunto de emociones como la tristeza, la rabia o el miedo a perder en la ilusión por ganar, como demostraron horas después de aquel lance en la cena posterior al partido. Todos estaban convencidos de que iban a ganar.

El compromiso va más allá de la motivación. Sin embargo, no se entiende sin tenerla en cuenta. Aquellos jugadores peleaban por diferentes motivos: reconocimiento, elevar su estatus profesional, defender su país, prestigiar el baloncesto, competir con otros países o compartir experiencias con los amigos. Pero finalmente existía una visión compartida. No podemos alcanzar el compromiso sin antes haber identificado qué es lo que realmente nos mueve. Un grupo necesita conocer sus motivaciones y después alinearlas hacia un objetivo común.

Además, es difícil lograr el compromiso de un grupo cuando no existe buen ambiente. Aquella piña destilaba buen rollo. Pasaban el tiempo jugando a las cartas, a los videojuegos, gastándose bromas, divirtiéndose... Y lo conseguían porque previamente habían sido capaces de hablar sobre cualquier cosa, superar roces, haber abordado sin miedo el conflicto. Eso generaba esa química que se traducía en ese buen ambiente, imprescindible para elevar el compromiso de un equipo.

En resumen, al compromiso se llega cuando hay conexión y el grupo demuestra madurez para transformar emociones, entender sus motivaciones y crear un buen ambiente. Y manifiesta la determinación del equipo por hacer realidad una idea, una visión, un propósito, aspectos que veremos en páginas sucesivas.

PASO 4: TRANSFORMAR LAS EMOCIONES

«Cualquier puede enfadarse, eso es algo muy sencillo. Pero enfadarse con la persona adecuada, en el grado exacto, en el momento oportuno, con el propósito justo y del modo correcto, eso, ciertamente, no resulta tan sencillo»

Aristóteles

El 14 de abril de 1974, el equipo directivo de una pequeña empresa de zapatillas deportivas llamada Blue Ribbon se encontraba en un juzgado esperando a que comenzara un juicio que podía dar al traste con la empresa y dejarles arruinados de por vida. Un año más tarde, el fundador de aquella compañía, Phil Knight, se encontraba con la amenaza de su banco de ser denunciado al FBI por problemas en el pago de la línea de crédito. En 1976, durante los Juegos Olímpicos de Montreal muchas de sus expectativas se vinieron abajo cuando uno de los corredores favoritos de la prueba de maratón, Frank Shorter, no utilizó la marca de sus zapatillas como estaba previsto.

Además, los cinco miembros de aquel equipo habían fracasado en sus anteriores carreras: un abogado especializado en seguros que odiaba los seguros, un exatleta destrozado por un accidente de tráfico, un profesional que no pudo convertir su sueño de ser socio de una importante consultora por ser demasiado gordo, otro que era rechazado de los trabajos porque no le gustaba trabajar de nueve a cinco, y otro al que habían echado del equipo de béisbol acabando con su sueño de adolescente.

Sin embargo, en 1979, ya rebautizada como Nike Inc., la empresa facturaba ciento cuarenta millones de dólares en ventas y recibía críticas positivas de la prensa especializada como el mejor fabricante de zapatillas deportivas por delante de Adidas. Atletas, tenistas, jugadores de baloncesto y fútbol comenzaban a llevar sus zapatillas, y en los siguientes años se convertiría en la primera marca deportiva del mundo. La cuestión que nos podemos plantear es ¿cómo transformaron las emociones de miedo, rabia o tristeza ocasionadas por tales acontecimientos para superarse a nivel individual y colectivo, mantener el compromiso como equipo y convertirse en una gran compañía?

En nuestra vida laboral, ante cualquier acontecimiento experimentamos diferentes emociones, las cuales no tienen por qué coincidir con las de nuestros compañeros de equipo. Una discusión, un ascenso que deseábamos y que fue concedido a otra persona, un jefe que no nos valora, la incorporación de un compañero al que vemos como una amenaza, la pérdida de un cliente que se va con la competencia, la rutina diaria del trabajo, la incertidumbre que provocan los cambios... Cualquiera de estos hechos genera algún tipo de reacción emocional y afecta a nuestro nivel de compromiso con el trabajo, el equipo o la organización.

Sin embargo, si preguntáramos qué emoción sientes cuando se produce alguno de estos hechos, muchas personas tendrían problemas para saber identificar qué nombre le pondrían a aquello que están experimentando. Creemos que sabemos lo que son las emociones, pero es probable que tengamos dificultades para explicar qué son, y sobre todo para describir lo que nos pasa por dentro cuando las estamos sintiendo.

También los grupos y colectivos de los que formamos parte, según sientan así actúan y disfrutan o sufren de su realidad. Obviamente nuestra forma de pensar, hablar, sentir y hacer influye en los demás. Nuestro comportamiento influye de manera activa en la emocionalidad del equipo, al igual que los comportamientos de otros influyen en nosotros. Como explica Ovidio Peñalver en su libro *Emociones colectivas*, existe una emocionalidad colectiva que afecta a los equipos, empresas, organizaciones, o cualquier sistema al que pertenezcamos.

Nuestro cuadro de mando emocional

> *«Las emociones no son un lujo... Desempeñan un papel en la comunicación de significados y pueden también actuar de guías cognitivos».*
>
> Antonio Damasio

Las personas tenemos un mecanismo innato que valora cualquier estímulo que llega a nuestros sentidos. Es como una especie de escáner que detecta cualquier información susceptible de activar la respuesta emocional. Es nuestro cuadro de mando emocional. Ante cualquier estímulo que nos llega, el mecanismo nos pregunta: ¿esto afecta a mi supervivencia o a mi bienestar?

Si la respuesta es afirmativa, se activa la respuesta emocional y valoramos el hecho como positivo o negativo, generando emociones distintas. Entonces hablamos de emociones positivas, si el hecho se valora como algo que mejora el bienestar; o emociones negativas, si lo valoramos como un obstáculo, un peligro, una dificultad... Sin embargo, las emociones no son ni positivas ni negativas; esto simplemente es un juicio que realizamos para poder distinguirlas e identificarlas. Lo realmente importante de las emociones es la información que nos ofrecen.

Por otro lado, un mismo acontecimiento puede ser valorado de forma distinta según las personas. Por ejemplo, la existencia de un incentivo dentro de un equipo comercial será valorado más positivamente por aquellos miembros del equipo que tengan mejores clientes, ya que tendrán más oportunidades de cerrar ventas y lograr dichos incentivos. Mientras que aquellos con clientes que suelen comprar a la competencia valorarán el hecho con indiferencia al prever la dificultad de lograr dicho incentivo.

Además, como decía el filósofo Ludwig Wittgenstein, *«los límites de mi lenguaje son los límites de mi mundo»*, por lo que podemos afirmar que, cuanto más vocabulario emocional poseamos, más amplia será nuestra visión del mundo. El problema radica en el déficit emocional que arrastramos al carecer de una educación en materia de emociones y sentimientos. Nos cuesta mucho encontrar las palabras adecuadas para describir las emociones, sentimientos o estados de ánimo por los que pasamos cada día. Ser capaces de poner nombre a las emociones es una forma de conocernos a nosotros mismos.

¿Qué es una emoción?

«Las emociones son el resultado de cómo experimentamos, física y mentalmente, la interacción entre nuestro mundo interno y el mundo externo».

Elsa Punset

Las emociones son procesos biológicos complejos que se generan como respuesta a un acontecimiento externo o interno y que pueden dar lugar a una acción posterior. La emoción tiene tres componentes:

1. Un *componente neurofisiológico*. Son las respuestas de nuestro organismo: taquicardias, sudoración, cambio en el tono muscular y en los niveles de ciertos neurotransmisores.
2. Un *componente comportamental*. Las emociones provocan cambios de comportamiento como el lenguaje no verbal, principalmente las expresiones del rostro y el tono de voz. Su control voluntario es posible, pero normalmente no les prestamos atención y expresamos espontáneamente lo que experimentamos.
3. Un *componente cognitivo*, que denominamos *sentimiento*. Somos capaces de tomar conciencia de lo que nos pasa por dentro y etiquetar qué emoción estamos experimentando. Cuando la emoción se ha pasado por el pensamiento, con la participación de la voluntad, la podemos alargar o acortar en el tiempo y en intensidad, creando los *estados de ánimo*.

Por lo tanto, hay que distinguir tres conceptos: emoción, sentimiento y estado de ánimo. La emoción es una respuesta rápida, inmediata y, a menudo espontánea e inconsciente, de nuestro cuerpo. El sentimiento es la respuesta del pensamiento, de la razón, elaborada y meditada. Y cuando alargamos en el tiempo un sentimiento de forma voluntaria nos instalamos en un estado de ánimo.

Lo más importante es que las personas podemos intervenir sobre cada uno de estos componentes de la emoción, regulando la emocionalidad individual y colectiva. Por lo tanto, un equipo puede regular el tipo de respuesta emocional que damos ante determinados eventos porque, como dice Jorge Bucay, *«no somos responsables de nuestras emociones, pero sí de lo que hacemos con ellas».*

Por ejemplo, podemos intervenir sobre el componente neurofisiológico aplicando técnicas de relajación, respiración, control físico corporal, etc; o sobre el componente comportamental, aprendiendo habilidades sociales, sonriendo, etc; incluso podemos educar el componente cognitivo a través de la introspección, técnicas de meditación, toma de conciencia de las emociones, activar la voluntad para regular las emociones, entrenamiento mental para el cambio emocional...

¿Para qué sirven las emociones? Emociones básicas

«Al menos un 80% del éxito en la edad adulta proviene de la inteligencia emocional».

DANIEL GOLEMAN

Las emociones amplían nuestra inteligencia. Nos ofrecen una información valiosísima para saber cómo estamos, qué sentimos y qué experimentamos. En general, nuestro bajo nivel de educación emocional hace que seamos incapaces de matizar cómo nos sentimos y explicar qué hay detrás de un *«estoy bien o mal»*. Sin embargo, existen más de quinientas posibles palabras que describen emociones o sentimientos y sirven para explicar cómo nos sentimos.

Todas las emociones o sentimientos pueden agruparse en torno a un grupo de emociones básicas: miedo, ira, tristeza, asco, alegría, sorpresa. Y cada una de ellas nos ofrece una información: la alegría nos informa de la consecución de metas y logros; la tristeza tiene que ver con la pérdida de algo; la ira nos avisa de que alguien ha traspasado tus límites; el miedo nos alerta de algún peligro; el asco tiene que ver con rechazo, algo que no es beneficioso para mí; y la sorpresa nos indica que ha ocurrido algo inesperado.

En resumen, todas las emociones nos dan una información importante para nuestra supervivencia o bienestar y nos predisponen para la acción. Por ejemplo, si tengo miedo, puedo elegir entre diferentes opciones: salir huyendo para escapar del peligro, ponerme en alerta en caso de sufrir un ataque, o incluso quedar paralizado ante la situación que estoy viviendo. Cuando se dice que la emoción predispone a la acción, no significa que la acción tenga que darse necesariamente. Puedo sentirme ofendido por el comentario de un compañero y sentir el impulso de responderle de forma agresiva. Sin embargo, podemos regular esta predisposición a la acción y moderar el impulso de nuestra respuesta.

Por lo tanto, podemos regular nuestras emociones y dar una respuesta apropiada, que no sea la respuesta impulsiva. Esto es poner inteligencia entre los estímulos que recibimos y la respuesta que damos. Esto se denomina *autocontrol emocional* y es una parte de la inteligencia emocional. La inteligencia emocional implica utilizar las emociones, los sentimientos y los estados de ánimo con habilidad, para ayudarnos a enfrentar situaciones diarias que ocurren en nuestra vida.

Es importante subrayar que todas las emociones son necesarias, ya que nos informan de algo que es importante para nosotros. Las emociones no son ni buenas ni malas, aunque las denominemos positivas o negativas. Las primeras son las que nos hacen sentir bien, como la alegría. Las segundas nos hacen sentir mal, como el miedo, la ira y la tristeza.

Funciones de las emociones:

- Son señales para nosotros mismos
- Nos informan de algo importante que afecta a nuestra supervivencia o bienestar
- Nos preparan para la acción
- Nos indican el estado de nuestras relaciones
- Evalúan si las cosas nos van bien
- Sirven de señales para los demás

El miedo, la ira y la tristeza en los equipos

«No olvidemos que las pequeñas emociones son los grandes capitanes de nuestras vidas y las obedecemos sin darnos cuenta».

VINCENT VAN GOGH

Se suelen denominar «*the big three*». Podríamos añadir el asco o la aversión como una emoción negativa que también aparece en los equipos, en su acepción social. Por ejemplo, la expresión «me das asco» se suele utilizar para referirnos a comportamientos inapropiados o inmorales de algunas personas. Sin embargo, nos vamos a centrar en «las tres grandes», analizando algunos ejemplos cotidianos que provocan este tipo de reacciones emocionales dentro de los equipos y cuya consecuencia final es la caída del compromiso.

El miedo

> *«El miedo tiene una importancia especial en la evolución: tal vez más que cualquier otra emoción, es crucial para la supervivencia».*
>
> Daniel Goleman

El miedo es la emoción que con más asiduidad aparece en los equipos. No en vano, y aunque a veces lo queramos negar, todos tenemos miedo a algo. Incluso podemos llegar a sentir miedo sin que haya un riesgo inminente. Sin embargo, como explica Pilar Jericó en su libro *No miedo,* hablar de miedo en el mundo de la empresa es un pecado, y se esconde como uno de los principales temas tabú. Podemos calificarlo como temor, ansiedad o estrés, pero cualquiera de estas emociones tienen en común que se activan cuando percibimos amenazas para nuestro trabajo.

El miedo es libre y adopta numerosas formas. Cada persona tendrá una determinada propensión a un tipo de miedo. Sin embargo, hay algunas amenazas que aplican a la mayoría de personas en sus puestos de trabajo. Estos son los diez casos más comunes de miedo: a la supervivencia debido a perder el trabajo, no llegar a fin de mes...; al rechazo por ser distinto, por destacar, por relacionarse con otras personas...; a no estar cualificado por la sensación de no merecer el éxito que se alcanza; a no poder dedicar más tiempo al ocio; al fracaso, originado por el perfeccionismo, la exigencia y la competitividad; a perder la autonomía, provocado por la pérdida de libertad; a perder el poder, influencia, a no ser reconocido...; a perder el estado de flujo o dejar de disfrutar del trabajo; al cambio, provocado por la incertidumbre y la falta de estabilidad; a la no auto-realización, originado por la ausencia de un propósito trascendente.

La ira

«Hablando francamente, es preciso que nos encolericemos alguna vez para que las cosas marchen bien».

FRIEDRICH NIETZSCHE

La ira es una de las emociones más comunes y frecuentes, tanto a nivel individual como en los equipos. Existen una multitud de emociones y sentimientos asociados a ella: rabia, enfado, rencor, odio, furia, indignación, resentimiento, acritud, hostilidad, celos, envidia, antipatía, rechazo... Cuando sentimos ira, sentimos ganas de gritar, insultar, pegar..., pero en el fondo lo que queremos es atacar. La ira se desencadena al sentir que nuestros derechos han sido vulnerados. Tenemos la sensación de haber sido perjudicados porque valoramos que han sido injustos con nosotros; por ejemplo, cuando alguien ha atentado contra nuestros valores o nuestra libertad personal.

En los equipos hay multitud de causas que pueden activar la ira: ser tratados injustamente por un superior; no respetar alguno de nuestros valores más importantes; la pérdida de algún beneficio o privilegio; una mala jugada por parte de algún compañero; la repetición de acciones que no tienen sentido o no aportan nada al equipo; la mala comunicación de temas transcendentales para el equipo; recibir mensajes poco claros, imprecisos o contradictorios; la elección de personas ineficientes o incompetentes; no tener las mismas posibilidades de crecimiento...

Lo importante es saber qué hacemos con la ira. La ira mal regulada puede provocar estragos en la persona que la siente, y por extensión en el equipo. Cuando la experimentamos, no razonamos de manera eficaz y eso repercute en la respuesta conductual posterior: se activan los mecanismos de autodefensa, lo que puede derivar en comportamientos agresivos, incluso llegar a la violencia.

La tristeza

«La tristeza es un don del cielo, y el pesimismo una enfermedad del espíritu»

Amado Nervo

La tristeza suele desencadenarse por la pérdida irrevocable de algo que se valora como importante. Es una emoción ineludible en algunos momentos de la vida, por ejemplo, la pérdida de seres queridos. Se produce como respuesta a un suceso pasado y no suele comportar ningún tipo de acción. Cuando nos sentimos tristes estamos abatidos y permanecemos en un estado de inactividad para poder conservar la energía que nos queda.

Las emociones asociadas a la tristeza son la pena, el dolor, el duelo, el desconsuelo, el abatimiento, el sufrimiento, el disgusto, la preocupación, el pesimismo, la desgana, la desilusión, la soledad, la decepción, la frustración, la resignación, la depresión, etc. Estos sentimientos son vividos de forma individual, aunque como veremos a continuación se transmiten con gran celeridad al resto del equipo.

Las causas que provocan este tipo de emoción son múltiples: un proyecto que no se cierra satisfactoriamente; la pérdida de un contrato de un cliente importante; no conseguir un reto profesional; no alcanzar un puesto que deseábamos; la falta de reconocimiento por parte de nuestros jefes; la no aceptación del resto de compañeros por razones varias; comentarios que nos hieren y ofenden; sentirnos traicionados por personas en las que confiábamos; un *feedback* negativo por parte de nuestros superiores; el despido de nuestro puesto de trabajo...

Y también existen otras causas más personales que activan la tristeza y afectan a la dinámica de los equipos: la pérdida de un miembro del equipo, una enfermedad grave a la que hacer frente, una separación o divorcio... Cualquiera de estos hechos provoca que los miembros de un equipo puedan sentirse invadidos por un sentimiento generalizado de tristeza.

¿Cómo regulamos las emociones?

> *«El gran descubrimiento de mi generación es que los seres humanos pueden cambiar sus vidas al cambiar sus actitudes mentales».*
>
> William James

La cuestión es cómo podemos gestionar estas emociones que afectan de manera directa al compromiso de los equipos. Un equipo con miedo, enfadado o triste difícilmente estará dispuesto a dar un paso adelante y comprometerse en la consecución de un objetivo. Ovidio Peñalver, en su libro *Emociones Colectivas*, nos ofrece algunas pautas para poder regular estas emociones a nivel colectivo necesitamos:

1. *Tomar conciencia*: identificar, reconocer y asumir las emociones y estados de ánimo predominantes.

Identificar las experiencias y creencias que generaron ese tipo de emociones.

2. *Sentirnos responsables*: el equipo debe evitar la queja, el pesimismo y hacerse cargo de lo que ocurre. Cada miembro del grupo es protagonista de lo que sucede con esas emociones.
3. *Pasar a la acción*: si la emoción es puntual, fruto de una situación concreta, se pueden utilizar algunos de estos recursos: hacerle espacio a la emoción, sentirla, percibirla; identificarla y nombrarla; normalizarla, aceptar que es normal; descubrir qué mensaje trae consigo, qué necesidad hay detrás de ella; y finalmente pasar a la acción, es decir, qué podemos hacer para satisfacer dicha necesidad.

¿Cómo transformamos el miedo?

La confianza es el recurso interno más importante con el que cuentan una persona y un equipo para desactivar el miedo. Dice el dicho que cuando «el miedo llamó a la puerta, la confianza fue a abrir, y fuera no había nadie». ¿Y cómo reforzamos la confianza?

La confianza sale fortalecida cuando ponemos el foco en nuestras fortalezas, habilidades y talentos. Cuando somos capaces de expresar nuestra vulnerabilidad. Cuando cuidamos nuestro lenguaje y establecemos una comunicación eficaz con nosotros mismos y el equipo. En suma, cuando somos capaces de poner el foco en aquello que está bajo nuestro control: pensamientos y actitudes positivas, creencias potenciadoras...

¿Cómo deshacernos de la ira?

Una de las formas de regulación de la ira más utilizadas es el control, de tal forma que los demás no perciban nuestro enfado. Sin embargo, no siempre es la forma más eficaz de hacer frente a esta emoción. Las emociones tenemos que dejarlas salir, saber expresarlas. Si no somos capaces de expresar un enfado, por ejemplo, algo estamos haciendo mal y nos va a hacer más daño. Hay que mostrarlo y expresarlo.

Ser asertivo nos permite expresar y decir en tiempo real qué es lo que estoy sintiendo y pensando. Asertividad es el término medio entre la sumisión (me callo y guardo mi enfado), y la agresión (estallo porque ya no puedo más y pierdo el control). El reto consiste en transformar la ira y todas las emociones asociadas a ella en otras emociones como el respeto, la aceptación, la tolerancia, la compasión, la solidaridad, el perdón y el amor. Aprender a regular la ira es un factor esencial para el bienestar de los equipos.

¿Cómo dejamos atrás la tristeza?

Toda pérdida lleva asociada su proceso de duelo y es importante vivir cada una de sus fases, experimentando los diferentes sentimientos asociados a la misma. El duelo se define como un puente entre una situación pasada y otra presente donde debemos aceptar la pérdida. El proceso de duelo consta de varias fases: pérdida, negación, rechazo, enfado, tristeza y aceptación. Lo más importante es darnos permiso para sentir la tristeza generada por una pérdida para finalmente aceptar la nueva realidad, dejando el pasado en el pasado. Justo cuando aceptamos la realidad tal y como es, entonces surge la oportunidad de encontrar el regalo oculto que trae consigo la pérdida.

La tristeza actúa como una llamada de ayuda; se propone captar la atención de los demás. Una forma de poder afrontar la tristeza es a través de la cohesión social y fomentando el sentimiento de pertenencia a un grupo. Cuando un equipo ha sufrido una pérdida es el momento en el que tiene que estar más unido, o cuando un miembro del equipo está triste por alguna de las razones expuestas arriba, es el momento de estar más acompañado y arropado por el resto del grupo.

Las emociones son extremadamente contagiosas

«Cualquier persona capaz de enfurecerte se convierte en tu capitán».

Epicteto

En febrero de 2016 el equipo de fútbol del Bayern Munich, cuyo entrenador por aquel entonces era Pep Guardiola, sufrió una plaga de lesiones que afectó a muchos de sus principales futbolistas en el momento decisivo de la temporada. Aquella adversidad, lejos de llevarle a la desmoralización y la depresión tuvo consecuencias positivas y generó un mayor compromiso por parte del equipo.

En primer lugar, la adversidad unió más al grupo, creando un ambiente de colaboración y superación mayor. Y, en segundo lugar, aquella actitud del grupo generó un cambio en la personalidad del entrenador, haciéndole más dúctil y cercano a sus jugadores. En resumen, la emoción colectiva influyó en la emoción individual del entrenador, contagiándole y generando un mayor compromiso con el equipo.

Sigal Barsade, profesor de la Escuela de Dirección de Yale, demostró a través de una investigación sobre el contagio emocional que las personas dentro de los equipos «atrapan» los sentimientos de otros a través del mimetismo conductual y de posteriores cambios en su función cerebral: *«Si entras en una habitación sonriendo con mucha energía es mucho más probable que crees una cultura de la alegría que si tu expresión es neutra. El equipo te devolverá una sonrisa y empezarán a esperar sonreír cuando te vean»*. Del mismo modo, los sentimientos negativos también se propagan como un fuego descontrolado. Si expresas frustración con frecuencia, esa emoción infectará a los miembros de tu equipo. Antes de darte cuenta habrás creado una cultura de la frustración.

Este hecho se fundamenta en lo que los científicos llaman «circuito abierto del sistema límbico del cerebro». Dependemos de las conexiones con otras personas para determinar nuestros estados de ánimo, lo que significa que mi estado de ánimo influirá en el de las personas con las que me relaciono y viceversa. Así, un estado de ánimo positivo se extiende con mayor rapidez gracias al uso del sentido del humor y acelera la expansión de un clima optimista, siempre y cuando sea genuino y auténtico, claro.

Así que todo comienza por cambiar el estado de ánimo y contagiar al resto. Está demostrado que cuando los estados de ánimo optimistas se inician en la parte más alta de la organización, los altos directivos y líderes de los equipos, tienden a propagarse más rápido porque todo el mundo observa a los que están arriba. Su actitud emocional afecta a los estados de ánimo de sus colaboradores más directos y se extiende al resto de sus equipos y a la organización en general.

Estados de ánimo colectivos

«Usa el dolor como una piedra en tu camino, no como una zona para acampar».

ALAN COHEN

Nos hemos referido anteriormente a los *estados de ánimo* como prolongaciones en el tiempo de determinadas emociones. Son estados más permanentes, que pueden prolongarse durante meses o años, y que son aplicables tanto a una persona como a un grupo. Rafael Echeverría, en su obra *Ontología del lenguaje*, señala que los estados de ánimo se relacionan con una serie de juicios que realizamos sobre un hecho concreto que desencadenó una emoción determinada. Y para poder modificar ese estado de ánimo no basta con generar experiencias que deriven en emociones positivas o utilizar pensamientos positivos; la clave está en incidir en qué juicios están sustentando ese estado de ánimo.

En los equipos podemos distinguir cuatro estados de ánimo principalmente, que describen distintas emocionalidades individuales y colectivas. Eso nos permite desarrollar diferentes posibilidades de actuación: resentimiento, resignación, aceptación y ambición. Todo nace con el tipo de interpretación o valoración que realizamos de determinados hechos; puede ser un juicio positivo o negativo.

Un juicio positivo valora un hecho que ya ha ocurrido como algo que no se puede cambiar y que es asumido y aceptado. Este tipo de juicios generan estados anímicos expansivos que se centran en cómo gestionar la nueva situación generada, invitan a la acción y abren posibilidades de hacer y lograr. Un juicio negativo valora un hecho que ya ha ocurrido como algo no aceptado y descansa en la creencia de que las cosas ya no se pueden cambiar. Los juicios negativos generan estados anímicos restrictivos, donde existe la opinión de que nada se puede cambiar ya, cerrando cualquier tipo de acciones y la posibilidad de actuar y lograr.

Del resentimiento a la aceptación

«El rencor es como tomar veneno y esperar que mate a tus enemigos».

Nelson Mandela

El resentimiento es un estado de ánimo derivado de la ira, que aparece cuando una persona interpreta que ha sido víctima de una acción injusta, o que tenía un derecho moral a obtener algo que le fue negado, o simplemente que merecía algo mejor de lo que obtuvo.

Siempre se produce contra alguien al que hacemos responsable de la injusticia que nos ha hecho y que tarde o temprano pagará por ello. Entonces se hará justicia y nos vengaremos. El espíritu de venganza es un subproducto habitual del resentimiento.

Cuando el resentimiento aparece es extremadamente corrosivo para la convivencia social de los equipos debido al sufrimiento permanente que genera, y nos aleja de la alegría y la felicidad. Según Nietzsche, el resentimiento nos constituye en esclavos: nos hace vivir en función de la persona con la que estamos resentidos.

La forma de salir del resentimiento es el estado de ánimo de la aceptación o paz, caracterizado por aceptar la realidad tal y como es, lo que nos permite vivir en armonía con lo que sucedió en el pasado, aunque no fuera como nos hubiera gustado. Estamos en paz cuando aceptamos las pérdidas que no está en nuestras manos cambiar. La aceptación asume que no podemos cambiar lo ya ocurrido. La aceptación nos coloca en la senda de la transformación del futuro. Su máxima expresión es una profunda sensación de armonía, estabilidad y serenidad.

De la resignación a la ambición

«La aceptación no significa resignación. Significa entender que algo es lo que es y que tiene que haber un camino a través de él».

Michael J. Fox

La tristeza puede desembocar en la depresión, que es un estado de ánimo caracterizado por un abatimiento general, descenso de la autoestima, sentimientos de pesimismo, desesperanza, desamparo, disminución de la motivación, etc. Uno de los síntomas que aparecen en un equipo deprimido es la resignación.

La resignación aparece cuando sentimos que no podemos cambiar algo. Una persona resignada no ve el futuro como un espacio donde intervenir y transformar el presente. Cuando un equipo se muestra resignado ante el devenir de los acontecimientos se cierra cualquier posibilidad al cambio y a la transformación.

Para salir de la resignación necesitamos pasar al estado de ánimo de la ambición, donde existe la posibilidad de identificar espacios para intervenir a través de determinadas acciones que representan el germen del cambio. Debe ser una serena ambición basada en la idea de ir dando pequeños pasos que nos permitan ir modificando la realidad actual.

Otra posibilidad es el análisis de la realidad y determinar si realmente es posible o no cambiarla con algún tipo de acción concreta. Además, siempre existe la posibilidad de mostrarnos abiertos a aprender, ampliando nuestra capacidad de acción. El aprendizaje es una de las más importantes formas de alejar a las personas de la resignación haciendo que parezca alcanzable lo que pudo parecer imposible.

La herramienta para la adversidad: cultivar la resiliencia

«Primero, acepta la tristeza y acepta que, sin perder, ganar no es tan bueno».

ALYSSA MILANO

13 de Julio de 2014. La Selección de Argentina acaba de perder la final de la Copa del Mundo ante Alemania después de 120 minutos de juego. Como en todas las finales de un gran acontecimiento deportivo, la gloria es para los campeones. Pero y ¿qué sucede con los que pierden?, ¿cómo superan esa adversidad donde se entremezcla la tristeza con la rabia?, ¿cómo vuelven a levantarse?

En aquella final, uno de los capitanes de aquel equipo era Javier Mascherano. Cuando meses más tarde le preguntaron qué aprendió de aquella experiencia, respondía así: *«¿Para qué te sirve perder la final de un Mundial? En lo deportivo, para nada. Es un dolor eterno. La perdiste y es muy difícil que tengas posibilidad de revancha. Pero en la vida sirve de mucho. Tienes dos opciones: entrar en pensamientos recurrentes sobre por qué la perdí, o decirte a ti mismo: 'iqué increíble haber llegado hasta acá!'».*

No hace falta irse tan lejos, ni buscar una situación como la que vivió el futbolista argentino. Tanto a nivel individual como colectivo, todos sufrimos pérdidas y pasamos adversidades: un proyecto que no sale, un compañero que es despedido, una fricción que hace perder la confianza...El cúmulo de emociones y sentimientos es muy similar: frustración, dolor, rabia, enfado, tristeza, pena... La cuestión es cómo salimos de esa situación y volvemos a recuperar la ilusión o la motivación.

La respuesta la encontramos en la resiliencia, definida como *«la capacidad humana de asumir con flexibilidad situaciones límite y sobreponerse a ellas»*. Las personas resilientes poseen tres características definitorias, como explica Diane Coutu, exdirectora de Harvard Business Review:

- *Afrontan la dura realidad.* Adoptan una perspectiva serena y realista de su situación. Se preparan para resistir y superar la adversidad por muy dura que sea. Un ejemplo: el almirante Jim Stockdale, preso durante siete años en Vietnam, asumió que podían retenerlo durante un largo periodo de tiempo.
- *Buscan un sentido.* En lugar de quejarse y verse como víctima, buscan explicaciones que den sentido a ese sufrimiento. Lo que viven en el presente da sentido al futuro que les espera. Un ejemplo: el psiquiatra austríaco Viktor Frankl, superviviente del campo de concentración de Auschwitz, que se dio cuenta de que para sobrevivir tenía que encontrar algún sentido a su vida.
- *Improvisan continuamente.* Aprovechan la situación desfavorable para encontrar nuevas posibilidades que otros no ven. Un ejemplo: Javier Mascherano encontró lo positivo de aquella experiencia frustrante en el comportamiento del grupo, la creación de un equipo, el camino que recorrieron hasta llegar a la final, los valores que quedaron...

Un ejemplo cercano y absolutamente admirable de lo que significa esta cualidad lo encontramos en la experiencia que nos cuenta Jacobo Parages en su libro *Lo que aprendí del dolor*. Los equipos que cuentan entre sus filas con este tipo de personas, personas que saben gestionar y transformar sus emociones, capaces de auto-controlarse y que cultivan la cualidad de la resiliencia para adaptarse a las situaciones más desfavorables se convierten en equipos más maduros, capaces de demostrar su compromiso cuando las cosas se ponen feas.

PASO 5: ACTIVAR LA MOTIVACIÓN DE LOS EQUIPOS

«Yo no creo en la motivación del equipo. Creo en la obtención de un equipo preparado para que sepa que va a tener la confianza necesaria cuando se pisa un campo. Y estar preparado para jugar un buen partido».

Tom Landry

El 26 de junio de 1992 se produjo uno de los hechos más sorprendentes ocurridos en el mundo del fútbol. La Selección de Dinamarca se proclamaba campeona de Europa al batir a la poderosa Alemania por 2-0. Pocos podían imaginar un mes antes tal desenlace, entre otras razones porque los daneses no estaban ni clasificados para disputar aquel campeonato.

Sin embargo, la guerra de los Balcanes provocó la expulsión de Yugoslavia de la competición y Dinamarca fue invitada a participar. La noticia cogió por sorpresa a todos los jugadores daneses, muchos de ellos disfrutando ya de las vacaciones en la playa. Uno de sus jugadores estrella, Brian Laudrup, confesó más tarde: *«Todos explotamos a reír cuando, después de decirnos que íbamos a Suecia, Richard Nielsen, el seleccionador, nos dijo que íbamos para ser campeones».*

Bajo el lema *«salir y no hacer el ridículo»* antes de cada encuentro, Dinamarca se encontró con que iba ganando un partido, y otro, y otro... hasta proclamarse campeona de Europa, protagonizando la hazaña más increíble de la Historia del campeonato. Los daneses preparaban –por decir algo– los partidos a su manera; nada de concentraciones, ni de charlas tácticas, ni de vídeos motivadores; tomando cañas con sus mujeres y con los periodistas en el hotel, mientras jugaban a las cartas o a ping-pong.

Peter Schmeichel, el guardameta de aquel equipo, dio la clave del triunfo: *«Sin duda, el hecho de que nadie confiara en nosotros, ni siquiera nosotros mismos, fue lo que nos permitió convertirnos en campeones»*. Jugar cada partido como si la cosa no fuera con ellos. Por pura diversión. Solo de ese modo Dinamarca pudo convertir en realidad lo que para todos era algo ilógico.

El modo más efectivo de activar la motivación de una persona o un equipo es que pueda realizar su tarea divirtiéndose. Es decir, que entre en ese estado de flujo que descubrió Mihaly Csikszentmihalyi, como le sucedió a la Selección danesa en aquella Eurocopa.

Aunque hay que ser muy ingenuo para pensar que todos los miembros de un equipo disfrutan en sus trabajos. La motivación se ha convertido en un gran quebradero de cabeza para muchos jefes al ver a su gente poco o nada comprometida en sus puestos. No hay duda de que la motivación es un elemento vital para lograr el compromiso del equipo. Ahora bien, ¿cómo motivo a mi equipo?, ¿realmente puedo motivar a alguien?, ¿qué resortes hay que tocar para activar la motivación de un equipo?

Según la RAE, el término «motivar» tiene cuatro acepciones: *«1. Dar causa o motivo para algo; 2. Dar o explicar la razón o motivo que se ha tenido para hacer algo; 3. Influir en el ánimo de alguien para que proceda de un determinado modo; 4. Estimular a alguien o despertar su interés»*. Para poder influir, estimular o persuadir a los diferentes componentes del grupo, antes hay que conocer qué razones o motivos impulsan a cada uno de ellos a levantarse de la cama cada mañana y ponerse en marcha. Hay que conocer sus razones, deseos y motivaciones. Como decía Tom Landry, entrenador de los Dallas Cowboys durante 29 temporadas, lo importante no es tanto motivar, sino crear las condiciones necesarias para que cada miembro del equipo pueda dar lo mejor de sí mismo el día del partido.

El juego interior de la motivación

«Justo debajo de la piedra que te hizo tropezar es donde hallarás tu mayor tesoro».

JOHN CAMPBEL

Comenta Marshall Goldsmith, *coach* experto en liderazgo: *«Nadie puede motivar a una persona para hacer algo si esa persona no tiene la voluntad de hacerlo. Porque solo podemos motivarnos desde nuestras razones, deseos o necesidades. Intentar motivar a alguien que no quiere o no tiene voluntad es una absoluta pérdida de tiempo».*

Sin embargo, los responsables de gestionar un equipo de personas sí pueden establecer el clima adecuado para poder trabajar la motivación de sus subordinados. Es una de las grandes obligaciones de un líder: sacar lo mejor de cada miembro del equipo, estableciendo las condiciones idóneas para poder desarrollar su trabajo. En mi opinión, la máxima que debe presidir el tema de la motivación en los equipos es «más que motivar, evitar desmotivar».

A modo de decálogo podemos detallar diez claves que permiten conocer cómo funciona la ciencia de la motivación en los equipos, y que iremos desarrollando a lo largo de este capítulo:

- *Clave 1: Toda motivación es automotivación.* El secreto de la motivación está en el interior de cada persona. No se puede motivar a alguien que no quiere motivarse.

- *Clave 2: La motivación tiene su origen en la voluntad.* La motivación surge del auto-convencimiento de querer hacer algo. De la voluntad interior de cada persona.

- *Clave 3: El propósito de un equipo, su por qué, es un factor motivacional intrínseco de primer orden.* La motivación se activa con la voluntad cuando se encuentra un propósito profundo, un «para qué» hacemos lo que hacemos.

- *Clave 4: La cara oculta de la motivación es el miedo.* Profundizar en los miedos a través de la indagación reflexiva permite encontrar el origen de los problemas de motivación.

- *Clave 5: La confianza es una fuerza impulsora para motivarse.* A través de ella desactivamos los miedos y eso nos da claridad para tomar decisiones y elegir en función de lo que realmente queremos.

- *Clave 6: Auto-motivarse es más fuerte que motivar.* El proceso interno que activa la motivación es más importante que la acción de motivar o la del motivador (el líder o responsable del equipo).

- *Clave 7: Encuentra qué motiva a tu equipo.* El responsable de un equipo debe encontrar qué factores activan la motivación de sus miembros: dinero, seguridad, relaciones, poder, logro, propósito...

- *Clave 8: El líder no motiva; crea las condiciones para que se active la motivación de su equipo.* La verdadera prueba de la influencia de un líder viene determinada por las acciones que los subordinados emprenden y que no necesitan de su supervisión.

- *Clave 9: Un líder demuestra motivación con su ejemplo.* Es el modo más efectivo de crear las condiciones necesarias para activar la motivación del equipo.

- *Clave 10: Un equipo motivado es un equipo «auto-motivado».* Los equipos que muestran una alta motivación son aquellos que tienen un propósito compartido alineado con los factores motivacionales de cada uno de sus miembros.

¿Por qué motivar al equipo no funciona?

> *«No puedes motivar de forma significativa a los demás, si no comprendes las palancas que determinan cómo se motivan las personas».*
>
> PHIL JACKSON

Jim Collins, en su trilogía *Empresas que perduran, empresas que sobresalen y empresas que caen*, sostiene que una de las grandes revelaciones que descubrió en los estudios realizados con empresas excelentes fue la poca o nula atención que mostraban al tema de la motivación. Sostenían que si se daban las «condiciones adecuadas» los problemas de motivación y compromiso desaparecían. La cuestión clave es definir cómo tienen que ser esas «condiciones adecuadas».

Y la respuesta tiene que ver en gran medida con el tipo de trabajador que forma parte del equipo. Cuando nos encontramos con equipos cuyos miembros son personas adecuadas –lo que significa que ejercen su responsabilidad en el desempeño de sus funciones, son competentes y muestran ambición por lograr los objetivos– no es necesario motivar a nadie. Ellos mismos son capaces de autodirigirse y automotivarse.

Susan Fowler, en su libro *¿Por qué motivar a la gente no funciona, y qué sí?*, sigue esta línea de pensamiento y sostiene que es imposible motivar a las personas. Porque en el fondo cualquier persona ya está motivada *per se* por alguna razón concreta. Es decir, lo importante en la motivación no consiste en motivar sino en conocer las razones que activan la motivación de una persona y proveer las condiciones necesarias para que cada persona desempeñe su tarea con la motivación adecuada.

¿Cómo se desmotiva a un equipo?

«Cuando una puerta de felicidad se cierra, otra se abre. Pero con frecuencia miramos tanto a la puerta cerrada que no somos capaces de ver la puerta que se ha abierto frente a nosotros».

Helen Keller

Sea cuál sea el origen de nuestra motivación, cuando comenzamos un nuevo trabajo solemos sentirnos entusiasmados. O al menos satisfechos por poder desarrollar ese trabajo. Sin embargo, transcurridos solo unos meses, el grado de entusiasmo desciende vertiginosamente, llegando a la temida desmotivación.

Lo que demuestran los últimos estudios y las encuestas que se realizan en las empresas es que las políticas y procesos establecidos por la dirección y el comportamiento de los jefes suelen influir de forma directa en este descenso del entusiasmo de los trabajadores. De hecho, es mucho más sencillo desmotivar a un grupo que motivarlo. Hay diferentes formas de minar la moral a la tropa, por ejemplo:

- *El maltrato al trabajador.* Se manifiesta en la poca atención y escucha a sus necesidades, en la falta de igualdad con respecto a otros compañeros, en considerarlo como un recurso desechable cuando comienzan los problemas...
- *La ausencia de reconocimiento.* Es más probable recibir críticas que un elogio por el trabajo bien hecho.
- *La existencia de procesos complejos, lentos y tediosos.* Provoca un sentimiento de lucha y frustración contra su propia organización.
- *La formación insuficiente para el desarrollo de nuevas competencias.* Impide el desarrollo de la carrera profesional.
- *La falta de fluidez en la comunicación.* Se traduce en frustración y malentendidos.
- *La ausencia de delegación de la autoridad.* Demuestra una falta de confianza en el grupo y provoca una baja corresponsabilidad.
- *La falta de un propósito.* Se manifiesta en una visión poco clara y creíble de la empresa y se materializa en la ausencia de proyectos o retos ilusionantes.

Incluso, como demostró Edward Deci, profesor de Psicología de la Universidad de Rochester y uno de los pioneros en el estudio de la motivación, la recompensa económica no mejora el rendimiento; a veces lo empeora. Sin embargo, las empresas suelen trabajar la motivación de sus empleados a través de sistemas de recompensa basados en políticas de premios y castigos que permitan incentivar la implicación y el compromiso de estos.

Tratar de motivar a una persona a través de recompensas en función de los comportamientos es una posibilidad. La más obvia, práctica y recurrente. La más controlable porque nos permite premiar o castigar lo que deseamos que haga una persona. Pero no es suficiente, y en muchos casos abusar de estas recompensas puede ser contraproducente e incluso empeorar las cosas.

¿Qué buscan los componentes de un equipo en el trabajo?

«Ganar no lo es todo, pero sí lo es querer ganar».

Vince Lombardi

Cuando preguntamos a las personas qué es lo que buscan en el trabajo o por qué razones están motivadas, podemos encontrar una amplia gama de respuestas: buen sueldo, seguridad laboral, buen ambiente con los compañeros, sentirse reconocido por sus superiores...

David Sirota, experto consultor e investigador de organizaciones, en un artículo de la Harvard Management Update las resumía en tres grupos. En primer lugar, la igualdad, que consiste en ser respetados y tratados con justicia en términos salariales y condiciones laborales. En segundo lugar, la camaradería, basada en mantener buenas relaciones en el entorno laboral, que se trasladen a un buen ambiente. Y, tercero, el logro, que significa sentirse orgullosos del trabajo realizado, y se traduce en ser reconocidos por los logros realizados.

Sin embargo, estas razones no son las únicas. Podemos encontrar múltiples factores de motivación en función de los deseos y necesidades de cada persona. Harry F. Harlow, profesor de Psicología de la Universidad de Winconsin, demostró a través de un experimento sobre la conducta que los humanos y otros animales no solo hacían las cosas para recibir gratificaciones biológicas (comida, bebida o sexo) o por un sistema de premios y castigos. Ofreció una teoría nueva: el desempeño de la tarea significaba una gratificación intrínseca. Es decir, que disfrutamos haciendo las cosas por hacerlas.

La *motivación intrínseca* es la que genera una satisfacción íntima y personal, como conseguir un reto o logro, mientras que la *motivación extrínseca* es la que viene de fuera, la que proviene de un estímulo externo. De este modo, por un lado podemos sentirnos motivados por diferentes factores externos: el dinero, la seguridad laboral, el poder y el prestigio que nos da trabajar en una gran empresa, el buen ambiente que haya en la oficina, o buscar la motivación en el ocio externo que encontramos fuera de nuestro trabajo; mientras que, por otro lado, podemos activar nuestra motivación a través de otros factores que están directamente relacionados con la tarea que llevamos a cabo. Por ejemplo, cuando buscamos ser altamente competentes en el trabajo que realizamos, a lo que llamamos maestría. O cuando tenemos cierta libertad y autonomía para efectuar el trabajo que estamos llevando a cabo. O cuando realizamos un trabajo que supone un reto o un logro profesional. Y también cuando le damos un sentido a lo que hacemos y encontramos un propósito.

Detrás de cada factor de motivación hay un deseo

«Somos conscientes de nuestros deseos e ignorantes de las causas que los determinan».

Spinoza

Cuando hablamos de motivación, nos referimos a un impulso o una energía que nos mueve y nos lanza a realizar una acción. Ese algo es el deseo. Todos tenemos deseos, aunque obviamente los deseos de unos y otros difieren. Ahí está una de las claves para explicar por qué dos personas bajo las mismas condiciones laborales pueden vivir estados de motivación diferentes.

El deseo es la conciencia de una necesidad, de algo que me falta. Existen infinidad de deseos, y la lista sería infinita, pero todos se pueden agrupar en tres grandes grupos, como los define José Antonio Marina en su libro *Los secretos de la motivación*:

- *El deseo de bienestar personal*: es el que nos permite buscar aquellos placeres que nos hacen sentir bien con nosotros mismos. Es el deseo de placer, del disfrute.
- *El deseo de vinculación social*: es el que nos permite formar parte de un grupo y ser aceptados dentro de él. Se conoce como el deseo de afiliación. Busca la pertenencia, la aceptación de un grupo a través del reconocimiento implícito y la valoración de los demás.
- *El deseo de desarrollo*: es el que nos permite ampliar nuestras posibilidades de acción. Busca la realización, alcanzar la excelencia, la plenitud. Nos otorga la capacidad de sentirnos competentes, capaces y útiles. Este deseo adopta múltiples manifestaciones: el logro, la autorealización, la autonomía, la maestría, el poder, la creatividad, el propósito...

Hacer las preguntas correctas

«El grado sumo del saber es examinar el porqué».

Sócrates

Cuando nos preguntan por qué estamos motivados, solemos contestar utilizando los grandes factores motivacionales: el dinero, la seguridad, tener un buen ambiente con el resto de compañeros, tener un trabajo retador que permita el reconocimiento de los superiores, tener un plan de carrera que nos permita ir desarrollándonos y aprender...

Ahora bien, podemos estar dando estas respuestas y, sin embargo, sentirnos poco motivados o desmotivados en nuestros lugares de trabajo... ¿Por qué? Porque alguna de nuestras necesidades más básicas no está siendo cubierta. Por lo tanto, todo esfuerzo por motivar a alguien pasará por identificar qué deseo o necesidad le mueve, y fomentar un clima en el que estas necesidades sean cubiertas.

La forma de descubrir qué es lo que realmente nos mueve es preguntar el para qué. Por ejemplo, *«¿para qué queremos el dinero, la seguridad, la autonomía o la maestría?»*. Detrás de cada factor encontraremos el deseo o el interés que nos mueve, es decir, el origen de la motivación.

Motivación Extrínseca		Motivación Intrínseca	
EL DINERO U OTROS INCENTIVOS	Deseo de conservación	LA MAESTRÍA O EL DOMINIO	Deseo de competencia, de creatividad, de exploración
LA SEGURIDAD LABORAL	Deseo de seguridad	LA AUTONOMÍA	Deseo de independencia y libertad
EL PODER Y PRESTIGIO	Deseo de reconocimiento	EL PROPÓSITO	Deseo de autorealización o trascendencia, de contribución
LA AFILIACIÓN AL GRUPO O TENER UN BUEN CLIMA LABORAL	Deseo de aceptación	EL LOGRO O RETO	Deseo de superación, de excelencia

EL OCIO O CONCILIACIÓN LABORAL	Deseo hedónico de búsqueda de placer	EL TRABAJO EN EQUIPO	Deseo de cooperación y colaboración

La fórmula de la motivación

«Establecer metas es el primer paso para convertir lo invisible en visible».

Anthony Robbins

La motivación se activa por tres caminos diferentes, como nos recuerda José Antonio Marina. Uno, cuando identificamos qué deseo o necesidad nos mueve. Dos, cuando existe un valor, incentivo o premio que trae asociado ese deseo. Y tres, los condicionantes que existen entre el deseo y el beneficio que quiero lograr, y que harán que la motivación se acelere o se ralentice. En resumen, la fórmula de la motivación podríamos definirla como la suma de estos tres componentes: «motivación=deseo+valor del deseo o incentivo+condicionantes». Cualquier intento por motivarnos o por generar la motivación en otros pasará por identificar estos factores y actuar sobre ellos a través de diferentes recursos.

Ahora bien, la motivación de una persona o de un equipo es como un iceberg. En la parte visible del iceberg podemos observar los comportamientos y aplicarles un sistema de recompensas basado en gratificaciones económicas, tiempo libre o vacaciones, la promoción a puestos, regalos, ofrecer diversión, etc. A veces, esto permite fomentar el compromiso e implicación en un trabajo y puede ayudar a generar un buen clima laboral, siempre y cuando esta política de premios y castigos se desarrolle bajo un sentido de justicia, donde el mérito sea la vara de medir.

Sin embargo, la recompensa es una condición necesaria, pero no suficiente, como explicó Herzberg en su «teoría de los dos factores»: higiénicos y de motivación. Necesitamos saber e indagar qué es lo que hay en la parte oculta del iceberg. Es ahí donde está todo lo importante: los valores, las capacidades, las necesidades psicológicas, el sentido de propósito, el talento, la vocación, las emociones... Todo eso es lo que permite descubrir la motivación intrínseca de las personas y de los equipos. Estos son los aspectos fundamentales que pueden activar la motivación de cada miembro del equipo:

- *Identificar el talento* a través de las capacidades de las personas, y desde aquí llegar la maestría o la competencia.
- *Descubrir un trabajo vocacional*, que nos permita disfrutar con lo que hacemos.
- *Reivindicar los valores* que nos guían e integrarnos en un trabajo que los respete. Por ejemplo, si somos muy sociables debemos buscar un proyecto que fomente el trabajo en equipo y las relaciones.
- *Indagar cuáles son nuestras necesidades y deseos* más profundos y buscar trabajos y proyectos que cubran esas necesidades. Por ejemplo, si tengo un gran anhelo por la libertad tendré que tener un trabajo que me otorgue cierta autonomía.
- *Tener claro nuestro propósito*, es decir, para qué hacemos lo que hacemos. Solo desde ahí tendrá sentido lo que hagamos.

¿Cómo activar la motivación en los equipos?

«La estrategia del palo y la zanahoria es un motivador persuasivo. Pero si uno trata a las personas como borricos, ellos actuarán como tales».

JOHN WHITMORE

El economista George Akerlof recibió en 2001 el premio Nobel de Economía por su estudio sobre información asimétrica de los mercados. Akerlof demostró que cuando se produce una asimetría de información entre las partes implicadas en una transacción aumentan las dificultades para que se produzca un intercambio satisfactorio por ambas partes.

Algo similar ocurre con la motivación. La asimetría de la información sobre la motivación se produce cuando el jefe desconoce los factores de motivación de cada miembro del grupo. O cuando se aplican incentivos o recompensas que no conectan con las necesidades de cada persona.

Sin embargo, cuando un jefe ofrece aquello que demanda el grupo se produce un intercambio satisfactorio para ambas partes y la motivación se activa. Por ejemplo, cuando se ofrece un trabajo incorporando algún factor de motivación extrínseco o intrínseco (dinero+reto), que cumple con las necesidades que demanda el grupo. Por lo tanto, la clave para poder activar la motivación de un equipo radica en la habilidad del responsable del mismo para conocer los diferentes factores que motivan a cada componente. Pero, ¿cómo conseguir ese nivel de información?

- *Escuchar activamente*, para conocer qué factores motivan a cada miembro del equipo. Es necesario establecer un diálogo continuo con cada uno, escuchar y entender su realidad, lo que piensan y lo que sienten.
- *Humildad para aprender cómo funciona la motivación.* Motivar a una persona es algo mucho más complejo que ofrecer solamente recompensas económicas u otro tipo de incentivos. Es necesario conocer los diferentes factores que mueven el «iceberg de la motivación»: talento, valores, emociones, creencias, propósito...

Motivar es persuadir, influenciar y convencer. El desafío de «motivar» a un equipo está en la habilidad del responsable del mismo para persuadir, influir y convencer a sus miembros para que hagan lo que tienen que hacer con el fin de lograr un objetivo compartido y beneficioso para todos. ¿Cómo se consigue? Conectando emocionalmente con ellos a través de la empatía y tomando perspectiva de la realidad de cada uno.

La motivación también se puede entrenar

«Cada derrota, cada pérdida, contiene su propia semilla, su propia lección para mejorar el rendimiento en la próxima ocasión».

Og Mandino

Solón fue uno de los siete sabios de la antigua Grecia. Es considerado el primer legislador y estadista de la Historia, y aunque no dejó escritas sus leyes ni sus pensamientos, una de sus sentencias ha llegado hasta nuestros días a través de sus discípulos: *«sin método, orden, voluntad, esfuerzo y sacrificio no son posibles ni el genio ni el triunfo»*. Muchos de estos valores son necesarios cuando la motivación se pierde.

La motivación es una cualidad muy frágil y son muchas las causas que pueden originar su pérdida. Para reactivarla sería necesario tocar alguno de los elementos que componían la fórmula de la motivación: reactivar el deseo, intensificar el premio o incentivo asociado a ese deseo o mejorar las condiciones asociadas a ella.

Puede que el equipo necesite un tiempo de descanso y reflexión para analizar qué está sucediendo. En este sentido, los tiempos de descanso después de épocas de mucho estrés son absolutamente necesarios. Y también reuniones de trabajo en entornos relajados para poder reflexionar y profundizar sobre lo que está ocurriendo con la motivación colectiva. Por otro lado, es necesario que cada miembro del grupo haga un trabajo individual de autocrítica y reflexión personal sobre qué es lo que está sucediendo en su puesto de trabajo, con el proyecto, la relación con sus compañeros, sus clientes, etc.

Como veíamos en el anterior capítulo, hay situaciones absolutamente adversas donde parece que todo se acaba y aparece la desmotivación. Toni Nadal, en *Todo se puede entrenar*, explica cómo Rafa Nadal es capaz de sobreponerse a situaciones límite sin perder su motivación; partidos jugados con dolor, con malas condiciones de tiempo, de pista, partidos «casi» perdidos contra rivales mejores...

Es en esos momentos cuando aparece el método, el orden, la voluntad, el esfuerzo y el sacrificio a los que hacía referencia Solón. *«La única diferencia entre Nadal y otros tenistas que no han llegado a la élite del tenis es que todas esas cualidades de lucha, entrega, no quejarse, resistir y persistir... las lleva entrenando desde los cinco o seis años»*. La clave para mantener la motivación en lo que se está haciendo es la perseverancia: mantener el esfuerzo para alcanzar la meta a pesar del cansancio, la dificultad, el aburrimiento o las frustraciones.

Herramientas para activar la motivación de los desmotivados

«You can't start a fire without a spark».

Dancing in the dark, Bruce Springsteen

Desafortunadamente, hay mucho desmotivado e insatisfecho con su entorno laboral. Las últimas cifran muestran que el 75% de los trabajadores de todo el mundo afirman estar insatisfechos, molestos o desmotivados con su trabajo. Las quejas se centran en el salario, los jefes, la poca atención que reciben de sus organizaciones, la falta de reconocimiento, o simplemente porque no encuentran sentido al trabajo que realizan. El único objetivo de la mayoría de estas personas es conseguir jubilarse anticipadamente, ya que no encuentran ningún aliciente a su trabajo. La cuestión es ¿qué hacemos con tanto desmotivado?, ¿podemos aprovechar tanto talento desperdiciado?, ¿cómo podemos activar la motivación para fomentar de nuevo el compromiso con sus equipos?

Uno de los objetivos prioritarios para cualquier empresa o equipo debería ser recuperar a los desmotivados. Porque cuando un trabajador pierde su motivación, su entusiasmo, su energía y su voluntad de aportar lo mejor de sí mismo, las empresas pierden mucho: participación, conexión, creatividad, compromiso, dinero, etc. La cuestión es ¿cómo hacerlo?, ¿cómo tratar a los desmotivados?

- *Tratar de descubrir cuáles son las razones de la desmotivación.* Es decir, profundizar en el «iceberg de la motivación». Y para ello es fundamental hablar con el desmotivado. Comunicarnos con él, escucharle para comprender qué es lo que le ha llevado a esa situación. Puede ser por múltiples razones (no le gusta lo que hace, no se siente recompensado, tiene una mala relación con el jefe o sus compañeros, no se han cumplido sus expectativas, ha caído en la rutina por falta de nuevos retos...). Solo cuando tengamos un diagnóstico ajustado a la realidad podremos intentar solucionar el problema de la desmotivación, teniendo en cuenta la premisa con la que abríamos el capítulo: si alguien no quiere motivarse, es imposible activar su motivación.

- *Trabajar la motivación como un ejercicio continuo de persuasión e influencia*, más que intentar motivar *per se* a los desmotivados. Este trabajo de persuasión corre a cargo del responsable del grupo y requiere estar motivado uno mismo, tener claro el objetivo por el cual deseamos motivar, tener una actitud de querer solucionar el problema, conocer a las personas y dar continuidad a las acciones que permiten mantener activa la motivación.

- *Fomentar la responsabilidad del desmotivado.* Tanto el que «motiva» como el que «es motivado» deben realizar su trabajo. Un desmotivado debe conocer que es lo que le sucede, indagar en las causas de su desmotivación y qué es lo que podría activar su motivación.

Para que una persona pueda «automotivarse» deberían darse tres condiciones: 1º Que no odie su trabajo. Si a una persona no le gusta lo que hace, por mucho que se la gratifique siempre estará insatisfecha; 2º Que no esté desmotivada. No es posible activar la motivación de una persona hasta que no se ha resuelto su desmotivación; 3º Que muestre cierto equilibrio y madurez personal para entender la situación que está provocando esta ausencia de motivación.

PASO 6: INSTAURAR EL BUEN CLIMA

«Es difícil encontrar la felicidad dentro de uno mismo, pero no es posible hallarla en ningún otro lugar».

Sócrates

En agosto de 1976, Virgin tenía serios problemas. Por aquel entonces la empresa británica se dedicaba solamente al negocio discográfico y su fundador, Richard Branson, trataba de fichar a alguna de las agresivas bandas de punk que estaban entrando en escena en el panorama musical. Además, estaban en disputa con la banda Gong por los derechos de grabación. Cuenta Branson que una tarde los seguidores de este grupo, muy enfadados, llegaron a las oficinas de Virgin para montar una manifestación.

El buen humor, la amabilidad y la simpatía de Branson hicieron que todos pasaran una agradable tarde tirados en los sofás escuchando música, y cuando se fueron los manifestantes les dieron las gracias por haber ido mientras amablemente les quitaban las cosas que habían cogido e intentaban llevarse, principalmente discos.

Si hay un rasgo que caracteriza a Richard Branson es su sonrisa. De hecho, es difícil encontrar una fotografía suya en la que no salga con una buena sonrisa. La sonrisa de Branson transmite sinceridad, felicidad, amabilidad, delicadeza, simpatía, sencillez, honestidad, confianza y alegría. Y eso es lo que intentó transmitir a sus compañeros y empleados desde los inicios en su primer negocio, la revista Student, y posteriormente en Virgin.

La teoría empresarial dicta que una empresa debería atender en primer lugar los intereses de sus accionistas, en segundo lugar, los de sus clientes y solo en último lugar preocuparse de sus empleados. Virgin hace lo contrario. Para Branson, los empleados son lo más importante: *«Me parece de sentido común que si cuentas con un equipo de personas felices y motivadas tienes muchas más probabilidades de tener a clientes felices».*

El buen ambiente en los equipos es una consecuencia de haber trabajado cada uno de los pasos previos. Sin confianza, sin empatía, sin una buena comunicación, sin madurez para saber gestionar las emociones y sin motivación es imposible instaurar un buen clima entre los miembros de un equipo. Además, otros aspectos que explicaremos en capítulos posteriores tienen una importancia vital para que el buen clima no sea algo pasajero y frágil; por ejemplo, la existencia de un propósito compartido y unos valores que guíen al equipo.

Las emociones asociadas al buen ambiente son la alegría, el buen humor, el optimismo, el entusiasmo, la diversión, la ilusión... En cualquier caso habrá que tener cuidado y establecer la dosis correcta de cada una de estas emociones positivas. Porque no hay nada más peligroso que encontrarnos con un «equipo Disney», donde parece que todo es perfecto y maravilloso, y reinan la felicidad y el buen rollo. No hay equipos perfectos y, por muy buen ambiente que haya, en todos los grupos de trabajo hay algún tipo de rencilla. Una de las diferencias entre un equipo y un grupo radica en que en los equipos se abordan este tipo de situaciones sin miedo a generar mal ambiente.

Pan y circo

«Pan y fiestas mantienen al pueblo quieto».

Lorenzo de Medici

Esta fue la receta que los diferentes gobernantes de la antigua Roma utilizaron para contener a las masas y evitar posibles sublevaciones. El Estado compraba el trigo a un precio más bajo que el de mercado para distribuirlo entre la plebe y entretenía a las masas con todo tipo de espectáculos y juegos. Así fue como los populistas romanos sobornaron al «pueblo de Remo» durante siglos.

Han pasado más de dos mil años y en muchas empresas se sigue recurriendo a la misma receta para mantener anestesiados a gran parte de sus trabajadores. Seguridad económica con salarios e incentivos económicos y buen clima laboral con fiestas, actividades lúdicas, etc. La pregunta del millón: ¿es suficiente con «pan y circo» para mantener el buen clima dentro de los equipos?

En primer lugar, necesitamos tener cubiertas ciertas necesidades, las que Abraham Maslow definió como fisiológicas y de seguridad. Cualquier acción orientada a mantener la *«pax social»* dentro de un grupo tiene que partir de esta idea. No se puede establecer un buen clima dentro del grupo si algún miembro no tiene unas condiciones económicas mínimas, ni tampoco unos niveles de seguridad laboral aceptables. Cuando estos aspectos no están cubiertos, la desmotivación está servida y el clima se enrarece.

Sin embargo, como explicábamos en el anterior capítulo, basar toda la política motivacional de un equipo en incentivos económicos puede resultar contraproducente y no producir los efectos deseados, como demostraron los experimentos de Edward Deci. Empresas como Microchip Technology o Glaxo Smith Kline comienzan a plantearse eliminar o reducir las comisiones de ventas como instrumento fundamental para motivar a sus equipos de vendedores. Las razones que fundamentan este cambio de política son varias: eliminar que los trabajadores actúen en beneficio propio, fomentar la colaboración entre departamentos, ahorrar tiempo a los directivos en resolver disputas sobre compensaciones...

En segundo lugar, en los últimos años diferentes estudios han demostrado que tener empleados felices aumenta la productividad de una empresa. De hecho, el buen clima es uno de los principales factores de motivación de los empleados y un indicador del grado de felicidad. Sin embargo, no todo es válido para lograrlo. El buen ambiente no se consigue solamente con enviar tarjetas de felicitación de cumpleaños, ni montando fiestas y actividades lúdicas. Tiene que ver con trabajar aspectos más estructurales o de fondo de la vida de un equipo: construir un clima basado en la confianza, desarrollar la empatía, establecer una comunicación fluida y constante, el uso inteligente del buen humor, utilizar la dosis adecuada de optimismo...

¿Qué acciones permiten crear buen ambiente?

«No hagas a los demás lo que deseas para ti: los demás, pueden tener gustos diferentes».

George Bernard Shaw

Después de haber creado unas condiciones de seguridad y económicas mínimas, hay una serie de elementos que facilitan la instauración del buen clima dentro los equipos:

- El *sentimiento de justicia y equidad* debe presidir la vida del equipo. La existencia de desigualdades, por ejemplo, en términos de sueldo o trabajo soportado desemboca en mal ambiente de forma inmediata. En este sentido es clave distinguir entre *igualdad,* dar lo mismo a todos, y *equidad,* que implica dar lo que corresponde a cada cual.
- El *reconocimiento* de los méritos y esfuerzos realizados. Genera un sentimiento de agradecimiento y de pertenencia al equipo.
- El *interés sincero* del responsable del equipo hacia todos los componentes del grupo. Cuando un jefe se interesa por sus subordinados y se preocupa por las dificultades profesionales o personales genera conexión con ellos. Extender esta actitud a todos

los componentes del grupo genera que el equipo comience a cuidarse a sí mismo.

- El *apoyo y la unión del equipo* en los momentos duros. Hay momentos en los que la presión en los equipos de trabajo es máxima: un proyecto que hay que presentar para mañana, una queja de un cliente, una reprimenda por un proyecto perdido... Es en esos momentos cuando la unión del grupo es clave. Mantenerse unidos ante las dificultades refuerza el espíritu de pertenencia. Sentirse apoyado por los compañeros y el jefe es fundamental para que el buen clima no se evapore.
- La *confianza*. Como ya hemos explicado, es el pilar fundamental sobre el que se construyen los equipos.
- La *empatía*. La empatía es fundamental para ver al otro desde su marco. Entender su mundo, sus ideas, sus sentimientos. Cuando empatizamos conectamos, y al hacerlo se genera un buen ambiente sincero sin la temida armonía artificial.
- El *buen humor*. Es una forma de presentar la realidad, enjuiciarla o comentarla, donde resaltamos el lado cómico. A veces consiste en tratar a la ligera las cosas graves, y gravemente las cosas ligeras. Una buena dosis de humor es imprescindible para crear buen ambiente.

Motivos con los que reír

«El buen humor es la cualidad moral que más necesita el mundo».

BERTRAND RUSSELL

En circunstancias de estrés, cuando los tiempos son difíciles, hacer una fiesta es lo que menos se le pasa a uno por la cabeza. Sin embargo, en situaciones de presión extrema, la capacidad de relajarse, festejar y reír puede marcar la diferencia. A través de este tipo de acciones poco frecuentes podemos romper una espiral de depresión, estimular la creatividad, permitir al personal coger perspectiva y tomar distancia psicológica respecto a sus problemas. Una fiesta ayuda a romper el miedo y la tensión, y puede hacer que el grupo se replantee las cosas, recupere el foco, se recargue de energía y sea capaz de superar obstáculos gigantescos.

El equipo siempre debe tratar de fomentar que el espíritu del grupo sea lo más alegre posible dentro de las circunstancias. El sentido del humor es una de las herramientas más eficaces para construir equipo. Por otro lado, bromear sin herir puede reforzar los vínculos interpersonales. Una broma puede romper la monotonía de un trabajo rutinario, que es intrínseca a cualquier trabajo. La risa puede crear una atmósfera relajada y estimular la creatividad. El humor, incluso el humor negro, puede cortar la tensión, el miedo y la ansiedad.

Estas son algunas de las acciones que pueden ayudar a fomentar el buen clima a través del sentido del humor dentro de los equipos:

- Pensar con gracia. Buscar el lado cómico de las situaciones y convertir los pensamientos indignantes en graciosos.
- Adoptar una actitud alegre. Abrirse a pensamientos y comportamientos graciosos e inconformistas.
- Reír el primero. Tratar de encontrar el humor en situaciones estresantes.
- Reírse con alguien y no de alguien. Promover el humor sano y constructivo.

- Reírse de uno mismo. Tomarse el trabajo en serio, pero no a uno mismo.

¿Qué podemos celebrar cuando hay poco que celebrar?

«La vida es dura y si tienes la capacidad de reírte de ella tienes la capacidad de disfrutarla».

Salma Hayek

La historia de la expedición del Endurance de Ernest Shackleton sirve como ejemplo para darnos cuenta de que incluso en los momentos más aciagos y difíciles un equipo puede encontrar algún motivo para celebrar algo que permita mantener el buen ambiente dentro del equipo.

Las condiciones de vida de la expedición fueron empeorando durante el tiempo que estuvieron atrapados en el hielo en el intento de cruzar la Antártida. Tuvieron que hacer frente a casi todos los desafíos físicos y emocionales: temperaturas extremas, falta de luz solar, posible inanición, ceguera por la nieve, aislamiento social y privaciones físicas, incluida la congelación.

Sin embargo, la expedición nunca perdió la voluntad de hacer fiestas encontrando algún motivo que sirviera para elevar la moral del equipo y mantener el buen ambiente. Celebraron el Día del Imperio cantando canciones para honrar a la patria, organizaban carreras de perros con trineos, creaban eventos donde recitaban poesía y música, etc.

Los equipos más cohesionados encuentran modos de introducir celebraciones en su día a día. Existen tantos métodos de reunir al equipo como razones para celebrar algo:

elaboradas fiestas, reuniones mensuales, notificaciones de agradecimiento por proyectos o por el trabajo realizado...

Estos son algunos ejemplos: organizar eventos cuatrimestrales para animar y cargar de energía al equipo para el siguiente cuatrimestre, celebrar los logros conseguidos por pequeños que hayan sido, conceder premios al equipo o a sus componentes por alguna acción o cualidad que sirva para cohesionar al grupo, celebrar la incorporación de alguien que entra/sale del equipo, aniversarios, cumpleaños, nacimientos de bebés, promociones, etc.

Mantener la dosis adecuada de positividad

«El pesimista se queja del viento; el optimista espera a que cambie; el realista ajusta las velas».

William George Ward

En los últimos tiempos parece que el pensamiento positivo lo inunda todo y es el Santo Grial para lograr la felicidad, el bienestar o la satisfacción en el mundo profesional y personal. Es necesario realizar un ejercicio de equilibrio y cordura para no caer en mensajes simplistas que inundan las redes y las aulas de conferencias predicando las virtudes de un positivismo mal entendido y alejando nuestros pies del suelo.

Barbara Fredickson, de la Universidad de Carolina del Norte, es la principal investigadora sobre positividad, un término amplio que incluye un conjunto de emociones como la diversión, el aprecio, la alegría, el interés, la gratitud y la inspiración. En su opinión, las emociones positivas amplían las ideas de la gente sobre posibles acciones, abren nuestra conciencia a un rango más amplio de pensamientos y nos hacen más receptivos y creativos.

Fredickson y otros investigadores desarrollaron un estudio registrando las emociones positivas y negativas de un conjunto de participantes durante cuatro semanas. Demostraron que cuando las emociones positivas superaban a las negativas en una proporción de tres a uno la gente en general prosperaba. Sin embargo, también descubrieron que la positividad tenía un límite superior y que cuando la proporción alcanzaba el once a uno, las emociones positivas comenzaban a hacer más mal que bien. Por tanto, una cierta negatividad, lo que denominan «negatividad adecuada», es esencial.

En conclusión, lograr la dosis adecuada de positividad es otra virtud necesaria tanto a nivel individual como colectivo. En el término medio está la virtud, como sostenía Aristóteles, y parece, como reflejan los estudios con datos empíricos, que no deberíamos elegir solo el camino de la positividad. Mantener una pequeña dosis de negatividad nos vacuna de uno de los males de aparecen en los equipos: la incorrecta gestión de las expectativas.

¿Cómo cultivar el optimismo?

> *«El genio de la evolución radica en la tensión dinámica entre el optimismo y el pesimismo que se corrigen continuamente».*
>
> Martin Seligman

Una de las figuras destacadas en la psicología contemporánea es Martin Seligman, profesor de la Universidad de Pensilvania, fundador de la «psicología positiva». Entre sus contribuciones más señaladas destaca la importancia del optimismo a la hora de afrontar determinados acontecimientos negativos. Una persona optimista es capaz considerar las situaciones adversas como temporales y específicas más que permanentes y universales, lo que la capacita a no considerarse víctima de esa situación y poder actuar. De esta forma, el optimismo estimula la perseverancia, que nos da estabilidad durante los desafíos y alimenta la confianza de que podremos influir en nuestro entorno y salir adelante.

Seligman, en su libro *Aprende optimismo*, lo resume con esta frase: «*La vida causa los mismos contratiempos y las mismas tragedias tanto a optimistas como a pesimistas, pero los primeros saben enfrentarlas mejor*».

La clave para desarrollar optimismo está en el diálogo interior e inconsciente que se produce siempre. Debemos prestar mucha atención a lo que nos decimos a nosotros mismos, sobre todo cuando estamos viviendo momentos de adversidad (los mensajes buenos energizan, mientras que los malos deprimen). La forma de desarrollar un sentimiento optimista consiste en enviar mensajes positivos que se superpongan a las voces de desánimo y pesimismo.

¿Cómo puede un equipo desarrollar el optimismo? Seligman desarrolló el modelo ACCDE, que consta de cinco conceptos y acciones relacionadas. Vamos a explicarlo a través de un ejemplo:

- *Adversidad.* Identificar la adversidad que se ha encontrado. Por ejemplo, se produce una avería en un ordenador durante un proyecto importante.
- *Creencias.* Observar las creencias y pensamientos dominantes sobre el suceso, es decir, cómo interpreta el equipo lo que ha acontecido. El equipo tiene la creencia de que no acabará el informe por lo sucedido.
- *Consecuencias.* Reconocer las consecuencias que tiene su pensamiento. La consecuencia es que el equipo se siente desanimado.

- *Debate.* Debatir el pensamiento negativo con un argumento sólido basado en la evidencia. En otras ocasiones el equipo se ha sobrepuesto con creatividad a otros desastres de la tecnología.
- *Energía.* Generar la energía y los sentimientos necesarios para sobreponerse a la adversidad. Ahora, tomando conciencia de cómo se resolvieron otras incidencias en el pasado, el equipo se mostrará más relajado y confiado, así que podrá solucionar el problema y acabar el informe.

Este enfoque necesita ensayarse y practicarse cuando surgen pequeños contratiempos para interiorizarlo y tenerlo presente cuando lleguen problemas de mayor envergadura.

Construir el «coeficiente de optimismo» ideal

«Espera lo mejor, prepárate para lo peor».

MUHAMMAD ALI JINNAH

Cuando elegimos a alguien para un puesto de trabajo clave tenemos en cuenta cualidades, conocimientos, habilidades y aptitudes, por ejemplo, la capacidad para trabajar con los demás o ciertos valores como la integridad. Sin embargo, no es tan obvio que la tendencia de una persona hacia el optimismo o el pesimismo sea un factor importante para desempeñar una tarea concreta, o al menos es algo que no se suele tener en cuenta.

Seligman demostró en su experimento que a la gente positiva le suele ir mejor la vida que a los negativos, por lo que crear una proporción correcta de miembros con mentalidad positiva y negativa es clave para mantener el buen clima en el equipo. El objetivo es lograr dentro del equipo un nivel adecuado de optimismo. Definimos el «coeficiente de optimismo adecuado» como la proporción entre los miembros optimistas y pesimistas del grupo, y resulta esencial para llevar a cabo empresas arduas.

¿Cuál debería ser exactamente el coeficiente de optimismo del equipo? La respuesta no es un grupo compuesto solo por individuos que ven el mundo de color rosa; la diversidad tiene mucho valor en esta dimensión. La respuesta es que debe ser suficientemente alto como para mantener la creencia en el triunfo.

El optimismo es una cualidad clave dentro de los equipos, pero la negación de la evidencia es fatal. Se debe equilibrar el optimismo con la realidad objetiva. Hay que practicar el pensamiento janosiano. Jano, el dios romano de las puertas, era capaz de mirar en dos direcciones al mismo tiempo. Todos los miembros del equipo, y en particular el responsable del mismo, en situaciones exigentes deben ser capaces de ver el lado optimista del asunto y, al mismo tiempo, afrontar la cruda realidad. Esto a veces resulta difícil de lograr, ya que bajo condiciones estresantes nadie quiere escuchar malas noticias.

La tríada mágica de los equipos: ilusión, entusiasmo, diversión

«La felicidad nos espera en algún sitio, a no ser que vayamos a buscarla».

Voltaire

Recuerdo hace unos años, sentado en un avión de regreso a Madrid. Acabábamos de despegar y el comandante de la nave se dirigió a los pasajeros como es habitual para explicarnos los detalles del plan de vuelo (tiempo aproximado de duración, clima en el lugar de llegada, etc.). Sin embargo, la cosa no se quedó ahí. Comenzó a relatarnos el recorrido del vuelo, dando detalles sobre la geografía española que íbamos a atravesar, haciendo comentarios sobre alguna particularidad de las ciudades que sobrevolaríamos. Fue un discurso de varios minutos que logró captar la atención de todo el pasaje y terminó con una gran ovación.

Este ejemplo contrasta con la realidad conocida por la mayoría. ¿Cuántas personas están en sus puestos de trabajo en incansable estado de mal humor, esperando a dejar caer el bolígrafo y escapar de su tortura? Los datos son francamente desesperanzadores. El 23,4% de los trabajadores no son felices en su trabajo, el porcentaje más alto desde 2011 según la *VII Encuesta Adecco sobre la felicidad en el trabajo* realizada en 2017. El 33% de los trabajadores no disfruta yendo a trabajar por las mañanas, el 34% no considera que tenga un trabajo interesante y el 44% considera que trabaja en un lugar poco estimulante, según los datos del último Barómetro Edenred-Ipsos 2016 para la «*Medición y mejora del bienestar en el lugar de trabajo*».

¿Cómo salir de ese estado? El ejemplo sirve para ilustrar a personas que disfrutan con lo que hacen, que muestran ilusión, tienen entusiasmo y se divierten en sus trabajos. Ilusión, entusiasmo y diversión, la triada mágica para generar buen ambiente dentro de un equipo.

La *ilusión* nace dentro de cada uno cuando tiene la intención, el interés y la motivación de conseguir algo. La ilusión es lo que nos conecta con nuestra voluntad y nos mueve. En un equipo tiene que existir la ilusión por conseguir un objetivo compartido, algo que resulte realmente grande, ambicioso, retador... Con ilusión se tiene mucho más éxito, se persevera más.

La palabra «*entusiasmo*» proviene del griego *en-theos*, y significa tener un dios dentro de uno mismo. Para los griegos, la persona entusiasta era tomada por uno de los dioses, guiada por la propia fuerza y sabiduría de su entusiasmo, y recibía un don: poder interactuar con la naturaleza y transformarla. En un equipo el entusiasmo es clave, es el combustible y la fuerza que permite aunar al grupo. Además, es contagioso.

Y la *diversión* permite que todo sea más fácil. Cuando un grupo de personas se divierte con su trabajo, significa que está pasando un buen rato. Entonces el trabajo ya no se ve como una carga o una obligación, sino como un pasatiempo, algo con lo que se disfruta. La diversión es una forma de conectar al grupo; sin embargo, cuando nos aburrimos desconectamos.

Cuenta Toni Nadal la anécdota en el previo de una final cuando su sobrino le preguntaba: *«Bueno, Toni, ¿cómo ves el partido?»*. A lo que él le contestó con suma franqueza que su rival era mejor en todo, salvo en dos cosas: en ilusión y en actitud. Aquí está otra de las claves para abordar los retos de los equipos: la actitud. Sin actitud es imposible lograr nada ni a nivel individual ni a nivel colectivo. Esa actitud pasa por poner buena cara, incluso en los momentos de dificultad. Poner buena cara al mal tiempo. La queja, el desánimo y el descontento no conducen a nada más que a la frustración, la apatía y la desmotivación.

Cuidado con los «equipos Disney»

«La gente aprende a disimular su ignorancia, lo mismo que sonríe para ocultar sus lágrimas».

Oscar Wilde

A veces podemos encontrar equipos donde aparentemente reina el buen rollo y donde parece que todo es perfecto. Son los «equipos Disney». En estos equipos existe una aparente calma, que oculta una falta de confianza entre los diferentes miembros del equipo. La actitud general es de defensa y la información que se transmite es parcial, ocultando los errores.

Estos son algunos de los rasgos que aparecen en este tipo de equipos:

- *Autocomplacencia*. Se traduce en expresiones como: *«eso ya lo sabemos», «eso ya lo hemos trabajado», «nuestro equipo es el mejor»*. La consecuencia de esto es que el aprendizaje se estanca, y cuando dejamos de aprender dejamos de crecer.
- Existencia de *conversaciones pendientes*. Se traduce en un miedo al conflicto. Se tapan los trapos sucios y no existe un debate sincero sobre los problemas reales que aquejan al equipo. Cuando eso ocurre aparece lo que se denomina «armonía artificial».
- *Pensamiento único,* basado en el dogmatismo. Es decir, veo la realidad desde una única perspectiva, y además mantengo mi razón. No hay otra posibilidad de hacer las cosas, ni de ver el mundo desde otra perspectiva. La consecuencia es la falta de innovación y creatividad, base del progreso y el crecimiento.
- *Inmovilismo provocado por el miedo al cambio*. El buen ambiente puede hacer que el equipo se recree en exceso en su zona de confort prefiriendo mantenerse en una actitud conformista y evitando asumir riesgos. Suelen ser equipos faltos de iniciativas y miedo a equivocarse.

Pensar en equipos felices 24x7x365 es absurdo. Todos los equipos tienen imperfecciones. Y una imagen de buen rollo donde nunca hay problemas es el síntoma más claro para identificar dónde no hay un equipo sino un grupo a secas.

Herramientas para medir la felicidad de un equipo

«La felicidad no es una estación a la que se llega, sino una manera de viajar».

Margaret Lee Runbeck

En 2016, con motivo de la celebración del Día Internacional de la Felicidad, Universia elaboró un estudio a nivel iberoamericano con el objetivo de crear el primer índice de felicidad organizacional de Iberoamérica. El índice de felicidad de los trabajadores españoles se situó en el 22%, el más bajo de todos los países consultados.

Este dato contrasta con la importancia creciente que están otorgando las empresas a construir equipos más felices. Cada vez más organizaciones lo tienen claro: el trabajador optimista rinde más. Los empleados felices permanecen el doble de tiempo en sus tareas, tienen un 65% más de energía y su vinculación a la empresa es mayor... Por eso aumenta el número de las empresas que deciden medir su felicidad.

Uno de los casos más conocidos es el de Cyberclick Group, la mejor empresa para trabajar en España, según el prestigioso galardón Best Workplace España en su edición de 2014. La compañía, especializada en la optimización de campañas de *marketing* y publicidad digital, trabaja la motivación de sus equipos a través del seguimiento de una encuesta diaria que realizan a todos sus trabajadores. La Encuesta Semáforo permite conocer cuál es el estado de ánimo del equipo cada día.

Explica David Tomás, director general de Cyberclick y autor de *La empresa más feliz del mundo*, cuál es el fin de esta iniciativa que les ha permitido generar confianza en los equipos de trabajo, así como la mejora de la productividad y la positividad: *«El 'jefe' no está analizando los resultados para dar su sentencia; esto no es un examen que se debe pasar o suspender. Al contrario, es un ejercicio donde la máxima intención es ser conscientes de nuestra felicidad y adoptar medidas para aumentar la misma. Si se desea mejorar la productividad, aumentar la motivación y mejorar el flujo de positividad y de soluciones creativas en la empresa, se tiene que comenzar por alguna parte».*

7. TERCER TRIÁNGULO ESENCIAL DE LOS EQUIPOS CONLID:

Dirección

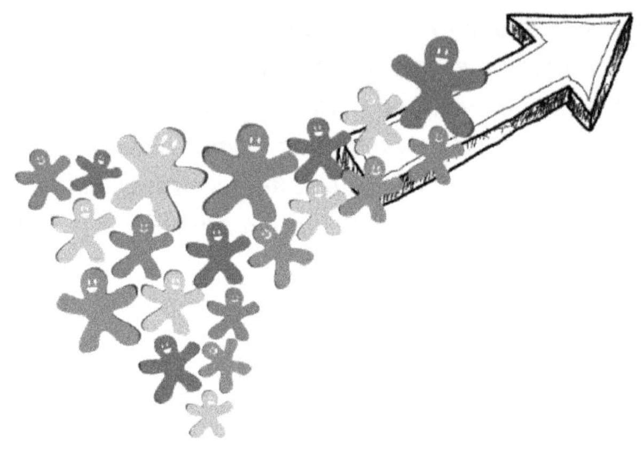

«El arte de dirigir consiste en saber cuándo dejar la batuta para no molestar a la orquesta».

Herbert von Karajan

Cuando Dante Alighieri emprendió su propio viaje espiritual, que dio lugar a la redacción de la *Divina Comedia,* se imaginó de repente perdido en medio de un bosque oscuro sin saber muy bien hacia dónde ir. Resultó que se encontraba en la entrada (imaginaria) del Infierno, a punto de descender a sus profundidades. Afortunadamente para él, tuvo un mentor seguro para guiarlo en el viaje, el poeta romano Virgilio.

Un equipo también necesita un guía con la misma certeza que la necesitaba Dante. Ese guía suele ser el responsable del mismo, el jefe o el líder, y debe ser capaz de velar por el cumplimiento de tres aspectos fundamentales para la construcción de un equipo: la orientación a resultados/objetivos; la planificación, organización, ejecución, coordinación y control; y la preparación, el entrenamiento y la formación del equipo, que den lugar a una cultura de aprendizaje. El conjunto de estos tres elementos es lo que conforma la dirección de un equipo.

El guía que dirigió aquel equipo que se proclamó campeón del mundo de Baloncesto en 2006 fue el entrenador Pepu Hernández, que se había puesto al mando de la Selección en enero de ese mismo año. Una de las acepciones que encontramos del término «dirigir», según la RAE, es la de *«gobernar, regir, dar reglas para el manejo de una dependencia, empresa o pretensión»*. Y la primera regla que impuso el seleccionador fue aspirar a lo máximo, lo que significaba fijarse como objetivo la consecución de la medalla de oro: *«No puedes plantearte que hay una cumbre imposible porque entonces no prosperas. Si vamos a una competición, perseguimos el oro y luego el torneo nos dirá dónde quedamos o dónde nos colocamos en función de nuestra actitud y aptitud, lesiones y circunstancias incontrolables»*.

Sin embargo, en aras a fomentar la responsabilidad colectiva del grupo, no podemos cargar esta misión solamente en el líder o responsable del equipo. Cada componente del mismo debe responsabilizarse por conseguir los resultados y objetivos. Un equipo formado por personas responsables estará orientado a resultados, dejando al líder la misión de establecer las metas colectivas que hagan aunar los esfuerzos de todos para la consecución de dichos objetivos.

Por otro lado, para poder dirigir con eficacia a un grupo de personas es necesario planificar, organizar, ejecutar, coordinar y controlar todo el proceso que conduzca a la consecución de objetivos. Un equipo necesita establecer unos procedimientos, normas o sistemas que permita automatizar las funciones de cada miembro para poder conseguir objetivos de un modo más eficiente. Y es aquí donde radica el éxito de los equipos.

Planificación para establecer unas metas compartidas, que sean realizables y ambiciosas para lograr avanzar. Organización para determinar qué recursos técnicos y humanos son necesarios, repartir las tareas e integrar las diferentes actividades de cada miembro para conseguir los objetivos comunes. Ejecución para materializar la toma de decisiones en hechos concretos. Coordinación para mantener la armonía entre los objetivos y las personas empleadas para alcanzar dichos objetivos. Y control para medir la eficacia de dichas decisiones, y modificarlas si no han dado los resultados deseados.

Por último, y no menos importante, un equipo que desea progresar y alcanzar nuevos retos necesita aprender. El aprendizaje es el motor del progreso, mediante la renovación y adquisición de nuevos conocimientos. Cuando un equipo no aprende, se estanca. Instalar una cultura de aprendizaje significa instaurar el hábito de la mejora continua. Y la forma más eficaz de fomentar el aprendizaje es a través de la preparación y el entrenamiento.

Aquel equipo vivió un período de preparación de cincuenta y cinco días para llegar al primer día de competición en las mejores condiciones. Hubo una planificación exhaustiva a todos los niveles: entrenamientos, partidos amistosos, preparación física, sesiones de vídeo, jornadas de descanso... Además, aquel equipo no solo lo conformaban los doce amigos que jugaban al básquet; también estaba integrado por ayudantes técnicos, médicos, fisioterapeutas, preparador físico, responsable de presa, delegado... Todos ellos coordinados por el entrenador, que era el responsable de tomar las últimas decisiones, bajo una premisa: *«conducir a las personalidades para que vayan enfocadas a mejorar el trabajo del grupo»*.

PASO 7: ORIENTAR LAS ACCIONES HACIA LOS RESULTADOS

«Los logros de una organización son el resultado de los esfuerzos combinados de cada individuo».

VINCE LOMBARDI

Sakichi Toyoda fue un artesano e inventor que creció a finales del siglo XIX en una remota comunidad agrícola en las afueras de Nagoya (Japón). En 1926 fundó la Toyoda Automatic Loom Works, la firma madre del grupo Toyota. Su principal contribución al desarrollo del gigante automovilístico japonés fue su filosofía y su manera de entender el trabajo, basada en dos pilares fundamentales: la mejora continua y el respeto a la gente.

Sin embargo, hace tiempo que Toyota se dio cuenta de que la clave del éxito de una organización es aprender a alinear los objetivos de todos los empleados hacia unas metas comunes. Para conseguir la implicación de todos en la mejora continua, de forma que finalmente se logren grandes mejoras en los equipos, es necesario alinear las metas y objetivos y medir de forma constante el progreso realizado en la consecución de esos objetivos.

Lo importante es entender que la fijación de objetivos específicos, medibles y exigentes, y la posterior medición del progreso, resulta un factor motivador de primer orden. De esta forma, los directivos de Toyota se han convertido en consumados maestros en la fijación de objetivos exigentes conjuntamente con sus equipos y en medir los progresos realizados. Ellos lo denominan «*hoshin kanri*», que se traduce como «despliegue de políticas», proceso de fijación de objetivos en cascada, desde la alta dirección hasta los equipos de trabajo. Estas metas agresivas se inician a nivel ejecutivo y después cada nivel a su vez va desarrollando sus objetivos para el año, pensados para apoyar la meta del nivel ejecutivo. Estos objetivos deben ser medibles y muy concretos.

La mayor de las disfunciones que puede mostrar un equipo es no mostrar orientación de sus acciones hacia los resultados, que son los que los acercan a los objetivos o metas colectivas que se hayan propuesto. Por lo tanto, el primer elemento a tener en cuenta es definir cuáles son los objetivos o metas colectivas del equipo.

Centrarse continuamente en objetivos específicos claramente definidos y en los resultados obtenidos es un requisito ineludible para cualquier equipo. El responsable de equipo debe definir y especificar qué es lo que espera lograr en un período determinado, y la consecución de estas metas, ya sean definidas en términos cuantitativos (crecimiento en el volumen de ventas, cuota de mercado, margen obtenido, etc.) o en términos cualitativos (desarrollo de determinadas competencias), permitirá disponer de unos resultados con los que medir el éxito del equipo a corto plazo.

La orientación de las acciones hacia unas metas compartidas tiene su origen en una motivación basada en el logro, y para ello resulta de especial interés construir un equipo con mentalidad de logro. ¿Cómo se consigue que un equipo logre orientarse hacia la consecución de unos objetivos compartidos? Con la ambición y estableciendo objetivos alcanzables y retadores podremos ir modificando el estado de ánimo de un grupo de trabajo para que se convierta en un equipo unido por una meta común.

¿Qué objetivos establece un equipo?

> *«No hay ningún viento favorable para el que no sabe a qué puerto se dirige».*
>
> ARTHUR SCHOPENHAUER

Los objetivos de cualquier equipo deben nacer a partir de la visión del equipo. Aunque en este capítulo no abordaremos el concepto de visión, ya que lo explicaremos más adelante, la visión es el resultado de un sueño puesto en acción. Cualquier equipo puede imaginar dónde le gustaría llegar, qué retos le gustaría conseguir, qué objetivo a medio o largo plazo quiere alcanzar. La visión tiene que ver con un sueño compartido, con una imagen anhelada.

Todos los equipos son capaces de soñar; sin embargo, la visión aparece cuando todos sus miembros se comprometen con el sueño que han tenido. Y la forma de mostrar el compromiso es a través de la acción. Con acciones concretas y definidas vamos acercándonos a la visión. Los objetivos, por tanto, deberán estar alineados con esa visión de futuro, lo que permitirá ir acercando al equipo hacia su consecución. Los objetivos deben caracterizarse por ser específicos, medibles, alcanzables, realistas y acotados en el tiempo. Son conocidos como objetivos SMART.

Estos objetivos o metas deben ser pocas. Peter Drucker sostenía que *«si un equipo tiene más de cinco metas, no tiene ninguna»*. Si abarcas mucho no puedes profundizar. Las metas dejan absolutamente claro dónde debemos concentrar los recursos para conseguir resultados. Son las estaciones de paso para llegar a la visión.

Los objetivos son los niveles de logros concretos y medibles que llevan al equipo hacia sus metas. El líder del equipo es el responsable de elaborar los objetivos compartidos y definir las acciones orientadas a alcanzarlos. Y todo ello estará recogido en un plan que deberá incluir algunos requisitos que abordaremos en el siguiente capítulo.

Los objetivos deben ser ambiciosos

«Cuanto más alto coloque el hombre su meta, tanto más crecerá».

Friedrich Schiller

John Zenger y Joseph Folkman, expertos en liderazgo y equipos de trabajo, llevaron a cabo hace unos años una investigación basada en más de 250.000 evaluaciones realizadas a más de 20.000 directivos de grandes y medianas empresas de todo el mundo sobre los comportamientos que diferencian a los grandes líderes del resto. A estos líderes que mostraban un desempeño superior les denominaron «líderes inspiradores», y uno de los aspectos que los caracterizaban era la fijación de objetivos ambiciosos.

El establecimiento de objetivos ambiciosos es un rasgo diferenciador de los grandes líderes de equipos. Son personas que muestran el coraje y la voluntad de correr riesgos. Obviamente, cuando se establece un objetivo alto y ambicioso la sensación es de un vacío desagradable. Sin embargo, hay dos aspectos que nos pueden animar cuando nos enfrentamos a ellos.

En primer lugar, sabemos que las personas son capaces de dar mucho más de lo que rinden con carácter habitual. La mayoría de personas trabajan en función de lo que creen que pueden, no en virtud de lo que realmente pueden. Y, en segundo lugar, los pequeños aumentos de la productividad pueden tener efectos muy profundos. Si una empresa media aumentara su productividad solo un 10%, doblaría sus beneficios.

De hecho, la mayoría de las personas son conscientes de que cuando se fijan objetivos ambiciosos, su rendimiento mejora. El problema aparece cuando se establecen objetivos imposibles. Cuando esto ocurre, tiene un efecto negativo sobre el equipo, debido a que la motivación puede caer. Por tanto, fijar objetivos ambiciosos y que el equipo los acepte es un arte que demuestra la capacidad de persuasión del líder.

La clave para conseguir objetivos ambiciosos es darles continuidad. Es bastante habitual que cuando el responsable de un equipo fije un objetivo ambicioso realice una petición a los miembros del grupo para que hagan un esfuerzo adicional. Sin embargo, si no existe un seguimiento y dicho objetivo se mantiene como algo prioritario, evitando que se implanten otros nuevos, su consecución será imposible. Todos deben conocerlo y respetarlo como algo crítico, otorgando al resto una prioridad más baja.

La toma de decisiones en el proceso de fijación de objetivos

«La gente no exitosa toma decisiones basadas en su situación actual; la gente exitosa toma decisiones basadas en dónde quieren estar».

Anónimo

Los objetivos nos indican dónde esperamos llegar o qué queremos lograr. Y en el trayecto que separa el objetivo deseado de la situación actual, el equipo, y especialmente el líder, tendrán que tomar decisiones relacionadas con las acciones necesarias para llegar a él. Una decisión, en definitiva, consiste en seleccionar qué se hace entre diversas alternativas con el fin de asegurar la mejor manera de alcanzar un objetivo, es decir, lo que se espera obtener.

En cualquier proceso de toma de decisiones se persigue uno de los dos siguientes objetivos: lograr una solución para una situación que es susceptible de mejora, o solucionar un reto que requiere una solución inmediata. Por ejemplo, el responsable del equipo puede considerar que la construcción de un equipo es un hecho importante pero no prioritario, y por tanto no destinar recursos a la resolución de este asunto. O, por el contrario, puede juzgar que mantener un grupo de trabajo sin los atributos que caracterizan a un equipo perjudica la productividad, el rendimiento o la felicidad de los integrantes del mismo, y que se necesita abordar este proyecto de forma inmediata.

De este modo, la fijación de los objetivos cumple dos funciones principales en el proceso de toma de decisiones: definir el curso de acción (qué queremos lograr, dónde queremos ir); y establecer los criterios que se emplean para valorar la propia decisión (pueden ser criterios obligatorios o deseables).

Por último, una vez adoptada una decisión es necesario elaborar un plan de acción que permita una implantación adecuada para así poder alcanzar los objetivos fijados. El diseño y la ejecución de este plan es tan importante como la propia toma de decisiones. Además, es necesario realizar un proceso de seguimiento y control de las acciones recogidas en dicho plan que permitan asegurar que estamos avanzando en la dirección del objetivo deseado.

¿Cuáles son nuestros resultados?

«Los resultados son la llave de nuestra supervivencia».

PETER DRUCKER

A menudo las preguntas más sencillas son las más difíciles de contestar. Peter Drucker definió cinco preguntas que cualquier equipo u organización debería saber responder para poder autoevaluarse con rigor y definir un plan de acción que le permita progresar. Una de esas preguntas es *«¿cuáles son nuestros resultados?»*.

En los negocios podemos discutir si los beneficios son la vara adecuada de medir el éxito, pero sin beneficios no hay negocio a largo plazo. En los equipos sucede lo mismo. Si no hay una clara orientación a resultados, si su actividad no puede ser evaluada de algún modo, los equipos desaparecen.

El progreso y el éxito de un equipo pueden ser evaluados en términos cuantitativos o cualitativos. Estos dos tipos de medida son las dos caras de una misma moneda. Ambas son necesarias para iluminar de qué manera y hasta qué punto la vida de un equipo está cambiando.

Las medidas cualitativas señalan la profundidad y la amplitud de las acciones que va tomando un grupo con el fin de lograr los objetivos propuestos. Una valoración cualitativa comienza con una observación concreta; se construyen patrones que reflejan la realidad existente y se define con precisión el comportamiento de cada miembro del grupo. Sirven para conocer qué necesitamos hacer para obtener mejores resultados mañana. Esta información es subjetiva y difícil de captar, pero es tan importante y puede ser recogida tan sistemáticamente como las medidas cuantitativas, mientras que las medidas cuantitativas utilizan estándares definidos. Comienzan con clasificaciones y previsiones y versan sobre argumentos objetivos. Ofrecen datos «objetivos» válidos. Son esenciales para evaluar si los recursos se están utilizando adecuadamente para conseguir resultados, si está habiendo progresos y si la vida del equipo está cambiando para mejor.

Al igual que sucede con la fijación de los objetivos del equipo, el líder debe ser el responsable de determinar qué debe ser valorado y juzgado, evitando que se derrochen recursos dentro del equipo, y de asegurar los resultados.

¿A quién montamos en el autobús?

«Si todos se mueven hacia delante juntos, el éxito cuida de sí mismo».

Henry Ford

David Packard, cofundador de HP, inspiró la aparición de la «ley Packard», que sostiene que ninguna empresa puede hacer crecer sistemáticamente sus ingresos más deprisa que su habilidad por hacerse con las personas adecuadas para implementar dicho crecimiento y así alcanzar la excelencia.

Esta misma ley es aplicable a equipos y personas. Cuando en un equipo existe una decreciente proporción de puestos clave cubiertos por personas adecuadas, estamos en la antesala de la destrucción de un equipo. O cuando una persona no posee las aptitudes o capacidades intelectuales para afrontar retos más exigentes, se verá abocada al fracaso. Pero, ¿qué entendemos por «personas adecuadas»?, término que acuñó Jim Collins en su libro *Good to great*.

En primer lugar, cuando trabajamos con un equipo tenemos que entender que no todo el mundo tiene el mismo nivel de motivación. La motivación es automotivación y depende de la voluntad de cada persona para conectarse a una tarea o un proyecto, lo que permitirá activar esta competencia. Sin embargo, resulta fundamental tener personas auto-motivadas con el trabajo que desempeñan. Cuando una persona está motivada con su trabajo o con el proyecto del que forma parte, se compromete y acepta responsabilidades. Una persona adecuada es una persona auto-motivada, comprometida y que se responsabiliza de su tarea. No pone excusas ni busca culpables cuando las cosas no salen bien. Es una persona que sabe dirigirse y busca el logro de objetivos.

Por lo tanto, un equipo donde exista un mayor número de personas adecuadas orientadas hacia la consecución de objetivos, competentes y aptas, permitirá al equipo orientarse hacia objetivos ambiciosos y tendrá más posibilidades de progresar y alcanzar metas significativas. Claro, no siempre podemos tener en el equipo a personas adecuadas; de hecho, la realidad nos muestra que en cualquier grupo de trabajo nos encontramos con más personas que no se ajustan a este perfil. Ante esa situación, el líder será el responsable de revertir esa situación, buscando maximizar el número de personas adecuadas con una marcada orientación a resultados.

¿Por qué necesitamos personas adecuadas?

«Cualquier imbécil puede derribar un granero, pero para construirlo se necesita un carpintero».

Sam Rayburn

En el ámbito empresarial, los equipos surgen cuando alguien tiene una idea, se junta con otras personas para alcanzar un objetivo y se establecen unas normas. El éxito de un equipo u organización depende en gran medida de la creatividad, la imaginación y ser capaces de hacer incursiones en campos desconocidos. Ahora bien, cuando un equipo tiene éxito, paralelamente el entorno se hará más complejo: aparecerán nuevas funciones, nuevos clientes, nuevos colaboradores, etc.

Entonces, el equipo necesitará una mayor planificación que permita establecer una serie de sistemas y procesos para poder organizar mejor el trabajo, lo que provocará que se contraten nuevas personas para que realicen estas funciones. Naturalmente, el crecimiento del negocio y la complejidad asociada a este generará tensiones y roces, y surgirán diferentes problemas internos entre los diferentes miembros del grupo, y también externos con otros departamentos o con clientes.

El problema es que este proceso puede acabar con el espíritu empresarial: *«Esto ya no es divertido. Las cosas ya no se hacen igual que antes, ahora hay que seguir unas reglas absurdas y dedicar horas a reuniones inútiles»*. De este modo aparecen la burocracia y la jerarquía en las empresas y en los equipos, que ahogan la creatividad y hacen surgir la mediocridad, que a su vez aleja a las personas adecuadas, es decir, a los competentes, aptos y auto-motivados. La burocracia genera incompetentes y ahuyenta a los competentes que huyen de empresas y equipos donde existen demasiadas normas y reglas. Para agravar más la situación, las personas adecuadas son sustituidas por otras más incompetentes, que a su vez generan más burocracia...

¿Qué se necesita para romper este círculo vicioso? En primer lugar, fijar objetivos ambiciosos para cada miembro del equipo, y al finalizar el periodo marcado para su consecución realizar una comparación objetiva entre lo estimado y lo conseguido. Este proceso debe ir acompañado de un seguimiento durante todo el periodo para evaluar los resultados que se van consiguiendo. Y, en segundo lugar, potenciar el número de personas adecuadas que forman parte del equipo. Personas competentes, aptas, automotivadas y autodirigidas hacia la consecución de los objetivos planteados.

¿Qué necesidad se esconde tras la orientación a resultados?

«Las raíces de los verdaderos logros residen en la voluntad de convertirse en lo mejor que puedas llegar a ser».

HAROLD TAYLOR

Como ya vimos en el capítulo dedicado a la motivación, cada persona tiene una forma diferente de activar su motivación; por eso es tan complicado entender y comprender qué resortes hay que tocar dentro de un equipo para activar la motivación colectiva. De hecho, la solución más eficaz pasa por conocer en profundidad qué se esconde detrás de la motivación de cada uno de sus miembros.

En el epígrafe anterior, considerábamos que tener un grupo de personas adecuadas facilitaría el establecimiento de objetivos ambiciosos, debido a que estas son más propensas a tener una clara orientación al resultado. Pero, ¿qué necesidad hay detrás de estas personas «adecuadas» para afrontar la consecución de objetivos ambiciosos? La necesidad de logro.

Se puede definir como el deseo de hacer bien las cosas, de tener éxito en sus actuaciones y de alcanzar ciertos estándares de excelencia. Se refiere a la alegría o tristeza con que la persona reacciona ante los resultados de sus esfuerzos. Una persona con una elevada necesidad de logro suele sentirse inclinada hacia tareas que considera retadoras o difíciles, de forma que cuando alcance el éxito sentirá la satisfacción de haber conseguido un logro personal. Para estas personas el logro es un fin en sí mismo, mientras que las que tienen una baja necesidad de logro, a mayor esfuerzo requerirán mayores recompensas.

Sin embargo, no todas las personas tienen esta necesidad de conseguir logros; de hecho, existen otras necesidades que dificultan la consecución de objetivos ambiciosos. Por ejemplo, la necesidad de afiliación o pertenencia, que se manifiesta en el deseo de establecer, mantener o renovar una relación afectiva con otras personas; o la necesidad de poder, expresada en el deseo de obtener o mantener el control de los medios que permitan dirigir, dominar o influir en el comportamiento de los demás.

¿Cómo superar la falta de orientación a resultados?

«Si no puedes hacer grandes cosas, haz cosas pequeñas de una gran forma».

Napoleón Hill

La necesidad de logro es uno de los factores motivacionales mejor estudiados desde que David McClelland, psicólogo estadounidense, elaboró su teoría de las necesidades a finales de los años cincuenta. McClelland defendía que la necesidad de logro es un factor motivacional susceptible de aprendizaje, es decir, que puede ser activada y desarrollada.

En los equipos, el líder o responsable puede establecer determinados mecanismos y sistemas que hagan madurar psicológicamente a cada miembro del grupo, desarrollando su necesidad de autorrealización. En este sentido, si queremos implantar una cultura orientada a la consecución de logros y poner el foco en los resultados, se pueden establecer las siguientes pautas:

- *Comenzar estableciendo objetivos pequeños.* Nuestro cerebro está programado para resistirse a los cambios. Activar un nuevo factor motivacional que no ha sido desarrollado, como el logro, es un gran cambio. Se necesita establecer objetivos pequeños y fácilmente alcanzables.

- *Buscar el compromiso público para adherirse a los objetivos planteados.* Cuando una persona es capaz de comprometerse públicamente a conseguir unos resultados específicos, existen más posibilidades de trabajar con un deseo apasionado para conseguir dichos resultados.

- *Establecer recompensas basadas en resultados.* Una forma efectiva de que los miembros de un equipo enfoquen la atención en los resultados es vincular sus recompensas, especialmente las económicas, al logro de estos, aunque ya vimos que es desaconsejable utilizar este tipo de motivadores extrínsecos para activar la motivación del grupo.

- *Unir la necesidad de logro a la necesidad de autorrealización.* La autorrealización permite a una persona ser lo que puede ser, utilizando y aprovechando plenamente su capacidad y su potencial. Podría definirse como el deseo de llegar a ser cada vez más lo que uno es. Cuando alineamos objetivos ambiciosos con aquellos que orientan el comportamiento de una persona o equipo conforme a unas ideas y valores comunes, los objetivos se hacen propios.

¿Cómo mejorar la toma de decisiones?

«La toma de decisiones realmente exitosa reside en un equilibrio entre pensamiento deliberado e intuitivo».

Malcolm Gladwell

En este capítulo hemos hablado de tres conceptos claves a la hora de dirigir un equipo: objetivos, toma de decisiones y resultados. Fijar objetivos ambiciosos permite alinear a los diferentes miembros del grupo hacia una meta común. La orientación a resultados es una condición *sine qua non* a la hora de dirigir al grupo hacia la visión compartida. Pero lo que realmente impulsa a un equipo es la toma de decisiones.

En realidad, tomamos decisiones desde que nos despertamos. Sin embargo, la mayor parte del tiempo no somos conscientes de ello. Y solo consideramos el hecho de tomar decisiones cuando tenemos que enfrentarnos a la resolución de un reto o problema. En el ámbito empresarial se estima que los jefes toman alrededor de tres mil millones de decisiones al año y muchas de ellas podrían mejorarse.

Acertar en la toma de decisiones es clave para poder frenar la entropía o desorden que existe en cualquier equipo o sistema. Por ejemplo, algunas soluciones de *software* han permitido automatizar la gestión y análisis de datos (*Big Data*), cuyo propósito es mejorar sistemáticamente el proceso de toma de decisiones. Sin embargo, en muchas ocasiones la gente decide hacer lo que ha decidido hacer sin acudir a información adicional que ofrecen estas soluciones tecnológicas.

Podemos pensar que cuando tomamos decisiones intervienen otros factores como la racionalidad o la experiencia. Creemos que la gente toma decisiones racionales cuando cuenta con toda la información. Sin embargo, dicha teoría se ha probado que está totalmente equivocada, como demostró

Daniel Kahneman, premio Nobel de Ciencias Económicas, por su trabajo sobre los «sesgos cognitivos». Los juicios y los sesgos sociales y cognitivos, como el exceso de confianza o un optimismo infundado, distorsionan nuestra percepción de la realidad y ocultan las mejores opciones cuando tomamos una decisión.

Por lo tanto, si la tecnología y la racionalidad no siempre nos ayudan a tomar las mejores decisiones posibles, ¿qué otro elemento nos puede ayudar en este proceso? Malcolm Gladwell, en su libro *Inteligencia intuitiva,* analiza la importancia que tiene la intuición en la toma de decisiones. En escenarios imprevisibles y de cambio nuestra mente consciente es incapaz de gestionar eficientemente toda la información desde un plano racional o cognitivo. Necesitamos acceder a la información de otro modo, a través de la intuición.

La intuición no es un proceso de iluminación divina o espiritual o algo generado por el azar. Ejercitarla o tener acceso a ella se consigue con entrenamiento, formación y tras seguir unas reglas sobre un campo determinado. La intuición se desarrolla respecto a áreas concretas donde hayamos vivido muchas experiencias y de las que tengamos un vasto conocimiento. Es entonces cuando podemos tomar decisiones de un modo casi inmediato, sin apenas usar nuestro cerebro racional.

Herramientas de gestión para el desarrollo y la dirección de equipos

«Establece una meta por la que valga la pena luchar hasta al final. Ten siempre una lista de objetivos por alcanzar, y cuando logres uno, continua con el siguiente».

Maxwell Maltz

Existen diferentes herramientas que nos permitan analizar los problemas que afronta un equipo y facilitar la toma de decisiones orientada a la consecución de objetivos.

Técnica de los porqués en secuencia

Es una representación gráfica que consiste en formular la pregunta «¿por qué?» de forma continuada, de manera que se analicen las causas que están produciendo el problema. La técnica comienza con la definición del problema. Por ejemplo, podemos considerar que uno de los problemas en la construcción de un equipo es la falta de conexión entre sus diferentes miembros. Comenzaríamos preguntándonos por qué existe esa desconexión. Podríamos encontrar varias respuestas. Según nuestro modelo serían: la falta de confianza, la ausencia de empatía o una comunicación ineficaz. El siguiente paso sería preguntarnos de nuevo por qué se producen estos tres hechos...

Esta técnica permite analizar las causas más probables que han generado el problema, identificando sus orígenes. Además, potencia la creatividad y el pensamiento divergente del grupo, puesto que sus miembros tienen que pensar en distintas alternativas, siguiendo caminos divergentes, en lugar de orientarse por una única línea de pensamiento.

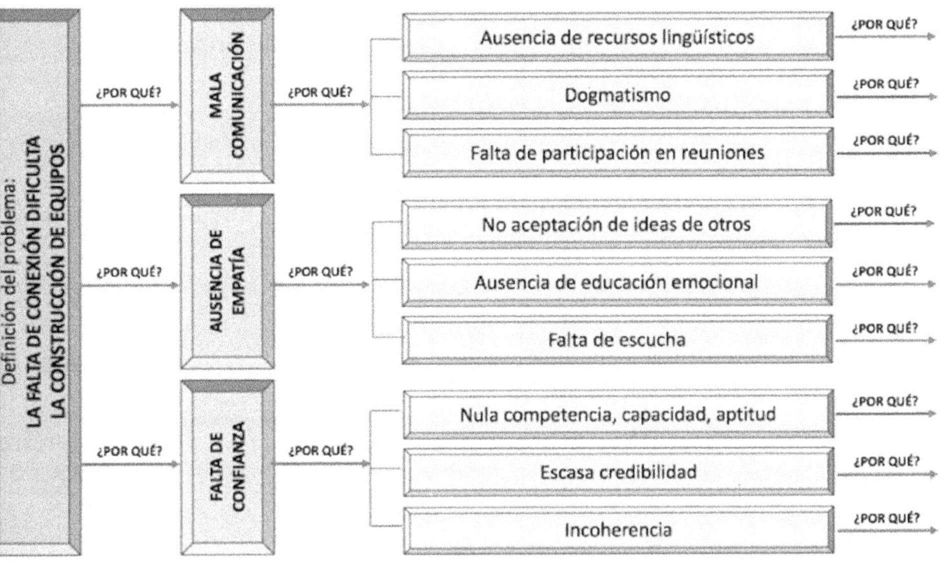

Imagen 6. Ejemplo de la técnica de los por qué en secuencia.

Diagrama causa-efecto o diagrama Ishikawa

Fue diseñado por Kauro Ishikawa, aunque popularmente se le conoce como diagrama de espina de pez por la forma que adopta. Permite estructurar de una manera lógica y sistemática las causas del problema que se está tratando de resolver. En este proceso se parte de la definición precisa de un problema y mediante un análisis exhaustivo y riguroso de la situación se construye el diagrama para determinar las causas que influyen en él.

Por ejemplo, en la figura que se representa a continuación se puede observar el análisis realizado para determinar las causas que provocan la destrucción de un equipo de trabajo. Hemos mostrado la familia de causas principales, así como las tres principales subcausas de cada familia. Podríamos profundizar en el análisis añadiendo otras causas de las subcausas para enriquecer el estudio de lo que provoca la destrucción de los equipos.

Imagen 7. Ejemplo de diagrama causa-efecto en el que aparecen causas y subcausas.

Este mismo diagrama puede ser utilizado para analizar en positivo una situación. Es decir, en nuestro ejemplo podríamos haber elegido como «efecto» la construcción de un equipo, lo que habría supuesto definir qué causas la provocan.

Diagrama CEDAC

El significado de esta técnica es «diagrama causa-efecto con adición de tarjetas». En este caso lo que buscamos es poner de manifiesto los problemas, las propuestas de mejora y verificar los resultados de las mejoras implantadas. Es un gráfico de gran tamaño que se ubica físicamente cerca del lugar donde se produce el problema o la situación a mejorar de manera que sea visible para todos los implicados.

Una vez definida y analizada la situación y, por tanto, se sabe lo que está sucediendo (estado actual) y lo qué debería ser (estado deseado), todas las personas relacionadas con el proceso son invitadas a rellenar unas tarjetas en dos colores diferentes, unas destinadas a reflejar las propuestas de mejora y otras para identificar los obstáculos o problemas.

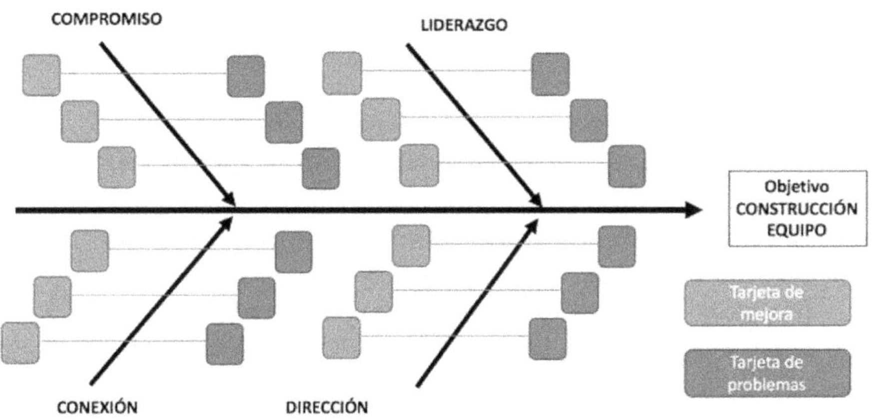

Imagen 8. Ejemplo de diagrama CEDAC.

PASO 8: CREAR SISTEMAS DE PLANIFICACIÓN, ORGANIZACIÓN, EJECUCIÓN, COORDINACIÓN Y CONTROL

«La planificación a largo plazo no se ocupa de las decisiones futuras sino del futuro con las decisiones actuales».

PETER DRUCKER

Cuenta Martí Perarnau en su libro *Herr Pep* que no se puede entender el trabajo del entrenador de fútbol Pep Guardiola sin recurrir a tres conceptos sobre los que se articula su éxito: la idea, el idioma y la gente. De hecho, estos tres pilares forman parte de la filosofía de trabajo que ha desarrollado en los tres equipos en los que ha trabajado como máximo responsable técnico: F. C. Barcelona, Bayern de Munich y Manchester City.

La «idea» es la esencia de un equipo y de su líder. La idea tiene que ver con el propósito, la vocación, la causa que se esconde tras aquello que deseamos. Y, como veremos en el último bloque, es uno de los aspectos que definen el liderazgo, dando sentido a la actividad del equipo.

El «idioma» es el método que permite expresar la idea en el terreno de juego. Es un conjunto de sistemas, ejercicios y principios que, a través del entrenamiento, se emplean para implantar dicha idea. El idioma se recoge en un plan estratégico, preparado a tres años vista con el que se pretende dotar al equipo de todos los conocimientos y herramientas necesarias para desarrollar el tipo de juego que propone, teniendo en cuenta el contexto competitivo en que se disputa y la especificidad de los jugadores que componen la plantilla.

Este último elemento, «la gente», es clave. Reconoce Guardiola que ni la mejor idea, ni el idioma más elaborado podrán interpretarse correctamente si los jugadores no están predispuestos. Deben estar predispuestos a aprender los secretos del «idioma», a trabajarlos y corregirlos, y a ponerlos en práctica sin la menor duda. De nuevo es interesante observar la importancia de contar con las personas adecuadas, tanto a nivel de aptitud como de actitud.

Sin embargo, si hay algo en lo que coinciden todos los que conocen al entrenador catalán es que su éxito y el de sus equipos no sería posible sin la aplicación del «idioma», plasmado en sistemas, modelos, fundamentos y planes de juego, metodologías de entrenamiento, elementos y acciones tácticas, análisis del rival y otros elementos no estrictamente futbolísticos relacionados con el equipo como la nutrición, la preparación emocional o la cultura... que dan lugar a una organización obsesiva del trabajo. Todo ello forma parte del proceso de planificación estratégica y organización táctica del trabajo.

Alfred Chandler, historiador que ganó el premio Pulitzer, escribió que *«la estructura sigue a la estrategia»*. Es decir, si no contamos con una estructura adecuada, la estrategia no tendrá éxito. Y la estructura comienza con la planificación, organización, ejecución, coordinación y control del trabajo realizado para alcanzar los objetivos planteados.

La planificación es indispensable

«La planificación es el proceso de determinar exactamente qué debe hacerse».

Brian Tracy

Todos tenemos sueños, deseos y necesidades. Todos tenemos ideas de cómo construir un equipo y anhelamos formar parte de equipos que logren grandes éxitos. Podemos visualizar lo que queremos, tanto para nuestra vida personal como profesional, o para los equipos de los que formamos parte. La diferencia entre un sueño y una visión es que esta genera acción y compromete de verdad. La visión se define como el sueño puesto en acción.

La visión debe ser amplia, detallada, retadora, excitante, ambiciosa... y para lograr que esa imagen de lo que queremos se haga realidad se necesita tiempo, por lo que trabajar la visión de un equipo adquiere una connotación de largo plazo.

Esto significa que no podemos pasar de la situación actual a la situación ideal de la noche a la mañana. Es necesario parcelar los objetivos y establecer límites temporales de realización hasta que estos se hacen breves, concretos y cercanos.

Un método interesante y productivo consiste en detallar y describir con un alto nivel de concreción la visión de futuro a la que nos dirigimos y, desde aquí, marcha atrás, ir estableciendo los pasos necesarios y las acciones concretas que son precisas para lograrlo. El trabajo de planificación consiste en dividir el propósito, materializado en la visión que queremos lograr en el largo plazo, en divisiones sucesivas hasta llegar a las acciones concretas.

De esta forma distinguimos cuatro elementos conceptuales en todo proceso de planificación:

- *Propósito y objetivo final.* Se trata de la causa primigenia que nos empuja a lograr el objetivo final. Son el para qué y el qué de un equipo.
- *Metas.* Son hitos intermedios que nos aproximan a la consecución del propósito. Marcan la dirección.
- *Objetivos medibles.* Los definimos como SMART (específicos, medibles, alcanzables, retadores y acotados en el tiempo). Deben incorporar una forma de evaluación.
- *Acciones con fecha de realización concreta.* Se trata de tareas definidas y concretas que el equipo realizará para conseguir los objetivos previstos.

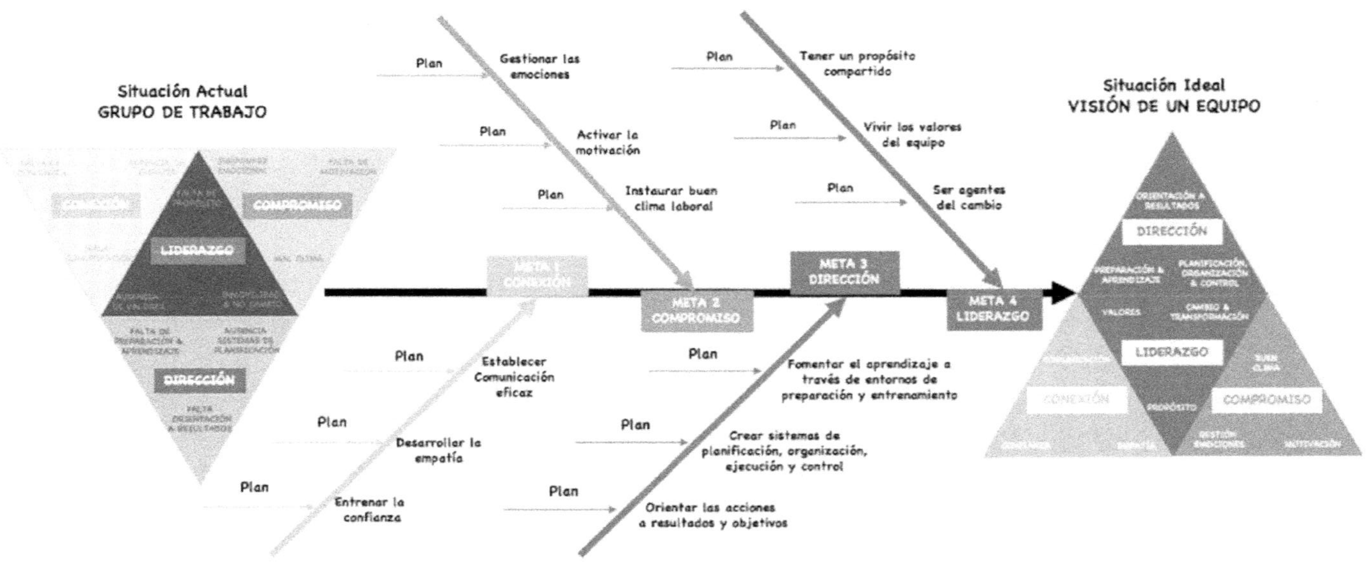

Imagen 9. Ejemplo de planificación estratégica a través de un diagrama causa-efecto.

En resumen, para que la planificación sea efectiva es necesario pasar de lo genérico a lo concreto y especificar los límites de las tareas y las funciones de cada miembro del equipo dentro del plan de trabajo. Este plan consistirá en dejar escritas las acciones que realizará cada uno, definiendo en función de su perfil, sus metas, objetivos, tareas y responsabilidades individuales y colectivas.

Cinco elementos para que la planificación sea efectiva

«Los planes son solamente buenas intenciones a menos que degeneren inmediatamente en trabajo duro».

Peter Drucker

1. *Abandonar aquello que no funciona.* Cualquier proceso de planificación debe comenzar con un análisis realista de la situación. En este sentido, la realización de un análisis DAFO, en el que se recojan las debilidades, amenazas, fortalezas y oportunidades del equipo, tanto a nivel interno como en relación con su entorno, es absolutamente necesario. El estudio de la situación actual nos permite conocer que es lo que no está funcionando y si es así abandonarlo.

2. *Concentración.* En dicho proceso de análisis, no solo nos fijamos en lo que no funciona sino también en lo que sí está funcionando, de esta forma el objetivo será reforzarlo. Para ello la mejor fórmula es centrar los esfuerzos en aquello que ya tiene éxito y seguir consiguiendo resultados. Una de las causas que provocan la destrucción de los equipos es olvidarse de aquello que les hizo grandes.

Cuando se olvida qué es lo que hacemos especialmente bien y buscamos nuevas aventuras descuidando aquellos elementos que nos hicieron crecer estamos sembrando la semilla de la perdición de un equipo.

3. *Innovación.* Un plan debe incorporar una nueva mirada ante la realidad que tenemos delante. La creatividad permite que percibamos la realidad cotidiana de una forma diferente. Esa creatividad, el proceso de crear nuevas ideas, se consolida a través de la innovación, que permite aplicar con éxito las ideas dentro de una organización. Las preguntas nos ayudan a desarrollar nuevas ideas y ponerlas en práctica dentro del equipo: ¿cuáles son las nuevas oportunidades, las nuevas condiciones, los temas ocultos?, ¿cómo podemos hacer las cosas de una forma diferente?...

4. *Tomar riesgos.* La planificación siempre requiere tomar decisiones que suponen riesgos. Se pueden asumir ciertos riesgos cuando la situación es fácilmente reversible y estos suponen un daño mínimo. Sin embargo, hay decisiones que implican grandes riesgos y no es posible dejar de asumirlos. Es necesario hacer un balance entre el corto y el largo plazo. Ser demasiado conservador puede hacer perder oportunidades al equipo, pero si se arriesga demasiado también existen más posibilidades de cometer errores irreversibles. No hay una fórmula para decidir qué riesgos asumimos y cuáles no en un plan.

5. *Realismo y análisis permanente.* Los resultados decisivos son consecuencia de las buenas decisiones diligentemente ejecutadas y acumuladas unas sobre otras. La suma de cada resultado es lo que nos acaba acercando a la visión. Por tanto, la planificación es un proceso vivo,

mutante, que se va modificando en función de los resultados obtenidos y que sirven para reflejar la realidad de cada momento. El mayor peligro de la planificación es infundir falsas esperanzas debido a una falta de análisis de la realidad. Esta es una forma de desmotivar al equipo de una manera rápida. El proceso de planificación debe estar basado en los hechos descarnados de la realidad, y a través de ellos se va refinando la visión.

La organización comienza con la elección de recursos

«Habrá ocasiones en que no podamos esperar a alguien; o está en el autobús o se queda en tierra».

Ken Kesey

Decía Sun Tzu en el *Arte de la guerra* que hay cinco factores fundamentales que determinan el éxito de un general cuando se enfrenta a un combate: la ley moral, el cielo, la tierra, el comandante, y el método y la disciplina. Este último factor, método y disciplina, hace referencia a aspectos tales como la disciplina, la estructura y la organización.

La organización es el proceso a través del cual el responsable del equipo determina los recursos técnicos y humanos necesarios, reparte las tareas entre sus miembros, identifica las relaciones e integra sus actividades a fin de conseguir unos objetivos comunes. Y todo comienza con una elección: ¿quiénes formarán parte del grupo? ¿qué recursos humanos formarán el equipo?

Hemos hablado en el anterior capítulo de la importancia de elegir a personas adecuadas como integrantes del equipo. Es más fácil adaptarse a un mundo complejo y cambiante cuando el equipo está formado por personas competentes, aptas, responsables, auto-motivadas y que saben dirigirse a sí mismas. Por otro lado, ya explicamos que la existencia de personas incompetentes ahuyenta a los competentes y genera burocracia, lo que nos conduce a la mediocridad y aleja al equipo de la excelencia.

La elección de las personas que formen parte del equipo deberá ir acompañada de otro elemento primordial en la organización de los equipos y sobre el que nos extenderemos más adelante: establecer la cultura del equipo. La cultura del equipo será el marco estratégico dentro del cual se desarrollará y organizará la vida del equipo, conforme a unos valores y normas de actuación.

Lamentablemente, los grupos de trabajo no están formados exclusivamente por personas adecuadas, ni tampoco muchas de estas personas son capaces de integrarse dentro de la cultura del equipo. Al responsable o líder le corresponderá identificar a aquellas personas nocivas o tóxicas, cuando se hayan agotado todas las posibilidades de cambio o de integración dentro de la cultura del equipo. En ese momento, tendrá que decidir quién se queda en el autobús y quién lo debe abandonar.

Gestión del tiempo: lo urgente frente a lo prioritario

«Un tiempo bien organizado es la señal más clara de una mente bien organizada».

Sir Isaac Pitman

Uno de los males endémicos que aquejan a nuestra sociedad es la falta de tiempo. Constantemente nos quejamos de no tener tiempo para hacer cosas que nos gustaría hacer. Sin embargo, tanto el presidente de los EE. UU. como el becario de una pequeña empresa, o el que vive en Tokio o en Madrid, disponen de veinticuatro horas. El tiempo es igual para todos. ¿Cuál es la diferencia entre el que se queja de falta de tiempo y el que no se lamenta de no poder hacer todo lo que le gustaría? Saber organizar el tiempo, priorizando aquello que es importante.

El tiempo es nuestra mercancía más preciada y un tiempo bien organizado es la señal más clara de una mente bien organizada. En los equipos sucede exactamente lo mismo. A veces me encuentro con responsables de equipos que se lamentan de la falta de tiempo para hacer determinadas tareas relacionadas con la gestión de personas debido a la necesidad de centrarse en aquellas tareas orientadas a alcanzar los objetivos marcados. La clave del aprovechamiento del tiempo reside fundamentalmente en la organización y priorización de las actividades a las que dedicamos nuestro esfuerzo y energía.

La pregunta por la que deberíamos comenzar cuando queremos organizar nuestro tiempo es si todos los compromisos y actividades que están en nuestra agenda crean o tienen valor. Me cuesta mucho creer que en una agenda repleta de citas y reuniones todos los compromisos sean igual de importantes y tengan el mismo valor para cada persona. Gestionar adecuadamente el tiempo comienza por establecer qué es lo realmente importante. Para ello hay que fijar unos «nortes» u objetivos prioritarios que guíen las actividades del equipo.

La realidad es que muchos equipos desconocen sus metas, y sin embargo cada uno de sus miembros despliega una actividad frenética. Da la sensación de que lo importante para muchos equipos es mostrarse ocupados para evitar la tentación de pensar que no están haciendo nada, y por lo tanto su trabajo es prescindible. La cuestión es que si no sabemos hacia dónde vamos nuestra actividad carece de valor.

Stephen Covey propuso la matriz para la gestión del tiempo. Utilizando las variables «importancia» y «urgencia» definió cuatro cuadrantes para definir dónde ubicar nuestras acciones, tareas y compromisos.

Matriz de gestión del tiempo	Urgente	No urgente
Importante	Crisis Problemas apremiantes Proyectos con vencimiento próximo	Prevención, actividad a corto plazo Construcción de relaciones Recocer nuevas oportunidades Planificación, recreación
No importante	Interrupciones, llamadas, correo, informes y reuniones... relacionadas con cuestiones inmediatas y acuciantes	Trivialidades, ajetreo inútil Correos y llamadas de seguimiento Actividades y eventos populares

Organizar un equipo

«La mayor parte del estrés que padece la gente es consecuencia de la mala administración de los compromisos que tienen o aceptan».

DAVID ALLEN

Uno de los errores más frecuentes cuando una persona es nombrada para dirigir un equipo es centrarse de forma única y exclusiva en la consecución de objetivos. La prioridad fundamental de un líder o responsable de equipo es ofrecer a las personas que forman parte de él el soporte físico y emocional que necesitan para que puedan desarrollar su capacidad y su talento. Y una forma de medir ese apoyo es a través del tiempo dedicado al trato con las personas.

No se puede establecer una regla que sirva para determinar cuánto tiempo se debe dedicar a escuchar y apoyar a un compañero que tiene un problema, ni cuánto tiempo debe durar una reunión transcendental para el equipo porque se están definiendo las normas que regirán la vida de ese grupo de personas. En estos casos el desarrollo de la empatía y la capacidad para percibir cuándo una conversación es realmente importante y está tocando temas muy sensibles es lo que marca la diferencia.

Otro aspecto fundamental que aparece en la organización del tiempo de las personas y los equipos es la conciliación laboral. Si manifestamos públicamente que nuestra familia o nuestro ámbito personal es uno de los elementos más importantes de nuestra vida no puede suceder que el tiempo que le dediquemos esté dentro del cuadrante de cosas no importantes o no urgentes. Deberíamos ser coherentes y consecuentes con lo que decimos y que estas actividades estuvieran en el cuadrante de lo importante.

En suma, cuando hablamos de conciliar la vida laboral con la vida familiar o personal, el equilibrio y la coherencia son fundamentales. En este sentido, definir y priorizar qué es lo que es realmente importante, las prioridades, es una cuestión fundamental, ya que a partir de ellas se pueden vertebrar el resto de actividades. Dedicar espacios de tiempo a la reflexión y a pensar en cómo podemos mejorar las cosas, ser más felices, más productivos, etc... es uno de los elementos que permiten cuidar a las personas y a los equipos. Covey lo definió como «afilar la sierra».

La importancia de las reuniones para la coordinación de un equipo

«El que quiera ser el centro de una reunión mejor que no acuda».

AUDREY HEPBURN

No debemos olvidar que el tiempo sigue siendo finito y necesitamos gestionarlo con inteligencia. Y eso es algo que se suele olvidar, sobre todo en el caso de las reuniones de equipo. Cuántas veces asistimos a largas e improductivas reuniones de trabajo donde apenas se producen avances. Y cuando termina la reunión, sales con una sensación de haber perdido el tiempo, porque ni se han tomado decisiones, ni se han designado responsables para ejecutar determinadas tareas. Simplemente se han producido monólogos o circunloquios que no han llevado a ningún sitio.

Las reuniones forman parte de la rutina de trabajo de muchas personas y es uno de los modos más efectivos de coordinar al equipo hacia la consecución de los objetivos. Sin embargo, no todas las reuniones son eficaces. La reunión es necesaria siempre y cuando esté bien planificada y se haya preparado. Tiene que ser una herramienta útil para todos y que no sea percibida como algo negativo.

Una reunión es el encuentro de varias personas predispuestas a colaborar en el logro de uno o varios objetivos en un clima de intercambio de información. Para que una reunión tenga éxito deben cumplirse al menos estos tres elementos: la participación de todos y cada uno de los asistentes, la colaboración de los diferentes miembros y la integración de cada participante en el seno del grupo.

Una de las claves para que una reunión tenga éxito es la preparación. La regla de oro es más preparación y menos improvisación. La improvisación es consecuencia de muchas horas de preparación; Churchill decía que se pasaba toda la noche preparando la improvisación del discurso del día siguiente.

PREPARACIÓN	ORGANIZACIÓN Y PARTICIPACIÓN	ACUERDO
• Definir orden del día • Clarificar los objetivos • Preparar la reunión • Enviar la convocatoria con suficiente antelación, solicitando confirmación de asistencia • Fijar fecha y horas apropiadas • Tener claros los temas a tratar • El número máximo de participantes no debe superar las 10-12 personas	• Comenzar la reunión a la hora prevista • Seguir el orden del día previsto y evitar salirse de él • Controlar las interrupciones (móviles, portátiles...) • Resumir y concretar los aspectos importantes • Fomentar la participación • Crear un clima de trabajo positivo • Fomentar la colaboración y el trabajo en equipo • Hacer presentaciones interesantes • Intentar que todos los asistentes participen, no solo los de siempre	• Conseguir la cohesión y el compromiso de las personas implicadas • Definir claramente los acuerdos adoptados • Definir claramente qué hay que hacer, cuándo, quién y cómo • Terminar a la hora prevista • Resumir los acuerdos adoptados, los objetivos, los plazos y compromisos

La toma de decisiones como mecanismo de ejecución del plan

«Una decisión real se mide por el hecho de que has tomado una nueva acción. Si no hay acción, no has decidido realmente».

TONY ROBBINS

La ejecución de las acciones concretas que forman parte del plan comienza con la toma de decisiones. En el momento que tomamos una decisión comenzamos a ejecutar la acción que encierra esa decisión. Una decisión que no lleve aparejada una acción no es una decisión. En este sentido, la actividad de un equipo se inicia cuando se toman decisiones relativas a la vida del grupo, y conocer cómo toma las decisiones nos da una pista de cómo es la salud del equipo.

Por ejemplo, si se afrontan temas complicados con agilidad y valentía o se permite que esos temas queden estancados por miedo o inseguridad ante posibles consecuencias; si las decisiones son tomadas de forma autónoma o vienen tomadas desde fuera, en cuyo caso el equipo tendrá el control sobre sus acciones o dependerá de las decisiones de otros; si el líder mantiene un rol diferenciado y su opinión prevalece sobre la del resto del equipo; si existe debate y/o conflicto a la hora de tomar una decisión; si se ha implantado el mecanismo de votación democrática, si se llega a un consenso o el estilo de toma de decisiones es el ordeno y mando...

Todas estas cuestiones relacionadas con la toma de decisiones marcarán la ejecución de las acciones y permitirán prever y mostrar el grado de compromiso con el plan. Por ejemplo, si todas las personas participan en la toma de decisiones sentirán que su opinión ha sido tenida en cuenta, aunque finalmente se haya optado por otras opiniones.

Lo importante es determinar el mecanismo que utilizará el equipo a la hora de decidir. Probablemente lo ideal sería contar con diferentes sistemas en función de las circunstancias a las que se esté enfrentando: mayoría, unanimidad, consenso, decisión del líder, delegando en una persona experta, etc. Por otro lado, existen tres formas de lastrar y condicionar la ejecución de las decisiones tomadas:

1. Que las decisiones no se tomen. Se define como «la parálisis por análisis», o por miedo, o por inseguridad... La consecuencia es que cuando un equipo o su responsable no toma decisiones alguien lo hará por él. El equipo se convierte en una víctima y aparecen la queja y la negatividad.
2. Cuando solamente el líder o la autoridad formal decide sin tener en cuenta las aportaciones, el conocimiento o la experiencia del resto del equipo. Este es el comportamiento típico de estructuras muy jerarquizadas, donde el líder o jefe se considera la persona más hábil o más inteligente. Provoca la desmotivación del equipo y la salida de personas con talento.
3. Que las decisiones sean tomadas por minorías o grupos de poder, saltándose las reglas establecidas y sin contar con la participación del resto del grupo. Las consecuencias son similares a las del caso anterior.

La falacia del consenso: el alineamiento

«Una velada en la que todos los presentes estén absolutamente de acuerdo es una velada perdida».

Albert Einstein

Un equipo adquiere tal condición «*cuando se ha puesto de acuerdo en cómo ponerse de acuerdo cuando no están de acuerdo*». Y cuando un equipo tiene que tomar una decisión es el momento de llegar a un acuerdo. La cuestión es cómo se llega a él. Se puede llegar a un acuerdo por unanimidad, es decir, por consenso. Podríamos pensar que esta es la opción más deseable, ya que permite aunar las voluntades de las personas que forman parte del equipo. Entonces surge el compromiso y la total implicación e involucración con la decisión tomada.

Sin embargo, cuando un equipo solo toma decisiones por unanimidad, está reflejando cierto grado de disfuncionalidad. Cuando tenemos que tomar una decisión sobre aspectos que afectan a la vida de un grupo, las opiniones suelen ser muy variadas y reflejan nuestra diferente percepción de la realidad. Llegar a decisiones por consenso requiere grandes dosis de diálogo, de debate, de reflexión, etc. Y si el grupo optara siempre por tomar sus decisiones por consenso se produciría la parálisis por estancamiento, al ser muy difícil poner a todo el mundo de acuerdo.

Además, la unanimidad puede estar reflejando la falta de pensamiento crítico. El pensamiento único es propio de los rebaños, donde existe una autoridad que impone su punto de vista y el resto le sigue. Cuando en un equipo no hay voces críticas, ni puntos de vista distintos, el equipo se estanca debido a que no existe diversidad de ideas ni creatividad.

La realidad de los equipos respecto a la toma de decisiones dista mucho del anhelado consenso. Es lo que definimos como la «falacia del consenso». Rara vez se da esa unanimidad de pensamiento cuando se toma una decisión, y obviamente eso afecta al compromiso de cada miembro del equipo con la decisión tomada. La cuestión es cómo garantizar la adhesión y el cumplimiento de las decisiones por parte de aquellas personas que no están de acuerdo individualmente.

La respuesta tiene que ver con lo que denominamos «alineamiento», y el primer paso para lograrlo requiere que todas las personas sean escuchadas y sientan que su aportación ha sido considerada y evaluada, aunque no sea la escogida finalmente. Al alineamiento se llega cuando todos los miembros de un equipo son capaces de ceder algo respecto a sus planteamientos iniciales con el fin de desbloquear una decisión. El reto consiste en estar en desacuerdo y aun así comprometerse con la decisión tomada.

Para que un equipo tome decisiones de este modo es necesario instaurar un clima de diálogo, discusión y debate. Y para ello es imprescindible tener una actitud de apertura y respeto hacia las ideas de otras personas que piensan de forma diametralmente opuesta a nosotros. Algunas recomendaciones serían: controlar nuestros egos, evitar los juicios o pensar que *«mi verdad es la verdad»*, establecer un contexto de confianza para poder admitir las limitaciones y debilidades, pasar de un diálogo divergente a otro dirigido a encontrar puntos en común, reflexionar, mostrar interés por la visión de otros y no tener miedo al conflicto...

Establecer mecanismos de control y delegar

«El mejor ejecutivo es el que tiene bastante sentido común para rodearse de gentes capaces de hacer el trabajo y suficiente control de sí mismo para no intervenir mientras lo están haciendo».

Theodore Roosevelt

Es obvio que un equipo debe establecer unos mecanismos de control que sirvan para evaluar el desempeño del trabajo realizado y que a su vez permitan conocer en qué punto del camino se encuentra. El mecanismo de control más efectivo pasa por implementar un proceso de cuatro pasos: observar, orientar, decidir y pasar a la acción de nuevo.

- *Observar* permite recolectar la información a través de los sentidos y con sistemas de medición. Establecer mecanismos para evaluar la efectividad de una acción nos permite interpretar los datos para ver si hemos acertado o nos hemos equivocado.
- *Orientar* permite analizar y sintetizar los datos hacia una dirección concreta. Lo que define a un equipo coherente es su capacidad de mantener una línea de actuación que dirija hacia el objetivo final.
- *Decidir* permite elegir, entre diferentes posibilidades, qué acciones son las mejores para continuar persiguiendo las metas propuestas.
- Y al *pasar a la acción* ejecutamos las acciones que hemos decidido y valorado como más efectivas. Y después regresamos al principio para observar los efectos de nuestras acciones.

Esto fue lo que hicieron los responsables que tomaron al equipo de los All Blacks en 2004 cuando se enfrentaban a una situación dramática: crisis de resultados con una derrota traumática, jugadores clave desmotivados amenazando con irse del equipo y una cultura basada en valores que se tambaleaba. La solución pasaba por poner en práctica este mecanismo de control: observar qué sucedía en el equipo, orientarse hacia la dirección que debían tomar, decidir qué acciones pondrían en marcha, y pasar a la acción una y otra vez. Tardaron siete años en recomponerse y alcanzar el objetivo: convertirse en el mejor equipo de rugby de todos los tiempos con el mayor porcentaje de victorias de un equipo deportivo profesional en los años siguientes.

Sin embargo, la necesidad de implementar unos mecanismos de control no debe hacernos caer en la trampa de querer controlarlo todo. Es la primera tentación de cualquier responsable de equipo. Los primeros empresarios del siglo pasado descubrieron que no podían controlarlo todo. Por ejemplo, Henry Ford tardó quince años en averiguarlo y durante ese tiempo, pese a estar en un sector pujante y en alza como el del automóvil, perdió mucho dinero.

Un responsable de equipo necesita aprender a delegar para poder tener una mejor idea de conjunto sobre qué es lo que pasa dentro del equipo. La delegación permite tener más tiempo para detectar nuevas oportunidades, percibir a tiempo posibles peligros y desarrollar nuevos conceptos que puedan aumentar la eficacia del equipo.

Herramientas para aprender a delegar

«A lo largo de los años he aprendido que el enfoque más eficaz consiste en delegar tanta autoridad como sea posible y fomentar las habilidades de liderazgo de todos los demás. Cuando lo consigo, no solo se acrecienta la unidad del equipo y se da pie a que los demás también crezcan, sino que, por muy paradójico que parezca, mi papel como líder también se refuerza».

Phil Jackson

Un error frecuente es creer que la delegación se ejecuta de hoy para mañana. Sin embargo, el proceso de delegación es mucho más complejo de lo que se supone a primera vista. Se debe establecer un protocolo de delegación basado en los siguientes puntos:

1. *Comenzar con un análisis de los objetivos a alcanzar* y decidir qué funciones va a realizar cada miembro y cuáles realizará el líder o responsable, que deben ser las menos posible o aquellas para las cuales no haya nadie capacitado.

2. *Establecer los resultados y objetivos a alcanzar debe ser una tarea compartida*, en la que tanto el responsable como el delegado tengan la oportunidad de participar activamente. No basta con aceptarlos, se deben asumir como propios.

3. *Conseguir un verdadero compromiso.* Para que la delegación sea realmente efectiva, el delegado debe creer y abrazar los objetivos plenamente, y para conseguir esto es necesario que haya habido un diálogo previo y una discusión sobre los mismos o sobre la tarea o función encomendada.

4. *Dar toda la información.* Suponer que la persona que asume la delegación tiene toda la información es un error frecuente. Es necesario extenderse con todo lujo de detalles sobre cuáles son las atribuciones, la autoridad y la responsabilidad delegada.

5. *Enfocar la atención en lo que se quiere conseguir, no en cómo hacerlo.* Enfocarse en los resultados supone dejar de lado el proceso, salvo que haya dudas por parte del delegado, dejar que la persona delegada ejerza su propia iniciativa a la hora de desarrollar la metodología que le permita alcanzar la meta.

6. *Conceder el derecho al error.* Este es el punto crucial de la delegación. Ser tolerantes con el error no significa que no estemos atentos para evitarlo o para corregirlo si se produce. El error puede ser útil siempre que extraigamos de él los aprendizajes oportunos.

Delegar funciones implica ceder paulatinamente la autoridad en las personas delegadas. Por lo tanto, hay que ser conscientes de que no solo se delegan funciones o tareas, sino también la autoridad asociada a las mismas. Ahora bien, el grado de autoridad que se concede depende de muchos factores, que incluyen la importancia y complejidad del proyecto o función, los plazos, la experiencia del colaborador y la confianza que se tiene en él.

PASO 9: DESARROLLAR UNA CULTURA DE APRENDIZAJE A TRAVÉS DE LA PREPARACIÓN Y EL ENTRENAMIENTO

«No hay secretos para el éxito. Este se alcanza preparándose, trabajando arduamente y aprendiendo del fracaso».

Colin Powell

El 22 de julio de 2012, la 99 edición del Tour de Francia coronaba como ganador por primera vez en la Historia a un británico, Bradley Marc Wiggins. Wiggins formaba parte del equipo Team Sky, una potente escuadra que se había presentado en sociedad dos años antes con el objetivo de conseguir que, por primera vez en la historia del ciclismo, un británico alcanzase el triunfo en la más importante carrera en ruta.

El *team principal* (jefe o líder) de aquel equipo era Dave Brailsford, que a finales de los noventa se había iniciado como uno de los responsables de la Selección británica de ciclismo en pista. Un proyecto que culminó en los Juegos Olímpicos de Pekín 2008 con el mayor dominio exhibido en la historia olímpica de la especialidad. El equipo británico logró catorce medallas, ocho de ellas de oro. Cuatro años más tarde, en Londres, conseguirían otras siete medallas doradas.

La preparación resultó ser un elemento diferencial para lograr el éxito en los Juegos. Una preparación basada en pequeños detalles que iban desde la utilización de cascos aerodinámicos a medida, calzas usadas para mantener calientes los músculos entre carreras, indumentaria resistente a la transpiración o almohadas hipoalergénicas para evitar resfriados. También, los pequeños detalles fueron clave en el triunfo del primer británico en el Tour de 2012, como transportar la cama de Wiggins durante los 3.500 kilómetros en los veintitrés días que duró la ronda gala.

Estos pequeños detalles se denominan «ganancias marginales» y suponen realizar mejoras de un 1% en todo lo relacionado con la actividad principal del equipo. Si cada miembro del equipo mejora al menos un 1%, el equipo globalmente va a mejorar. Y esto se desarrolla en un entorno de aprendizaje.

Las cosas nunca suceden de repente, sino poco a poco, lentamente. Basta con recuperar el cuento zen de *El bambú japonés* para entender que todo tiene su proceso y su tiempo, y es necesario saber esperar con paciencia los resultados de lo que siembras. Además, hay que saber elegir con qué materiales construyes tu torre. Si construimos una torre utilizando materiales de barro y madera, pasado su umbral crítico no podrá soportar la presión y se derrumbará, mientras que si empleamos acero y hormigón, la torre crecerá piso a piso, elevando su altura hasta donde alcance la vista.

Un equipo necesita tiempo y buenos materiales para construirse. La formación, la preparación y el entrenamiento permiten instaurar un entorno de aprendizaje, desarrollando una cultura basada en la curiosidad, la innovación y la mejora continua.

No hay atajos

«Se juega a partir de como se entrena».

Diego Pablo Simeone

Cuando lees la biografía de personas, equipos, empresas u organizaciones que han alcanzado el éxito en cualquier ámbito de la vida, te das cuenta de que ninguna de ellas ha llegado de la noche a la mañana a conseguir los logros por los que se han dado a conocer. No hay milagros, ni golpes de suerte, ni recetas mágicas. Es un proceso acumulativo, paso a paso, decisión a decisión... Es la acumulación de esfuerzos aplicados en la misma dirección lo que hace que lleguen los resultados.

Jim Collins nos cuenta que el tiempo medio que tarda una empresa en ser sobresaliente es de diez años, aunque algunas tardan más de una generación. Empresas como Procter&Gamble, Johnson&Johnson, American Express o General Electric fueron fundadas en el siglo XIX, y hasta bien entrado el siglo XX no consiguieron la excelencia. El gigante de la distribución Wal-Mart abrió su primera tienda en 1945, tardó siete años en establecer su segunda tienda y no fue hasta finales de los sesenta cuando se convirtió en una cadena de distribución con treinta y ocho almacenes. Hoy cuenta con casi once mil tiendas bajo sesenta y cinco marcas en veintiocho países, facturando en torno a 480.000 millones de dólares.

Con los equipos deportivos sucede algo similar. Se necesita tiempo para implantar una idea de juego, para entrenarla, para prepararse, para llegar a ser un equipo y no una colección de estrellas. Uno de los ejemplos más representativos es el equipo de baloncesto de la Universidad de California Los Ángeles (UCLA), los Bruins. Entrenado por John Wooden, desde 1964 consiguió diez de los doce campeonatos nacionales, aunque para llegar a esa cifra histórica Wooden había preparado al equipo durante las quince temporadas anteriores, sentando las bases del trabajo: estableció un sistema de reclutamiento de jugadores, implantó un método y refinó el estilo de juego.

La preparación es un elemento clave en la consecución del éxito de un equipo. Hay una frase del entrenador del Atlético de Madrid, el «Cholo» Simeone, que refleja la importancia de la preparación: *«Se juega a partir de como se entrena»*. Aquí está la clave para desarrollar la competitividad que muestra el equipo en cada partido: entrenamientos en los que se compite, en los que se pone todo y se exige el máximo. Porque hagamos lo que hagamos, la única forma de mejorar nuestro rendimiento es entrenando.

Pero, si hay algo que ha caracterizado la trayectoria de Simeone ha sido una frase que ha repetido hasta la saciedad, convirtiéndose en un mantra que nos ha contagiado a todos: el archiconocido *«partido a partido»*, que guarda en su interior la enseñanza del bambú japonés: la importancia de ir poco a poco, paso a paso, con tiempo, sabiendo esperar. Las guerras no se ganan por vencer una batalla, los campeonatos no se ganan por ganar un partido... sino porque se han ganado muchos partidos, y poco a poco, lentamente, como si no sucediera nada, al final llega el éxito.

Entrenar para ganar

«Solo hay algo peor que formar a tus empleados y que se vayan... No formarlos y que se queden».

Henry Ford

Uno de los aspectos que diferencian al mundo empresarial del mundo del deporte profesional o del ámbito militar es la preparación y el entrenamiento. En el mundo de la empresa se compite todos los días y desafortunadamente se deja poco tiempo para entrenar y prepararse. En cambio, en el mundo del deporte solamente se compite los días de partido, mientras que en el ámbito militar no hay combates cada día, al menos en nuestra sociedad occidental. En ambos casos, la preparación y el entrenamiento sirven para recrear las condiciones que se encontrarán el día del partido o durante una intervención militar.

Sin embargo, en el mundo de la empresa se olvidan con demasiada frecuencia estos aspectos determinantes. La forma en la que un equipo empresarial se prepara y se entrena es a través de la formación, que consiste en dotar de conocimientos técnicos y psicológicos a todos los miembros del equipo para que puedan desarrollar mejor su actividad y mejorar su desempeño.

La formación debería prevalecer por encima de los resultados. La formación es lo que permitirá alcanzar los objetivos propuestos. Si olvidamos formar a un equipo estamos sembrando la semilla del estancamiento y, más pronto que tarde, dejará de conseguir resultados. Muchos directivos o jefes alegarán que sus equipos no pueden permitirse el lujo de abandonar sus puestos de trabajo y, por lo tanto, limitarán al máximo el tiempo dedicado a la formación. Sin embargo, hacer eso es cavar su propia tumba.

La formación no solo consiste en adquirir determinados conocimientos a través de la preparación o el estudio; la formación debería incluir el entrenamiento como experiencia práctica. El entrenamiento permite recrear las condiciones necesarias para afrontar un problema o una situación retadora. Entrenar cómo tiene que ser el tipo de comunicación con un cliente determinado, qué recursos puedes utilizar en un proceso de negociación, cómo hacer una presentación comercial de un producto o servicio... Cualquiera de estas acciones se pueden entrenar, se pueden practicar antes de la gran cita con el fin de adquirir determinadas cualidades o competencias que necesitamos para afrontar con éxito esa situación.

Cuando recreamos condiciones adversas, cuando incluimos situaciones no previstas en un entrenamiento estamos aprendiendo a cómo reaccionar ante unos hechos que se pueden dar en una situación real. Y si llegan a producirse no nos sorprenderán y sabremos cómo actuar y no reaccionar.

La serenidad marca la diferencia

«La tranquilidad perfecta consiste en el buen orden de la mente, en tu propio reino».

Marco Aurelio

Una de las cualidades más admiradas y demandadas dentro de los equipos es la serenidad y la templanza. Consiste en mantener la calma en entornos de alta complejidad. Los equipos tienen que hacer frente cada vez con mayor frecuencia a situaciones cambiantes e inciertas. Dirigir proyectos con equipos multidisciplinares cuyos miembros muestran una gran variedad de caracteres y motivaciones es una tarea compleja. Si esos proyectos se realizan en zonas geográficas difíciles como el desierto, o en una estación petrolífera, y además confluyen diversos idiomas, la complejidad aumenta de forma exponencial.

Trabajar en esas condiciones no es sencillo, gestionar equipos en esos entornos tampoco. Como me explicaron en una ocasión, tienes que estar hecho de una pasta especial además de saber gestionar las emociones que un entorno así provoca. ¿Qué es lo que marca la diferencia? Tener la cabeza muy bien amueblada, o en términos más técnicos, demostrar una gran templanza o serenidad.

Se ha demostrado que, en la mayoría de las ocasiones, los errores en la toma de decisiones no tienen que ver con la capacidad sino con saber mantener la calma en los momentos de alta complejidad, ya que en esos momentos es cuando nos sentimos más bloqueados y no tomamos decisiones con claridad, sino a trompicones y con el único objetivo de querer salir cuanto antes de esa situación.

Recrear entornos altamente complejos a través de entrenamientos que simulen estas condiciones permite desarrollar esa competencia. Los entrenamientos de máxima exigencia persiguen exactamente eso: no ponernos nerviosos cuando tenemos que tomar una decisión en el momento clave. El objetivo es no pensar, simplemente actuar.

Algunos consejos para mantener la calma serían, en primer lugar, no fijarnos con demasiada asiduidad en el resultado, ni obsesionarnos con el objetivo. Puede resultar contradictorio con lo que hemos comentado en el anterior punto, pero una vez que se han establecido los objetivos y sabiendo que los resultados son clave, necesitamos tomar distancia, por supuesto, sin olvidarnos de ellos. Y, en segundo lugar, centrarnos en la tarea y hacer lo que sabemos que hacemos bien. Cuando nos dedicamos a hacer aquello que sabemos hacer, estamos reforzando nuestra confianza. Y cuando hacemos las cosas que sabemos hacer, estamos tranquilos y en calma.

Aprendemos cuando cambiamos nuestros hábitos

«Comienza haciendo lo que es necesario, después lo que es posible y de repente estarás haciendo lo imposible».

San Francisco de Asís

El aprendizaje se define como la adquisición del conocimiento de algo por medio del estudio, el ejercicio o la experiencia, en especial de los conocimientos necesarios para aprender algún arte u oficio. Un grupo de trabajo que quiere convertirse en un equipo necesita aprender nuevas aptitudes o competencias que le permitan realizar las tareas de un modo más eficiente, o cambiar actitudes y comportamientos, o incrementar su polivalencia para adaptarse a los nuevos retos.

Sin embargo, aunque seamos conscientes de la necesidad de incorporar nuevos conocimientos o cambiar determinadas actitudes, incluso llevando a cabo programas de formación sostenidos en el tiempo para preparar, entrenar y desarrollar a cada miembro del equipo, puede darse la circunstancia de que el grupo no aprenda y se sigan cometiendo los mismos errores y tropezando con las mismas dificultades. De hecho, ¿cuántas veces después de un curso de formación nos quedamos con la sensación de que no hemos aprendido nada o que ha sido una jornada perdida?

La razón estriba en que para que se produzca un verdadero aprendizaje es necesario cambiar determinados hábitos o pautas de comportamiento que desempeñan una función específica. Y cambiar de hábitos, que es la forma en la que hacemos las cosas, es uno de los aspectos que más nos cuesta en nuestra vida. Los hábitos, junto con las creencias, forman parte de los programas que tenemos instalados en nuestra mente y que determinan la forma en la que actuamos (tanto individual como colectivamente). Sustituir un hábito o una creencia es sumamente complicado si no tenemos un sustituto adecuado.

Aunque juzguemos un hábito como algo «malo, ineficiente, pernicioso...», podemos continuar haciéndolo durante años siempre que haya una razón o beneficio que lo justifique: *«no es mi trabajo ideal, pero me permite llegar a fin de mes», «no es la mejor forma de vender, pero con ello consigo objetivos»*. Ningún hábito o comportamiento que esté desempeñando alguna función o cumpliendo algún propósito será abandonado o cambiado.

Podemos preguntarnos qué función están desempeñando estos hábitos *–«¿para qué hago tal cosa?», ¿«qué consigo?»–* y averiguar si podemos aprender una forma mejor de lograr comportamientos y resultados mejores. Por lo tanto, la clave del aprendizaje no pasa solo por adquirir nuevos conocimientos (aprendizaje tradicional), sino por descubrir «algo» que cambie nuestro comportamiento.

¿Cómo podemos romper un hábito?

«Los malos hábitos es más fácil romperlos que enmendarlos».

Quintiliano

Romper un hábito es casi imposible, porque cada vez que lo practicamos aumentan las posibilidades de seguir haciéndolo en el futuro. De esta forma desarrollamos pautas de comportamiento que tienen tendencia a repetirse.

Por ejemplo, si estamos acostumbrados a vender siguiendo una técnica o un discurso determinado nos va a resultar muy difícil abandonar ese modo de proceder; si estamos acostumbrados a relacionarnos o liderar de un modo determinado, seguiremos haciéndolo así de forma indefinida. ¿Por qué? Porque si cada una de estas pautas está desempeñando una función y trae consigo algún tipo de beneficio, el comportamiento será reforzado o recompensado y, por lo tanto, tenderá a continuar. Cuanto más instaurada esté una pauta de comportamiento, más complejo será romper dicho hábito.

Entonces, ¿cómo podemos salir de un hábito? Creando uno nuevo que tenga la condición de ser más práctico, útil o beneficioso que el que queremos abandonar. Solo podemos sustituir un hábito cuando tenemos otro que nos permita lograr un comportamiento y resultados mejorados.

Timothy Gallway explica en *El juego interior del tenis* la forma de crear un nuevo hábito a través de cuatro pasos. Dicho proceso es válido tanto a nivel individual como colectivo:

- Primero, observar el hábito en el que se encuentra el equipo: qué está haciendo, cómo se encuentra, qué ven sus miembros, qué escuchan, qué sienten... En suma, es necesario que el equipo tome conciencia del hábito que tiene, sin enjuiciarlo, solo observando lo que hacen los que lo conforman: cómo desempeñan su trabajo, cómo se comunican, cómo se relacionan entre ellos.
- Segundo, visualizar el resultado deseado: qué cualidad o competencia quieres incorporar en el equipo. Puede ser una forma de comunicar más eficaz, un estilo de gestión más participativo o más relacional... Buscar ejemplos de personas y equipos que hagan eso que quieres incorporar y observar lo que hacen.

- Tercero, comenzar a probar nuevas acciones. Incorporar pequeños cambios y dejar que ocurran cosas. Cada miembro del grupo puede ir explorando diferentes posibilidades de hacer las cosas. Hay que confiar en el proceso y dejar que tenga lugar.
- Y cuarto, mientras se implementan estos cambios observar qué sucede sin juzgar ni pensar en ellos ni en los resultados. Solo observar y experimentar. Es importante dejar un tiempo hasta evaluar el nuevo comportamiento del equipo.

El aprendizaje se consigue «pulgada a pulgada»

«Un viaje de mil millas comienza con un primer paso».

Lao Tzu

Hay un error muy común cuando en los equipos planteamos objetivos ambiciosos orientados a lograr una visión a largo plazo: olvidarnos de parcelar esos objetivos en metas, objetivos intermedios y tareas concretas lo más pequeñas posibles. Los grandes objetivos generan una gran energía y permiten activar la motivación por el logro de los miembros del grupo, pero si no se traducen en objetivos tangibles y alcanzables a corto plazo tendrán un efecto negativo y desalentador, y terminaremos por abandonarlos.

Por ejemplo, en muchas ocasiones los equipos directivos se plantean procesos de formación que permitan a sus miembros desarrollar determinadas competencias para mejorar la gestión de sus equipos. Cuando alguien plantea *«yo quiero desarrollar la empatía»*, no podemos pensar que seremos empáticos en un plazo concreto de tiempo. El objetivo es ir dando pequeños pasos de forma sostenida y continuada en el tiempo, realizando acciones concretas que permitan ir desarrollando esa cualidad.

Este es el secreto del método *kaizen,* o mejora continua. John Wooden lo explicaba así: «*cuando mejoras un poco cada día, al final ocurren grandes cosas. Cuando mejoras tu forma física un poco cada día, al final se produce una gran mejora en tu forma física. No mañana, ni al día siguiente, pero al final has hecho un notable progreso. No hay que buscar mejoras rápidas y espectaculares, sino mejoras pequeñas, día a día. Esa es la única forma en que ocurren, y cuando lo hacen, permanecen*».

Este concepto de mejora continua o *kaizen* tiene su manifestación práctica en la mejora del rendimiento de todas aquellas funciones que realizamos y que influyen en el desempeño de nuestro trabajo. Si queremos convertir un grupo de trabajo en un equipo, la forma de hacerlo será instaurando una cultura del aprendizaje basada en este concepto de mejora continua que permita al equipo desarrollar sus habilidades, su conocimiento y su personalidad de una forma sostenida en el tiempo. Cuando un equipo se compromete a crear un entorno de aprendizaje basado en la mejora constante llega a la excelencia.

Sin embargo, para que el *kaizen* sea realmente efectivo debe incorporar un ingrediente adicional. En la cultura de aprendizaje organizativo de Toyota lo denominan el «*hansei*» y es definido como un tiempo muerto en el que cada miembro del equipo realiza una reflexión para identificar qué es lo que ha hecho mal o cuáles son sus áreas de mejora. Como sostiene George Yamashina, director del Toyota Technical Center: «*Sin hansei es imposible tener kaizen. En el hansei japonés, cuando uno hace algo mal, al principio debe sentirse realmente triste. Luego debe plantear cómo resolverá este problema en el futuro y debe creer sinceramente que no volverá a cometer este tipo de error. Hansei es un modo de pensar, una actitud».*

El camino de la excelencia

> *«Somos lo que hacemos día a día. De modo que la excelencia no es un acto, sino un hábito».*
>
> Aristóteles

Probablemente el mejor jugador de baloncesto de todos los tiempos haya sido Michael Jordan y su equipo, los Chicago Bulls, uno de los mejores equipos de la historia de la NBA. Sin embargo, la carrera de Michael Jordan sufrió un inesperado parón cuando decidió retirarse de las canchas para volver un par de temporadas después.

Cuando en 1995 regresó al baloncesto, lo hizo de un modo triunfal y todo hacía presagiar que volvería a ser campeón esa misma temporada. Sin embargo, ni Jordan ni los Bulls consiguieron el objetivo de volver a ser campeones de la NBA esa temporada y algunos medios consideraron que Jordan había perdido su magia y que no volvería a ser el que fue. Aquella derrota supuso un punto de inflexión para él y para el equipo y una experiencia de aprendizaje básica para el futuro.

¿Qué aprendió Michael Jordan de aquella derrota? Que necesitaba una nueva actitud para volver a liderar a sus compañeros. No bastaba solo su ejemplo para motivarlos. Tuvo que afrontar un cambio personal que le llevara a intimar más con ellos, a relacionarse con más compasión, a no juzgar tanto a los demás y a establecer un tipo de relación diferente con cada uno de ellos. En suma, el mejor jugador de baloncesto de todos los tiempos tuvo que aprender a desarrollar su inteligencia emocional para liderar a su equipo.

Esa capacidad de autocrítica y reconocimiento de sus limitaciones fue fundamental para abordar con humildad un proceso de transformación. Al igual que en el pasado tuvo que realizar otros aprendizajes, de nuevo se enfrentaba a una situación que requería aprender una nueva forma de ser y estar. Quizás la clave del éxito de Michael Jordan fuese esa capacidad de aprendizaje continuo y fue eso lo que le llevó a la excelencia, siendo cada vez más inteligente.

A veces se nos olvida esa necesidad de seguir aprendiendo, de seguir incorporando conocimientos y experiencias que nos ayuden a superar fracasos o errores y alcanzar aquellos objetivos que se nos resisten. Solo es posible crecer cuando incorporamos ese hábito a nuestra vida: el hábito de la mejora continua.

La cultura del error y del acierto

> *«El error nos enseña quienes somos, nos muestra un lado con frecuencia ciego de nuestro ser».*
>
> Santiago Álvarez de Mon

Un equipo requiere que todos sus miembros aporten sus ideas, experiencia, atención, preguntas y argumentos para forjar las mejores iniciativas y sistemas posibles. Estos no serán perfectos, siempre se cometerán errores en el camino. Sin embargo en muchos equipos existe un miedo cerval al error que impide que nadie sea capaz de hablar y pensar con libertad. Los errores, siempre que sean bienintencionados, no son motivo de vergüenza sino de aprendizaje.

El error es inherente al ser humano; todos erramos, nos equivocamos, fallamos y fracasamos. De hecho, fallamos muchas más veces de las que acertamos. Sin embargo, nos cuesta reconocer nuestros fracasos. Ante el fracaso hay que levantarse, analizar los fallos y volver a la carga. Fracasar tiene que ver con arriesgar, con atreverse, con tirar... Fracasa el que no lo intenta, el que no se arriesga, el que no se atreve.

El error forma parte del camino que conduce hacia los objetivos. El problema es que vemos el error como un fracaso. Entonces dejamos de arriesgar, nos conformamos con lo que hay, dejamos de tener iniciativa por miedo a equivocarnos. El error debería ser considerado como una oportunidad de aprendizaje y mejora, y asumir que para lograr los objetivos vamos a cometer errores. La cuestión es aprender de ellos, es decir, analizar el error y poner remedio. De nada vale el error si no pasa por el análisis posterior y extraemos la enseñanza que trae consigo.

A través de las preguntas analizamos los errores y fracasos: ¿cómo, por qué y para qué ocurrió?, ¿qué aprendimos?, ¿qué hacer para evitarlo la próxima vez? Cuando trabajamos con equipos es clave dejar que cada miembro del mismo se autoanalice, realice un proceso de autocrítica, y busque y encuentre sus propias respuestas. Con esto se fomenta la inteligencia del grupo y se evitar caer en el error de culpar al resto.

Por ejemplo, en los viñedos de las Bodegas Torres hay un gran libro negro. Siempre que se produce un error, la persona que lo comete lo apunta allí. Pero el valor de este libro no se queda en apuntar los fallos. Todo empleado que se una a la empresa tiene que leerlo. De este modo, a través de este libro se comparte el aprendizaje derivado de los errores para que no se repitan. Además, esto envía un poderoso mensaje: todos cometemos errores. Los errores son las estaciones de paso en el camino del progreso.

La mayoría de las organizaciones hablan de la importancia del error, pero muy pocos trabajadores se sienten seguros hablando de ellos. En un estudio reciente, el 88% de los encuestados contestó que solamente se referían a los errores en privado. Solo el 4% de ellos estaba dispuesto a hacerlo abiertamente en público. En este sentido, el reconocimiento del error por parte del propio líder permite que los demás también lo hagan. La cuestión es tener la humildad de admitir nuestros errores y entender que estamos en un estado continuo de aprendizaje.

Sin embargo, no deberíamos quedarnos solo con lo que aprendes del error. Hay otro tipo de aprendizaje aparentemente más sencillo pero del que rara vez nos acordamos. ¿Qué sucede cuando ganas, cuando triunfas, cuando consigues un objetivo? En ese momento, todo es alegría, felicidad, orgullo, reconocimiento... Ahí es cuando debe surgir una reflexión que nos permita conocer y analizar las causas que han provocado ese éxito porque en la victoria es más sencillo aprender, ya que estamos de mejor talante, nuestras emociones son positivas. En un equipo debe propiciarse ese entorno de reflexión o «hansei» también cuando se gana y que permita que queden grabadas a fuego las acciones que nos llevaron a ese éxito.

No rendirse

«Cause we made a promise, we swore we´d always remember. No retreat, baby, no surrender. Blood brothers in the stormy night with a vow to defend. No retreat, baby, no surrender»[1].

BRUCE SPRINGSTEEN

1 Hicimos una promesa que juramos siempre recordar No hay refugio, créeme, no te rindas. Como soldados en las noches de invierno con un voto para defender. No hay refugio, créeme, no te rindas.

Las empresas, los equipos y las personas hoy en día tienen que hacer frente a una espada de Damocles que condiciona y define sus comportamientos: los resultados, alcanzar los objetivos propuestos, el marcador... Vivimos en una sociedad donde se nos mide constantemente por nuestros resultados y por el rendimiento que ofrecemos. Como consecuencia de esta lógica de mercado, la sociedad endiosa a aquellos que triunfan, que vencen y tienen éxito, y condena al anonimato y a la oscuridad a aquellos que fracasan, que yerran o se equivocan.

Ensalzamos y buscamos el perfeccionismo; sin embargo, como decía Hugh Prather, *«el perfeccionismo es una muerte lenta»*.El origen de este tipo de pensamiento y actitud tan extendida en determinados ambientes empresariales es el temor a ser rechazados, a hacer el ridículo, a que no nos compren, a perder un proyecto... Y, en consecuencia, buscamos a toda costa hacerlo todo perfecto para ganar, para triunfar... De hecho, nos da miedo perder. Porque el hecho de perder nos confronta con una parte de la realidad que no nos gusta ver, una parte que emerge en nuestro interior: la duda.

Cuando una persona o el equipo falla, aparecen las dudas. Y cuando hay dudas se pone en tela de juicio todo lo conseguido hasta ese momento. Las dudas son mecanismos de autoevaluación, y superarlas nos hace crecer. Las dudas también son parte de cualquier proceso de aprendizaje. Decía Bertrand Russell que *«el principal problema de este mundo es que los tontos y los fanáticos siempre están seguros de ellos mismos, mientras que la gente inteligente anda llena de dudas»*. La cuestión es no quedarse paralizado por las dudas o, peor aún, abandonar, rendirse o tirar la toalla.

La construcción de equipos es un proceso laborioso, sometido a multitud de obstáculos y adversidades, donde la derrota y el fracaso, sí o sí, estarán presentes. Esas derrotas harán que surjan las dudas. Y es en ese momento donde determinados aprendizajes resultarán de vital importancia para que cada miembro del equipo no se rinda.

La mejor forma de hacer frente a esas situaciones es recuperar la historia de James Stockdale. Comandante del escuadrón de caza 51 de la Armada de los Estados Unidos, el 9 de septiembre de 1965, cuando estaba volando sobre Vietnam del Norte, fue derribado y capturado. Pasó siete años y medio preso soportando palizas y torturas. Al final fue liberado y nos dejó la clave que le hizo sobrevivir en tales condiciones: *«Nunca se debe confundir la confianza en que al final triunfarás (que nunca puedes permitirte el lujo de perder), con la disciplina para enfrentarse a los hechos más brutales de la propia realidad actual, sea cual sea».*

Cada miembro del equipo y, en particular el líder, debe ser muy consciente y tener muy interiorizada esta lección: pase lo que pase, ocurra lo que ocurra, lo más importante es mantener la moral alta y conservar el auto-respeto, sin perder el foco en el objetivo final confiando en el triunfo y perseverando en el intento.

Herramientas para aprender: observación y pasar a la acción

«Aprender es como remar contra corriente: en cuanto se deja de remar, se retrocede».

Benjamin Britten

Los lobos aprenden lo que realmente importa observando y pasando a la acción. Y lo hacen en manada, en familia o en equipo. De hecho, los lobos nos dejan enseñanzas que deberíamos utilizar en nuestros equipos de trabajo: la importancia del liderazgo compartido entre el lobo y la loba guía, el respeto hacia los mayores y más expertos miembros de la familia, el cuidado a los lobeznos, el sentido de pertenencia al grupo, la búsqueda del mejor entorno para desarrollarse, la comunicación, la preparación y el entrenamiento para cazar...

La gran experta en lobos, Elli H. Radinger, nos ofrece valiosas lecciones en su libro *La sabiduría de los lobos* y nos recuerda el paralelismo entre el lobo y la persona, entre la manada y el equipo. Para una familia de lobos, la receta del éxito se basa en tres pilares: la concentración en lo esencial, es decir, que todos colaboren en beneficio de la familia; la comunicación constante, así como los rituales realizados en común; y un liderazgo fuerte. Colaboración, comunicación y liderazgo, tres elementos que estos animales aprenden de forma continua a lo largo de su vida. Qué curioso que estos tres aspectos también resulten clave para la supervivencia del ser humano y de los equipos.

Escribe el filósofo José Antonio Marina que la evolución humana ha estado determinada por su capacidad de aprender. No solo podemos aprender más que los animales, sino que podemos decidir qué queremos aprender. Además, la función de la inteligencia no es conocer, ni tampoco sentir, sino dirigir la acción. No pensamos para conocer, pensamos para actuar. La cuestión fundamental dentro de los equipos, no solo pasa por lo que necesitan aprender para construirse como equipos, sino cómo aplicar ese aprendizaje para pasar a la acción y ser mejor equipo. Dicho de otro modo, lo verdaderamente importante es aprender para dirigir mejor la acción.

Los equipos deben aprender de forma continua, como lo hacen los lobos, y entender para qué están adquiriendo esos aprendizajes, entender cuál es la dirección que siguen, hacia dónde les lleva lo aprendido. Para que un grupo funcione, todos deben trabajar juntos en la misma dirección dirigidos por individuos seguros de sí mismos. El éxito siempre coloca los intereses de la comunidad por encima de los intereses de los individuos porque eso garantiza la supervivencia a largo plazo.

Una de las lecciones más importantes que debemos aprender como personas y como equipos es que la cuestión de ganar o perder, de alcanzar o no los objetivos propuestos. La valoración positiva o negativa de los resultados alcanzados, no depende solo de nosotros mismos; siempre existirán factores externos. La clave es que aprendamos del proceso. La verdadera victoria está en el aprendizaje y en el posterior desarrollo personal y profesional, tanto a nivel individual como colectivo.

De esta forma, el aprendizaje se hace infinito. No basta solo con aprender y formarse; hay que transformarse de forma continua. Como dice Xesco Espar en *Jugar con el corazón*, *«para llegar a la excelencia es necesario formarse, pero para traspasarla hay que transformarse»*. Algo en lo que ahondaremos en el próximo triángulo de los equipos ConLid.

8. CUARTO TRIÁNGULO ESENCIAL DE LOS EQUIPOS CONLID: LIDERAZGO

«El liderazgo es el arte de conseguir que alguien haga algo que quieres porque él quiere hacerlo».

Dwight D. Eisenhower

Aquel equipo que se proclamó campeón del mundo en 2006 tuvo que afrontar su prueba de fuego después de perder a su líder más mediático, Pau Gasol. El liderazgo, más allá de crear seguidores, *«consiste en crear líderes»*, como dice Tom Peters, experto en gestión empresarial. Y en aquel equipo no solo existía un líder; hubo varios jugadores que asumieron el reto de tirar del carro en el momento más complejo.

Aquella tarde del 3 de septiembre en Saitama, dos de los jugadores de más peso de aquel equipo jugaron un partido perfecto: Jorge Garbajosa y Juan Carlos Navarro. Sin embargo, sería injusto señalar solo a estos dos jugadores porque todos dieron un paso adelante. La clave de aquel partido, como casi siempre en las finales, fue la defensa. El combinado español dejó a Grecia en cuarenta y siete puntos gracias al esfuerzo colectivo de todos. Todos asumieron su responsabilidad y dieron un paso al frente para que la baja del líder no se notara.

Un equipo necesita un líder. Alguien que sea capaz de ser un referente, apreciado y reconocido por los demás compañeros, por sus cualidades, sus valores, su honestidad y su comportamiento. Un líder es aquel que es capaz de inspirar a las personas que tiene a su alrededor. Sin embargo, cuando el liderazgo lo ejerce solamente el que dirige al equipo, la situación se complica. Porque el día que no esté el líder, ¿quién tirará del carro?

«El líder de aquella selección era el equipo. No soy partidario de que nadie destaque, sino de que seamos una comunión de líderes», sostenía Carlos Jiménez, el capitán de aquel equipo. *«Si el rol de líder únicamente lo desempeña el entrenador tampoco es rentable»*, redundaba Pepu Hernández, seleccionador nacional. El coliderazgo se erige en el factor principal cuando queremos que un equipo demuestre todo su potencial.

Ahora bien, es necesario distinguir entre dirigir y liderar para entender en qué consiste el liderazgo y poder extenderlo entre los diferentes miembros del equipo. Según la RAE, «liderar» es *«dirigir o estar a la cabeza de un grupo, de un partido político, de una competición, etc.»*. No es lo mismo «dirigir» que «liderar». Mientras que el concepto de «dirigir» tiene connotaciones de autoridad y poder, la palabra que determina el concepto de «liderar» es la influencia. Warren Bennis, una de las mayores autoridades en este tema, establecía algunos elementos que caracterizan a los líderes: preguntan qué y por qué, tienen una perspectiva a largo plazo, miran al horizonte, se concentran en las personas, inspiran confianza, hacen las cosas que se deben hacer, originan, innovan, son originales, desafían el *status quo*.

Podríamos agrupar todas estas cualidades en tres factores clave e imprescindibles para que el liderazgo aparezca dentro de un equipo: tener un propósito claro, definido y compartido por todos; establecer unos valores que sirvan de guía para todos los componentes del grupo; y convertirse en agentes del cambio.

Decía Rosalynn Carter, esposa del expresidente de EE. UU., Jimmy Carter, *«un buen líder lleva a las personas adonde quieren ir. Un gran líder las lleva adonde no necesariamente quieren ir, pero deben estar»*. Todo líder debe saber cuál es el propósito, saber el porqué de su actividad y poder materializarlo en una visión que sea compartida por el equipo.

Por otro lado, cualquier equipo necesita unos valores que le permitan ser reconocible. Los valores sirven para definir la identidad del grupo, aquello que lo hará reconocible. Estos valores, al igual que el propósito y la visión, deben ser compartidos, consensuados y aceptados por todo el grupo, y además deben vivirse en el día a día. Deben estar reflejados en un conjunto de reglas que sirvan para guiar al equipo en el día a día.

Por último, y no menos importante, los líderes deben ser capaces de desafiar el *status quo*, ir un paso más allá para afrontar nuevos retos, para crecer y no estancarse. Los equipos líderes son impulsores del cambio, transforman su realidad para seguir avanzando.

Y esto fue lo que hicieron aquellos doce amigos que se colgaron el oro en 2006. Fueron capaces de dar un paso adelante para transformar una situación adversa. La última prueba del liderazgo no se encuentra en los momentos de comodidad, cuando todo va bien, sino en aquellos momentos de desafío y dificultad. Ahí es donde surge el liderazgo de un equipo, y debe ser encarnado por el mayor número de miembros del mismo.

PASO 10: TENER UN PROPÓSITO COMPARTIDO

«Las personas necesitan un propósito que tenga significado. Esa es nuestra razón de vivir. Con un propósito compartido, somos capaces de conseguir cualquier cosa».

WARREN BENNIS

A principios de los años setenta, un grupo de *hippies* veinteañeros melenudos y poco aseados, que pasaban hambre y frío y malvivían de lo poco que sacaban por sus actuaciones en bares y fiestas de instituto, comenzaban su andadura en el mundo de la música. Pocos podían imaginar que aquellos desarraigados de la costa este de New Jersey se convertirían en una legendaria banda de rock y su líder en un ídolo para millones de personas en todo el mundo. Aquel grupo eran The E Street Band y Bruce Springsteen.

El objetivo principal de aquellos jóvenes era montar una banda de rock para hacer música, una pasión que compartían todos los componentes del grupo. Además, tuvieron que definir qué personalidad tendrían, qué estilo de música iban a tocar, qué aspecto les harían reconocibles... En sus inicios, Bruce y su banda fueron pasando por diferentes etapas, con entradas y salidas de algunos componentes, giros en el estilo musical... hasta que la banda estuvo consolidada y fue plenamente reconocible por su estilo musical, su apariencia, su forma de comportarse...

Sin embargo, la cuestión más complicada a la que tuvieron que enfrentarse fue cuál era el propósito del grupo. Necesitaban dar sentido a lo que hacían, algo que les permitiera tener un recorrido mayor y no quedarse en la cima del mundo durante «los quince minutos de gloria». Ese propósito tenía que ver con sacar lo mejor de ellos y hacer partícipe de ello al público que asistía a sus conciertos. El propósito se centraba en «*hacer magia para que la suma de uno más uno no fuera dos, sino tres*», lo que implicaba hacer sentir plenos y felices tanto a sus seguidores como a ellos mismos.

Como explica Bruce en su autobiografía. El objetivo final consistía en vivir de «esto», en crear una comunión entre lo que hacían y el público, y hacerlo bajo la premisa del corazón. Esa es la fuerza que les ha permitido seguir tocando durante más de cuarenta años: dar cada noche lo mejor de cada uno y recordar a sus fans o seguidores lo mejor de ellos: sacar lo que son, sus identidades, a través de un intercambio de sonrisas, alma y corazón.

El propósito compartido en los equipos es lo que da sentido a su actividad, es una de las razones fundamentales sobre las que descansa la construcción del mismo. El propósito tiene que ver con una motivación profunda, con un deseo vital. Las empresas y personas que han dejado huella son aquellas que tuvieron o tienen un propósito vital, materializado en un proyecto concreto.

El propósito surge cuando el líder –y por extensión el equipo– puede responder a la cuestión «*¿por qué hacemos lo que hacemos?*». Este propósito es lo que sostiene la visión, elemento fundamental en cualquier proceso de liderazgo. Como explica Warren Bennis, el líder posee la capacidad para tener visión de futuro, para ver las cosas no solo como son sino como deberían ser, y hacer algo para conseguirlo.

Sin embargo, lo que importa no es solo que el líder posea la visión, sino su vinculación con el sentido, con el propósito, y hacer partícipes a todos los miembros del equipo, construyendo entre todos una visión retadora, amplia y detallada.

¿Qué necesitamos para liderar un equipo?

«Desde el mismo instante del nacimiento algunos están predestinados a la obediencia y otros al mando».

Aristóteles

Ponerse delante de un grupo de personas y dirigirlas hacia un objetivo, implantar unas normas y extraer lo mejor de cada una de ellas no está al alcance de cualquier persona. Ni tampoco todo el mundo desea cargar con esa responsabilidad. Hemos visto que dirigir no es lo mismo que liderar, y como explicábamos antes, en muchos manuales encontrarás las diferentes competencias que debe poseer una persona que quiera adquirir la cualidad del liderazgo.

Daniel Goleman, Richard Boyatzis y Annie McKee identificaron más de veinte competencias del liderazgo clasificadas en ámbitos diferentes: capacidades de conocimiento personal (conciencia de uno mismo), de dominio personal (autogestión), de conocimiento de los otros (conciencia social), de manejo de relaciones (gestión de las relaciones) y cognitivas y de razonamiento. Estas cuatro dimensiones constituyen el modelo liderazgo de inteligencia emocional. Otros autores crean listas de atributos más concretos que permiten identificar a un buen líder.

LAS COMPETENCIAS DEL LIDERAZGO SEGÚN GOLEMAN, BOYATZIS Y MCKEE (Modelo de Liderazgo basado en la Inteligencia Emocional)			
CONCIENCIA DE UNO MISMO	AUTOGESTIÓN	CONCIENCIA SOCIAL	GESTIÓN DE LAS RELACIONES
Conciencia emocional de uno mismo Confianza en uno mismo Valoración adecuada de uno mismo	Autocontrol Adaptabilidad Iniciativa Transparencia Logro Optimismo	Empatía Conciencia organizacional Servicio	Liderazgo inspirado Desarrollo de los demás Catalizador del cambio Influencia Gestión de conflictos Establecer vínculos Trabajo en equipo y colaboración

Viendo el cuadro anterior, uno tiene la sensación de encontrarse ante una especie de súper-héroe. En un intento por simplificar el conjunto de atributos que debe poseer un líder, el psicólogo social y organizacional Richard Hackman pasó varias décadas observando a toda clase de equipos mientras trabajaban y fue capaz de construir una teoría basada en cuatro principios, que sirven para definir a los líderes eficaces:

- *Saber unas cuantas cosas.* Tienen un conocimiento sólido sobre qué necesita un equipo: saben definir el propósito, la visión, los valores y las condiciones necesarias para obtener lo mejor de cada miembro del equipo.
- *Saber cómo hacer unas cuantas cosas.* Identifican los temas que son más importantes en cualquier si-

tuación en la que se halle el equipo y saben cómo alcanzar los objetivos resolviendo los retos que se planteen.

- *Ser emocionalmente maduros.* Saben gestionar sus propias inquietudes al tiempo que afrontan los sentimientos de los demás. Son capaces de gestionar y regular sus propias emociones y la relación con los demás.
- *Ser agentes del cambio.* Tienen la valentía personal para llevar a un equipo a un estadio superior, mejor y más próspero. Tienen la capacidad de impulsar hacia delante al equipo, cuestionando el *status quo* y las rutinas adquiridas.

Un equipo lidera cuando mira al futuro

«El liderazgo es la capacidad de transformar la visión en realidad».

Warren Bennis

Uno de los aspectos que más motivan e inspiran a los miembros de un equipo es ser partícipes de un proyecto común, donde cada uno aporta su granito de arena y todos ellos son capaces de visualizar la imagen que quieren conseguir como equipo, empresa u organización en el futuro. Muchos autores han hablado sobre este hecho: una visión positiva de nuestro futuro precede al éxito. Una visión alentadora genera una emoción positiva que nos predispone a la acción y nos ayuda a lograr nuestras metas y retos.

Sin embargo, este proceso de creación de visión compartida tiene algunos aspectos que requieren una consideración más precisa para no caer en el idealismo:

1. La visión debe partir del líder, quien debe marcar el objetivo, la idea principal sobre la que se construirá la visión. Y esto condicionará el proceso.

2. Cuando los miembros de un equipo participan en la construcción de la visión, el proyecto sale reforzado. Todos se sienten partícipes y corresponsables del proyecto y comienzan a sentirse parte de él. Sin embargo, la participación del equipo tendrá unos límites que vendrán impuestos por la personalidad del líder.

3. Crear una visión no solo es tener una imagen de a dónde queremos llegar, también significa conciliar los valores que queremos tener como equipo e identificarnos con ellos. Una visión que no tenga en cuenta los valores o principios estará coja y tendrá un alcance limitado. Si además los valores no han sido discutidos o se han aceptado sin un debate previo, aparecerá el conflicto más pronto que tarde.

4. La visión parte de una idea, de un concepto, de algo abstracto que necesita ser materializado, concretado en una imagen, y que permita ser convincente para todos los que participan en el proceso. Podemos pintar o construir un escenario idílico, pero ese escenario hay que bajarlo a tierra, concretarlo en algo material, creando las estrategias y las líneas de actuación que nos conduzcan a esa visión.

La construcción de la visión: vengo de adónde voy

«Los éxitos no me sorprendieron porque ya los había experimentado mentalmente».

MICHAEL JORDAN

Cuenta la leyenda que, gracias al mago Merlín, el rey Arturo pudo reinar sabiamente en Camelot. El mago llevó a Arturo al lugar donde estaba la espada mágica, Excalibur, clavada en la piedra, y le dijo que aquel que pudiera sacarla sería el rey de Inglaterra. Ante las dudas de Arturo sobre cómo sería Camelot y la forma en la que podría gobernarlo, Merlín le contó que él ya había estado en Camelot y le aconsejaría cómo llegar hasta allí. Así es el «método Merlín».

Consiste en desandar el camino que lleva hasta el lugar deseado. Normalmente visualizamos el futuro desde el presente, con las limitaciones y recursos del presente, lo que plantea múltiples dificultades, ya que nuestro pensamiento se centra más en la realidad actual que en el futuro que deseamos.

Sin embargo, cuando comenzamos a construir la visión, ya sea de forma individual o colectiva, todo comienza con un sueño, sin ningún tipo de restricción. De hecho, cuando soñamos lo hacemos al margen de como sea nuestro presente. La construcción de la visión comienza con un ejercicio de ambición, locura o utopía. Una vez vivida y visualizada esa imagen a la que queremos llegar, tenemos que darle todo lujo de detalles, describiendo qué hemos visto y vivido. Entonces ya podemos iniciar el viaje, pero lo haremos de modo inverso, del futuro al presente.

El proceso de construcción de la visión no concluye hasta que la visión ha sido comunicada al resto de la organización, se crea un compromiso real con ella y se muestran los medios que permiten alcanzarla.

PROCESO DE LA VISIÓN	
PRIMERA FASE: FORMULAR UNA VISIÓN	Detectar oportunidades y deficiencias en la situación actual Alta sensibilidad frente a las necesidades del grupo Formulación de una visión estratégica idealizada
SEGUNDA FASE: COMUNICAR LA VISIÓN	Comunicar la visión Expresar el *status quo* como inaceptable y la visión como la alternativa más atractiva Apoyarse en la motivación para guiar a los seguidores
TERCERA FASE: CREACIÓN DEL COMPROMISO	Construir la confianza mediante el éxito, la pericia, el riesgo personal, el autosacrificio y la conducta no convencional
CUARTA FASE: LOGRO DE LA VISIÓN	Demostrar los medios para alcanzar la visión mediante el ejemplo, la motivación y las tácticas no convencionales

A veces es necesario posponer la visión

«Una visión sin acción es un sueño, una acción sin visión es una pesadilla».

Proverbio japonés

Si la visión es verdaderamente emocionante, suele ser consecuencia de un propósito, una motivación o un deseo profundo. En ese caso suele ser un camino que no tiene marcha atrás. Los equipos que visualizan una visión con un propósito nacido de una necesidad muy anhelada se convierten en equipos imparables, ya que no pueden imaginar su futuro sin ese destino.

Necesidades, ideales y sueños tenemos muchos, aunque la mayoría de nuestros sueños se quedan en eso, en sueños. La diferencia entre un sueño y la visión es que esta última genera acción y nos compromete de verdad. La visión es un sueño puesto en acción y se traduce en *«vamos a ser...»*, *«queremos conseguir...»*.

BENEFICIOS DE LA VISIÓN	RIESGOS DE LA VISIÓN
• Nos ayuda a tomar decisiones importantes y a focalizar nuestros recursos y esfuerzos • Nos permite tomar perspectiva y mirar a medio plazo • Nos compromete con metas más ambiciosas y eleva el umbral de resistencia a la frustración • No nos garantiza, aunque sí nos facilita, conseguir lo que perseguimos (efecto Pigmalión o profecía auto-cumplida)	• No conseguir nuestra visión puede provocar frustración • Podemos conseguir nuestro sueño y decepcionarnos, ya que no era lo que esperábamos • Estar obsesionados con el futuro puede provocar no disfrutar del presente • Encerrarse demasiado en una visión, y que se convierta en una limitación que nos impida ver más cosas

Sin embargo, hay momentos en los que no es posible llevar a cabo este ejercicio, y es necesario centrarse en aspectos más tangibles. En este sentido, cabe destacar la comparación que realiza Jim Collins en su libro *Empresas que caen* entre HP e IBM en la década de los noventa. Ambas compañías tuvieron que afrontar cambios en la dirección general y los estilos de liderazgo fueron completamente diferentes en cuanto a visión se refiere.

Carly Fiorina, directora general de HP, al poco tiempo de acceder al cargo se dedicó a construir una visión clara del futuro de la empresa, desarrollando estrategias grandiosas, unificando la marca HP bajo el eslogan «Invent», etc. Por el contrario, Louis V. Gerstner, director general de IBM, manifestaba justo en el momento de acceder al cargo: *«lo último que necesita IBM en este momento es una visión»*. Eso no significaba que IBM no tuviera una visión, sino que sus prioridades se hallaban en cuestiones más básicas, como la de asegurar que en los puestos clave estuvieran las personas adecuadas y en comprender bien la situación del «Gigante Azul», y solo entonces, establecer una visión y una estrategia.

En suma, la visión puede ser una poderosa herramienta para visualizar el futuro al que queremos llegar, pero en todo momento debe estar supeditada a la realidad que esté viviendo el equipo. No tiene ningún sentido realizar un ejercicio de visión cuando existen otras prioridades o necesidades más urgentes dentro de un grupo, como la elección de personas adecuadas o conocer en profundidad el contexto en el que se mueve el equipo: situación financiera, relaciones entre los diferentes componentes del grupo, roles, tareas, etc.

Los diferentes estilos de liderazgo

«Un verdadero líder siempre tratará de guiar a los demás dando él ejemplo».

Nelson Mandela

La comparativa entre Carly Fiorina y Louis V. Gerstner sirve para introducir otro de los temas capitales cuando nos referimos al liderazgo: los diferentes estilos de liderazgo. Mientras Fiorina representaba el ejemplo perfecto de una líder carismática y visionaria, con un fuerte magnetismo y capaz de despertar la pasión por el cambio, Gerstner fue lo que hoy en día se conoce como un líder de perfil bajo: alejado de los focos, centrado en el análisis exhaustivo de los datos, con una visión más pragmática de la realidad, enfocado en recabar la opinión de sus clientes y obsesionado en crear una cultura de la disciplina con unos estándares de rendimiento, unos valores y una responsabilidad muy exigentes.

Goleman, junto a Boyatzis y McKee, establecieron seis estilos de liderazgo en función de diferentes componentes de inteligencia emocional de cada persona. Lo más importante es que los mejores líderes son aquellos que no dependen de un solo estilo de liderazgo, sino de una combinación de diferentes modalidades, y demuestran su pericia para saber cuándo utilizar uno u otro en función de las circunstancias.

1. *Estilo visionario*: establece un objetivo común que resulta movilizador. Se utiliza cuando se necesita una nueva visión o una dirección clara.
2. *Estilo coaching (formativo)*: establece un punto de conexión entre los objetivos individuales y las metas del equipo. Permite mejorar el rendimiento del equipo.
3. *Estilo afiliativo*: establece un clima de relación armónica. Valora las aportaciones personales y obtiene compromiso a través de la participación. Fomenta el espíritu de pertenencia al grupo.
4. *Estilo democrático*: tiene en cuenta los valores personales y estimula el compromiso mediante la participación. Busca llegar a acuerdos o consensos.
5. *Estilo timonel (marca la pauta)*: establece objetivos desafiantes y estimulantes. Ideal para equipos competentes y motivados, y que buscan alcanzar resultados extraordinarios.
6. *Estilo autoritario (coercitivo)*: elimina el temor proporcionando una dirección clara en situaciones críticas. Ideal cuando se necesita realizar un cambio muy rápido o con trabajadores conflictivos.

Según esta clasificación, cuatro de los estilos (visionario, *coaching*, afiliativo y democrático) propician la conexión con el equipo mejorando su rendimiento, mientras que el resto (timonel y autoritario) son útiles en determinadas situaciones, pero su aplicación ha de realizarse con cautela.

La inteligencia emocional mejora el liderazgo

> *«No cabe duda de que la inteligencia emocional es menos común que el CI, pero mi experiencia dice que es más importante en el desarrollo de un líder».*
>
> Jack Welch

Suele decirse que los jefes acceden a puestos de responsabilidad con la misión de gestionar equipos debido a sus cualidades intelectuales o técnicas y son destituidos del cargo por la ausencia de inteligencia emocional. No es que el CI y las capacidades técnicas sean irrelevantes; importan, pero principalmente como requerimientos de acceso a puestos ejecutivos.

En los últimos años, diferentes expertos en liderazgo han llegado a la conclusión de que la inteligencia emocional se ha convertido en una condición *sine qua non* del liderazgo. Las destrezas cognitivas basadas en una mente incisiva y analítica son particularmente importantes en el desempeño de la gestión de equipos. Sin embargo, si comparamos las destrezas técnicas y el CI frente a la inteligencia emocional, esta se muestra el doble de relevante que los otros dos ingredientes para lograr un rendimiento excelente en trabajos de cualquier nivel.

De hecho, cuanto más alta es la posición de una persona con un alto rendimiento, con mayor claridad se percibe que sus capacidades relacionadas con la inteligencia emocional son la razón de su efectividad. En este sentido, la investigación realizada por David McClelland, investigador en el campo del comportamiento humano y organizativo, es ilustrativa. McClelland descubrió que cuando los directivos de alto nivel poseían una amplia gama de competencias de inteligencia emocional, los equipos que dirigían sobrepasaban el 20% de los beneficios anuales, mientras que aquellos directivos que no poseían esas competencias quedaban un 20% por debajo del objetivo establecido del beneficio.

En suma, las investigaciones avalan la idea de que existe una relación estrecha entre la eficacia, el éxito o el rendimiento, y la inteligencia emocional de sus líderes. Del mismo modo, aquellos equipos que logran desarrollar una inteligencia emocional colectiva son capaces de ofrecer mejores resultados. La cuestión estriba en saber cómo poder desarrollar la inteligencia emocional de los líderes y que estos puedan extenderla a sus equipos, desarrollando lo que conocemos como inteligencia colectiva o social. A través de la existencia de un propósito compartido podemos desarrollar la inteligencia social de un equipo.

El propósito culmina el desarrollo de la inteligencia colectiva

«Uno no puede vivir una existencia realmente excelente si no siente que pertenece a algo superior y más permanente que uno mismo».

Mihaly Csikszentmihalyi

Podemos definir la inteligencia emocional como la capacidad para ser más inteligentes emocionalmente, lo que significa que ante determinadas situaciones, no solo vamos a responder desde un punto de vista racional, sino que además podremos ofrecer una respuesta emocional adecuada según el contexto. Para ello es necesario adquirir determinadas competencias que se pueden establecer en dos grandes categorías: las competencias personales y las sociales, que equivaldrían a los conceptos de inteligencia emocional intrapersonal e interpersonal de Howard Gardner.

Una de las peculiaridades del concepto de inteligencia emocional es que las competencias que forman parte de ella se pueden educar, cambiar, desarrollar y mejorar, como las habilidades intelectuales. De este modo, si somos capaces de incorporar o mejorar algunas competencias personales y sociales, nuestra inteligencia emocional se desarrollará y eso nos permitirá mejorar nuestro cometido como líderes o el funcionamiento como equipo.

Por ejemplo, cuando una persona tiene un propósito claro según unas necesidades o deseos profundos, significa que previamente ha realizado un proceso de autoconocimiento y reflexión que le ha permitido activar su motivación a través de un proyecto. Este proyecto se ha materializado en una visión, y al ser compartida con el grupo se convierte en fuente de motivación para el equipo.

De esta forma se desarrollan determinadas competencias o habilidades que tienen que ver con la inteligencia emocional a nivel individual, como el autoconocimiento, la gestión emocional o la automotivación. Pero también otras habilidades que tienen que ver con la inteligencia colectiva, como la empatía o la mejora de las relaciones sociales (la comunicación, la cooperación, el trabajo en equipo, la cohesión de los componentes del grupo, la calidad de las relaciones interpersonales...). El propósito, por tanto, culmina el desarrollo de la inteligencia emocional y está íntimamente ligado al liderazgo personal y de los equipos.

Sin embargo, hay que aclarar que no todos los propósitos son adecuados y pueden estar claramente equivocados, como lo demuestra la Historia de determinadas naciones, organizaciones o empresas. Quizá el elemento que permite distinguir un propósito adecuado de otro es aquel en el que las buenas relaciones con los demás, la empatía, el afecto, el cariño y las cosas realmente importantes están presentes.

Los equipos resuenan cuando existe un propósito compartido

«El propósito de la vida es una vida con propósito».

Robert Byrne

Uno de los conceptos que más éxito han tenido en los últimos años ha sido el de «liderazgo resonante», término acuñado por Goleman, Boyatzis y McKee. Resonante deriva de la palabra latina *resonans*, que significa «que resuena». Resonancia es un «sonido producido por repercusión de otro». Si hablamos de forma metafórica y buscamos la analogía humana, podemos pensar en la necesidad entre dos o más personas que sintonizan y se sienten en sincronía. En este sentido, las personas resonantes son aquellas que sintonizan mejor con los demás y mantienen relaciones más transparentes, porque la resonancia minimiza el ruido del sistema.

Este fenómeno se da entre dos o más personas cuando sintonizan en la misma longitud de onda emocional, es decir, cuando se sienten en sintonía. Por lo tanto, la clave del liderazgo se fundamenta en las competencias de inteligencia emocional que tengan los líderes, y por tanto en la forma en que gestionan la relación consigo mismos y con los demás.

Cuando un líder carece de resonancia, sus colaboradores simplemente muestran compromiso racional o ético y llevan a cabo su trabajo sin dar lo mejor de sí mismos, su compromiso emocional. Esta falta de emocionalidad permitirá mandar pero hará imposible liderar. Por el contrario, un líder resonante despierta de manera natural la resonancia, y su entusiasmo y pasión repercuten en otros. Sabe movilizar y utiliza la empatía para sintonizar con el estado emocional de su equipo.

La existencia de un propósito compartido genera resonancia y sintonía entre los diferentes miembros del equipo. El propósito es uno de los aspectos que activan nuestra motivación y nos conducen al liderazgo. Cuando el propósito se comparte entre los diferentes miembros del equipo, se convierte en un catalizador que sirve para movilizar a todos y poner al equipo en sincronía, resonando con él. Un proyecto basado en un propósito compartido genera un liderazgo resonante y crea equipos sincronizados y con sentido.

Para liderar a tu equipo empieza por liderarte a ti mismo

«Primer mandamiento del liderazgo: conócete a ti mismo».

Harvard Business Review

Cualquier proyecto colectivo comienza con una reflexión por parte de la persona que liderará dicho proyecto. Esa reflexión consiste en un ejercicio de introspección que denominamos «autoconocimiento». Este es un proceso donde la persona ordena sus pensamientos, sentimientos y emociones con la pretensión de mejorar sus actuaciones. Porque cuando alguien pretende liderar un proyecto necesita conocer sus fortalezas, habilidades, talentos, debilidades, valores, creencias, emociones, motivaciones...

Es en este proceso cuando aparece el autoliderazgo que nos permite autodirigirnos y automotivarnos en la dirección adecuada para lograr los niveles de rendimiento que deseamos. El autoliderazgo implica autoevaluación y auto-observación, y fijarse metas y esforzarse por los logros conseguidos, así como establecer sistemas de recompensas o refuerzo. En consecuencia, conlleva compromiso con la mejora continua, el aprendizaje y la innovación. Y por supuesto demostrar humildad, disciplina y perseverancia. Superado este primer estadio, que denominamos «liderazgo de uno mismo» y que en realidad nunca concluye, podemos comenzar a hablar de liderar a otras personas.

El «liderazgo de personas» está relacionado con la inteligencia emocional, pues requiere relacionarse con los demás, escucharlos empáticamente, mostrar un interés sincero por ellos, etc. Pero también es necesaria una elevada inteligencia social, que consiste en dar respuestas adaptativas y de éxito a diferentes situaciones sociales que tenemos que afrontar, siendo coherentes con los valores, la misión, el proyecto y la cultura del grupo.

Una vez activadas las competencias relacionadas con el «liderazgo de uno mismo» y el «liderazgo de personas», entonces podemos hablar del «liderazgo de equipos». Para ello es imprescindible tener un conocimiento profundo de las características del equipo y de en qué fase se encuentra (grado de madurez del equipo).

Liderar equipos tiene que ver con retar al equipo a ser más inteligente, a que encuentre sus propias soluciones y respuestas a situaciones comprometidas. El objetivo no es solo crear seguidores, sino crear líderes que sean capaces de compartir el liderazgo y llevar al equipo más lejos. Para ello es necesario promover la responsabilidad frente a la obediencia, como explica Álvaro Merino en su libro *175 ideas para alcanzar tus metas*.

La responsabilidad nos habla de la libertad para actuar, reconocer y aceptar las consecuencias de nuestros actos, mientras que la obediencia se define como cumplir la voluntad del que manda, generando una relación de sumisión o de lucha de poder. Es mucho más sencillo establecer una relación de obediencia y pensamiento único que fomentar la responsabilidad y establecer una cultura donde cada miembro del grupo elige y tiene libertad para tomar sus decisiones, donde se fomenta el pensamiento crítico y se da espacio a diferentes puntos de vista.

Herramientas para identificar el propósito de un equipo

«Puede que tenga que luchar cuando no haya esperanza de victoria, porque es mejor perecer que vivir como esclavos».

Winston Churchill

A los equipos les cuesta mucho identificar cuál es el propósito que se esconde detrás de lo que hacen. Son capaces de responder qué hacen, cómo lo hacen, pero no saben contestar por qué o para qué lo hacen, salvo la respuesta típica de «por ganar dinero». En el mejor de los casos, podemos encontrar el propósito si el fundador de la empresa es capaz de entender y comprender por qué hace lo que hace, más allá del beneficio económico de su negocio. Como explicábamos anteriormente, el propósito es un elemento motivador de primer orden, y es necesario que todos los miembros del equipo lo tengan claro y que sea compartido por todos. La cuestión es cómo lo identificamos.

La forma de identificar el propósito tiene que ver con compartir historias que unan, con buscar puntos en común que permitan encontrar elementos que den sentido a lo que hace cada miembro del grupo y a la actividad colectiva del equipo. Y esas historias deben tocar la fibra. Cuando un equipo se une en una reunión de trabajo para definir qué es lo que les mantiene unidos, es necesario apelar a las emociones porque es lo que nos moviliza. Buscar argumentos racionales no nos permite comprometernos de igual forma.

Un equipo necesita el compromiso emocional para mantenerse unido a un propósito mayor, más trascendente que el hecho de hacer tal producto o servicio, ganar un buen sueldo y obtener beneficios. Es lo que ofrecemos más allá de lo visible, lo que da sentido a lo que hacemos. Por ejemplo, una banda de rock, más allá de la música que realiza permite a su público la oportunidad de disfrutar de su música, hacerles sentir vivos y con energía y ser un poco más felices después de asistir a un concierto. Un restaurante, más allá de la gastronomía que ofrece en su carta, permite crear un espacio agradable donde cultivar las relaciones y disfrutar de uno de los mayores placeres de la vida.

El propósito debe ser compartido y definido a través de las historias «emocionales» que cada miembro del grupo vive o ha vivido como parte de ese equipo, empresa u organización. Para ello es necesario crear el espacio para poder hablar, conversar, reflexionar y sentir, yendo más allá de poner en un cartel un propósito sin alma. Además, el propósito se debe escribir y declarar explicando la contribución que hace el equipo y el impacto que tiene en la vida de otros.

La película *El instante más oscuro,* de Anthony McCarten, sirve de ejemplo para entender cómo el propósito que escondía Winston Churchill fue compartido por miles de ciudadanos británicos. En la escena en la que Churchill toma el metro y se mezcla con varios pasajeros, busca historias que reafirmen por qué era transcendental seguir luchando y no rendirse a la Alemania nazi. El propósito compartido se basaba en mantener una nación libre, justa y democrática para que todos sus conciudadanos pudieran seguir viviendo como lo hacían hasta ese momento.

PASO 11: VIVIR LOS VALORES DEL EQUIPO

«Encuentra gente que comparta tus valores, y juntos conquistaréis el mundo».

John Ratzenberger

Juan Antonio Corbalán fue uno de los mejores jugadores del baloncesto español y europeo durante los años setenta y ochenta. Capitán del Real Madrid y de la Selección española, lideró sus equipos y fue capaz de transmitir la filosofía de su club y de la Selección a los jóvenes que se iba incorporando al equipo.

Hay una anécdota que cuenta Jorge Valdano y que sirve para ejemplificar lo que significaba aquel jugador a la hora de transmitir la cultura y los valores del equipo. Corbalán se reunía con todos los nuevos jugadores y durante tres horas les contaba los aspectos más importantes del club al que habían llegado: datos, referencias históricas y valores, haciendo especial hincapié en los valores, para explicar qué representaba jugar con esa camiseta.

Al final de la charla, Corbalán le preguntaba al nuevo: *«¿tú quién crees que es más importante, el presidente del club o tú?»*. Obviamente, todos le respondían que el presidente. A lo que él contestaba: *«¿y cuando tú tienes la pelota en la mano en un partido, para qué sirve la figura del presidente?»*. Para eso es para lo que sirven los valores. Para representar lo que un club deportivo, una empresa o una organización es delante de los clientes, los competidores, los aliados, etc.

El objetivo de Corbalán cuando hablaba de valores no era otro que transmitir la filosofía del club y que, a través del compromiso, los nuevos debían heredar el espíritu del equipo con una idea que presidía todo el mensaje: todo el mundo debe dar lo mejor que tiene y ponerlo a disposición del equipo. Ese era el propósito último, más allá de ganar, que está en el ADN de cualquier equipo.

Esto suponía crear un sentimiento de responsabilidad y exigencia en los nuevos: ser capaces de quitar el puesto a los titulares y convertirse en veteranos con experiencia para poder transmitir esa idea a los que fueran llegando. El objetivo era dejar de ser jóvenes para alcanzar un grado de veteranía y experiencia que poder transmitir como el legado que cada generación iba generando.

Cuando un comercial está delante de un cliente dispuesto a cerrar un proyecto, ¿de qué sirve la figura del director comercial o del presidente de la empresa? El comercial representa a la marca y su comportamiento y los valores que demuestra serán asociados a los de la compañía, de tal forma que si muestra un comportamiento descortés o poco profesional o encarna unos valores poco edificables, la marca se verá afectada. Por eso es tan importante que la empresa sepa transmitir a sus empleados, o el líder a sus equipos, qué valores quiere y hacerlo en todo momento.

Cuenta Simon Sinek, en su libro *La clave está en el porqué,* que los grandes líderes y organizaciones que han dejado huella y han conseguido que su legado perdurara fueron aquellos que supieron responder a tres preguntas clave a la hora de construir cualquier equipo: *«¿qué hacemos?», «¿cómo hacemos lo que hacemos?»* y *«¿para qué o por qué hacemos lo que hacemos?».*

Responder a la cuestión *«¿cómo hacemos lo que hacemos?»* implica poder identificar aspectos relacionados con la identidad del grupo, en concreto qué valores guían la vida de un equipo. Cuando un equipo sabe responder al «cómo» es capaz de explicar que lo que hace es algo diferente o mejor a lo que hace el resto. Es un elemento diferenciador. Los «cómos» permiten identificar los valores del equipo.

Los valores son verbos

«Dime a qué prestas atención y te diré quién eres».

José Ortega y Gasset

Los valores, para que sean realmente efectivos deben ser verbos. No se trata de crear bonitos carteles publicitarios que adornen las paredes de la oficina y en los que aparezcan palabras como «integridad», «innovación», o «respeto». Se trata de llevar a la práctica aquello que dicen esas palabras: hacer siempre lo correcto, mirar el problema desde un ángulo diferente o respetar y cuidar a las personas que forman parte de esa empresa en situaciones reales, por ejemplo.

El valor central de los All Blacks es la humildad. Este valor se encuentra profundamente arraigado en la cultura neozelandesa. Para este pueblo, el «creérselo» está muy mal visto; así, los jugadores pudieron adoptar este valor como algo principal dentro de su código de valores porque lo llevaban dentro. Y, lo que es más importante, ¿qué hicieron para integrarlo en una acción cotidiana? La acción consistía en que dos de los jugadores más veteranos del grupo después de cada partido barrían el vestuario, estableciendo un mantra que repiten a todo el que llega al equipo: *«Nunca seas dema-*

siado grande como para dejar de hacer las pequeñas cosas que hay que hacer».

Los valores son una cuestión de fondo, de estilo, es lo que define la cultura de una empresa o un equipo. Es lo que hace que este sea reconocible y admirado (o que genere vergüenza en los demás). Los valores son el cómo hacemos lo que hacemos porque no vale todo para conseguir los objetivos. Es obvio que todos los equipos quieren ganar, quieren triunfar, tener éxito. Llevado al ámbito de la empresa, todas quieren lograr sus objetivos, ganar proyectos y obtener beneficios. Sin embargo, no todo vale. Los valores marcan la ruta, el camino, las líneas de las que no nos podemos salir para alcanzar esos objetivos.

Cuando entran en juego los valores

«Abre tus brazos al cambio, pero no dejes ir tus valores».

Dalai Lama

Imagina que estás en un trabajo donde tu jefe no es justo ni equitativo con los diferentes compañeros del equipo. Y para ti, como para la mayoría de las personas, la justicia es un valor fundamental. ¿Cómo te sientes?, ¿qué emoción asoma en tu interior? La emoción inmediata es la ira, el enfado... Nos sentimos agredidos; han traspasado una de las líneas que no permitimos que se transgreda. Probablemente detrás de esa ira haya otras emociones, pero la inmediata es la rabia. Así que cuando nos enfademos por algo, atentos porque es probable que estén atacando nuestros valores.

Cuando Frank Lucas (Denzel Washington), uno de los protagonistas de la película *American gangster*, jefe de la mafia de Harlem en los años setenta, observa cómo alguno de los miembros de su familia viste de forma llamativa o se comporta de modo opulento, monta en cólera y exige que regresen a un estilo de vida sencillo. El valor de la sencillez era vital para mantenerse alejados de la atención de la Policía, y también porque había aprendido esa virtud de su antecesor.

Los valores son guías internas y nos marcan mucho más de lo que podemos imaginar, tanto a nivel individual como colectivo. Cuando en 1982 Johnson&Johnson tuvo que hacer frente a una de sus mayores crisis por el envenenamiento de uno de los productos, el Tylenol Extrafuerte, que causó la muerte a siete personas, los valores estuvieron presentes para reaccionar con prestancia y sabiduría, y supieron revertir una situación que amenazaba con destruir a la compañía. Ordenaron la retirada inmediata y a nivel nacional de todos los productos de la marca Tylenol, lo que ocasionó pérdidas de cien millones de dólares. Sin embargo, la responsabilidad de la empresa estaba con los intereses de todos sus clientes que recurrían a sus productos y servicios. A las pocas semanas, la cuota de mercado de Tylenol, que había caído a cero, empezó a volver poco a poco a los índices previos.

¿Dónde estuvo la clave? En un sencillo documento de una página donde se recogían el propósito y los valores principales de la compañía. Todas las decisiones que se tomaron se ajustaban a lo que decía ese documento, respetando lo que allí estaba escrito.

La falta de coherencia entre los valores profesados y los practicados

«Nuestro problema no es encontrar mejores valores, sino ser fieles a aquellos que profesamos».

John W. Gardner

Si valoro la independencia y la autonomía, y me siento controlado por mi jefe, difícilmente podré desarrollar mi trabajo con plenitud. Si la sociabilidad es un elemento clave para mí y no se fomenta el trabajo en equipo, terminaré desenganchándome de ese trabajo. El problema con los valores es que no siempre podemos llevar a la práctica aquello que profesamos.

La cuestión es qué hacemos cuando aparece esa falta de coherencia: nuestros valores no se respetan, pero seguimos en el mismo trabajo. O qué sucede cuando no somos capaces de cumplir los valores que defendemos. ¿Qué podemos hacer cuando nuestros valores han sido atacados, es decir, cuando los valores que defendemos y profesamos chocan con los valores que se practican en la empresa en la que trabajamos o con los valores de nuestros jefes?

En esas situaciones, la primera alternativa pasa por hacer sumisamente lo que nos piden. Somos leales a los valores que manifiesta la empresa o nuestro jefe. A pesar del enfado o el malhumor que nos provoque esa situación, nos mantenemos en el puesto. Es probable que el enfado vaya en aumento y terminemos estallando en algún momento. O no, y podamos mantener bajo control esa emoción y los sentimientos posteriores.

La segunda posibilidad consiste en salir de la empresa. Es la estrategia de evitación del problema. Ante una agresión a nuestros valores decidimos huir, abandonar. Suele producirse cuando no aguantamos más, estamos cansados y decidimos buscar otro trabajo.

Sin embargo, existe una tercera alternativa. Es más compleja y exige más lucha y perseverancia por nuestra parte para que nuestros valores sean respetados, y en el mejor de los casos, puedan ser tomados por el resto del equipo.

La tercera vía: alzar la voz

«Cuando tus valores son claros para ti, tomar decisiones se vuelve sencillo».

Roy E. Disney

Esta posibilidad consiste en encontrar una manera original de «hacerte oír» o «dar voz» a aquellos valores que son importantes para ti y que crees necesario implantar para cambiar una situación dada. Por ejemplo, en la película *American gangster*, el detective Richie Roberts (Russell Crowe), cuando recupera un millón de dólares de la mafia decide devolverlo a las autoridades, poniendo de manifiesto sus valores y enfrentándose a otros compañeros corruptos del Departamento de Policía de Nueva York. A través del ejemplo mostró el valor de la honestidad.

Sin embargo, mostrar nuestros valores en determinadas ocasiones no implica necesariamente que los valores del colectivo vayan a cambiar. Es necesario desplegar algunas competencias o habilidades que caen dentro de lo que podríamos definir como inteligencia emocional: la capacidad para negociar, la habilidad para generar conversaciones de calidad, ser capaces de generar preguntas adecuadas para fomentar el pensamiento y la reflexión entre los miembros del equipo, construir alianzas dentro de un equipo o empresa, saber gestionar emocionalmente situaciones complejas...

Hay muchos equipos y empresas donde apenas se da importancia a los valores. Muchas personas piensan que hablar sobre valores es filosofar y alejarnos de lo verdaderamente importante, la consecución de objetivos. Sin embargo, discutir, definir, comunicar y expandir continuamente el mensaje de los valores es fundamental para hacer frente a situaciones críticas, como le sucedió a Johnson&Johnson en la crisis del Tylenol.

De hecho, el «Credo», como se denominaba al documento donde se recogían el propósito y los valores de la empresa, estaba disponible desde 1943, cuando Robert Wood Johnson, fundador de la compañía, hizo grabarlo en un muro de granito en la sede de la organización en New Jersey. Pese a ello, como sucede en muchas organizaciones hoy en día, nadie le hacía caso. No fue hasta 1975, cuando el presidente de la compañía, James Burke, decidió mantener un encuentro con sus directivos para discutir sobre dicho documento, que fue calando en toda la organización, y cuando surgió la crisis del Tylenol pudieron tenerlo presente en las difíciles decisiones que tuvieron que tomar.

Alinear los valores con el propósito

«Debes cultivar los valores dentro de ti mismo si quieres moverte hacia delante».

BRYANT MCGILL

Los valores refuerzan y ennoblecen el propósito, y determinan la calidad y el valor del liderazgo. La coherencia del liderazgo pasa por alinear los objetivos, los valores y el propósito, lo que se hace con el cómo se hace y con el para qué se hace.

No es lo mismo el liderazgo de Adolf Hitler que el de Luther King, ni el de Frank Lucas que el de Richie Roberts en *American gangster.* Y es aquí donde surge el liderazgo que engancha, que inspira, que transciende, cuando los motivos, los valores y los objetivos son trascendentes y resultan buenos para todos.

En los equipos de éxito, aquellos que obtienen resultados sobresalientes que consiguen mejorar el rendimiento y disfrutar de un alto nivel de bienestar, existe una clara correlación entre el propósito y los valores que se instauran para alcanzar los objetivos.

La clave de este proceso de identificación del propósito y su alineación con los valores fundamentales es definir y expresar qué es lo realmente importante para el equipo y delimitar los valores o principios fundamentales a unos pocos. El proceso consiste en fijar un propósito que sirva de faro y que nos oriente hacia el lugar deseado al que queremos llegar desde la situación actual y la existencia de unas normas, reglas o prioridades, que serían los valores, nos permitan seguir unas guías hasta alcanzarlo.

Lo complicado del proceso es cómo se llevan a la práctica del día a día de los equipos aspectos tan abstractos como el propósito y los valores.

Crear una «cultura justa»

«Vive tu vida en la verdad y justicia, tolerante con aquellos que no son ni sinceros ni justos».

Marco Aurelio

Los valores conforman la cultura corporativa de una empresa, organización o equipo. La cuestión es que la cultura real de los equipos no solo se construye a partir del listado de grandes valores o principios que aparecen en las webs de cualquier empresa. Lo realmente significativo es que la cultura corporativa también se compone de las pequeñas acciones, hábitos y elecciones de cada miembro del equipo. De esta forma, cualquier miembro del grupo puede alterar esa cultura.

Esto es una ventaja y un inconveniente. Aunque un líder quiera instaurar una cultura basada en sus valores, puede fracasar de forma estrepitosa si no hay un trabajo de concienciación constante. Por decirlo de algún modo, el líder debe ser un emisor de la cultura que quiera implantar en el equipo de forma constante y continua. Si no existe ese foco, el grupo puede estar adoptando otra cultura basada en comportamientos o valores muy alejados de lo que quiere el líder. Esta es una de las razones por las cuales fracasan los programas o las actividades que a bombo y platillo se anuncian para trabajar los valores, la misión y la visión de un equipo. Como dice el dicho, *«una golondrina no hace un verano»*.

Sin embargo, las culturas organizacionales son sistemas no lineales. Pequeños cambios realizados de forma continua y sostenida pueden modificar la cultura de un equipo. Promover la escucha, hacer preguntas o compartir información puede provocar un efecto sobre las ideas, percepciones y conexiones que se producen en ese sistema.

Un ejemplo lo encontramos en el tipo de cultura que existía en la industria de la aviación en los años setenta. En 1972, el accidente de un avión de British Airways en el que murieron 118 personas puso de manifiesto numerosos problemas que habían provocado esta tragedia: miedo a hacerse oír, formular preguntas difíciles o compartir preocupaciones. De este desastre surgió una nueva forma de trabajar en conjunto basada en generar confianza, compartir información e ideas, reconocer errores como forma de aprendizaje, etc. Esta forma de trabajar se llamó «cultura justa».

Por lo tanto, más allá de juntarnos a debatir qué valores o principios deben adornar las paredes de las oficinas, lo realmente relevante es fijarnos en aquellas cosas que puedan impregnar el día a día de los equipos, y que esas cosas estén orientadas hacia los objetivos y el propósito.

Emplea lemas y símbolos

«Los valores no son medios de transporte. No se supone que te tienen que llevar a alguna parte. Se supone que tienen que definir quién eres».

Jennifer Crusie

Todos los grandes equipos muestran un lenguaje interno plagado de lemas que a menudo suenan raros para el que no está dentro del grupo. Esos lemas sirven para reflejar los comportamientos que queremos que los miembros del equipo realicen en el día a día. Y detrás de estos lemas se esconden los valores que queremos instaurar.

Por ejemplo, si queremos que la empatía sea un valor central dentro de nuestro equipo, podemos construir un lema como «ponte en lugar del otro» o «escucha con atención», y repetirlo machaconamente hasta que cale en cada miembro del equipo. Podemos ensayar con los siguientes lemas que sirven para construir un equipo conforme a algunos de los siguientes valores:

Valores	Lemas
CONFIANZA	«Comparte tu último error»
ACEPTACIÓN	«No hay una opinión única»
EMOCIÓN	«Expresa cómo te sientes»
JUSTICIA	«Sé ecuánime en tus juicios»
ORIENTACIÓN A RESULTADOS	«Insistir, persistir, resistir, pero nunca desistir»
SERENIDAD	«Mantén la cabeza fría»
PERSEVERANCIA	«Golpea la roca»
PLANIFICACIÓN	«Construye tu ruta»

Un equipo puede rodearse de multitud de lemas que le sirvan para recordar los valores que quiere mostrar cada día, aunque lo realmente importante es focalizarse en cuatro o cinco como máximo. Deben quedar muy claras las prioridades para todos. Ese conjunto de valores debe servir para generar compromiso en cada miembro del equipo, funcionando a modo de guías para no salirse del camino y orientar el comportamiento de cada miembro del grupo hacia la meta.

Otra forma de reforzar los valores y que estén presentes en todo momento en la mente de cada miembro del equipo es la utilización de símbolos que sirvan para recordar su importancia. Cada equipo puede crear su propia simbología; por ejemplo, el equipo de baloncesto de los Chicago Bulls de Michael Jordan tenía una sala decorada con tótems de los nativos americanos; en la sede de Pixar están las estatuillas de los Óscars acompañadas de los primeros bocetos trazados a mano, etc.

Pon a prueba los valores

«Si seguimos tratando nuestros valores más importantes como reliquias sin sentido, eso es exactamente en lo que se convertirán».

MICHAEL JOSEPHSON

Una de las cosas que originan una mala comunicación entre las personas es que tendemos a dar por sentado que el resto del mundo conoce cuáles son nuestras ideas, porque previamente las hemos expresado con claridad. Sin embargo, la realidad es que, como veíamos en el capítulo dedicado a la comunicación, durante el camino que recorre un mensaje entre el emisor y el receptor suelen ocurrir desconexiones que impiden que estos lleguen, como por ejemplo, la falta de escucha.

No importa lo insistentes que seamos a la hora de enviar nuestros mensajes y que pensemos que estamos comunicando con claridad y transparencia. Lo importante es ser efectivos, es decir, que la otra persona entienda y comprenda qué es lo que hemos querido expresar. Y cuando un líder o un responsable de un equipo expresa sus ideas, sus pensamientos o comparte sus valores o prioridades, en demasiadas ocasiones el mensaje no llega.

Cuenta Daniel Coyle en su libro *Cuando las arañas tejen juntas pueden atar un león* que la revista Inc. preguntó a los ejecutivos de seiscientas empresas qué porcentaje de sus respectivas plantillas creían que podrían citar las tres principales prioridades de la empresa. Los ejecutivos predijeron que el 64% sabría citarlas. Sin embargo, solo el 2% supo hacerlo. Y es que, como demostramos con el ejercicio de la construcción de la torre de piezas de Lego, cada persona tiene una forma de percibir la realidad muy diferente.

Por eso es necesario comunicar los valores del equipo sin descanso. Esto supone repetir una y otra vez el mensaje y utilizar cualquier medio del que se disponga: crear un mural con los valores, expandir lemas asociados a ello, colocar símbolos que reflejen lo que caracteriza a ese equipo, utilizar las reuniones o los discursos para recordarlos...

Otra forma de concienciar es crear el hábito de poner a prueba los valores y el propósito del equipo o la empresa. ¿Cómo? Preguntando, iniciando conversaciones sobre estos temas. El equipo o el personal de una empresa debe saber responder cuál es su cometido, cuál es su propósito, más allá de ganar dinero o conseguir la nómina al final de cada mes, cuáles son las normas o los valores por los que se rigen...

Valores que construyen equipo

> *«No des a tus empleados por sentado. Si no valoras a tu equipo, ellos no valorarán a tus clientes».*
>
> Richard Branson

Los valores forman parte de nuestra identidad y conforman la identidad del equipo al que pertenecemos. Aunque para muchos resulte una cuestión filosófica, la realidad es que los valores o principios están continuamente presentes en nuestro día a día. Por supuesto, cada equipo debe elegir los suyos de acuerdo a su historia y la actividad que realiza. Sin embargo, algunos de ellos son imprescindibles a la hora de trabajar en equipo.

Patrick Lencioni, en su libro *Equipos ideales* habla de tres virtudes que deben aparecer en todos los equipos si queremos que se comporten como tal: la humildad, el «hambre» y la empatía.

La humildad es lo primero, quizá lo más importante. No nos gusta rodearnos de prepotentes, de gente que nos mira por encima del hombro, de personas que no aceptan la crítica constructiva y piensan que ya lo saben todo. Los equipos necesitan personas que carezcan de un ego desmedido y no les preocupe el estatus.

De nada vale tener en un equipo a una persona con unos conocimientos técnicos elevados o que en su historial demuestre un alto desempeño si es una persona egocéntrica y arrogante. Seguro que podrá conseguir resultados, pero no será nunca un buen jugador de equipo. El deporte está plagado de figuras así. En departamentos comerciales sucede algo similar cuando se alardea de los proyectos cerrados para acaparar la atención de sus superiores. Por no hablar de los comités directivos donde el ego rebosa en cada reunión y muchos de sus componentes se mueven por el interés personal y por mantener su puesto.

El «hambre» es la motivación, las ganas. Se traduce en un interés por lograr los objetivos, por aprender, por emprender nuevos retos, por asumir responsabilidades y saber que eso también conlleva sus obligaciones. Cuando encuentras personas con este valor no necesitas dirigirlas ni motivarlas; son personas a las que les gusta su trabajo y que se sienten comprometidas con su equipo o con el proyecto que realizan.

Solo hay que ser cuidadoso a la hora de orientar esa motivación hacia el bien del equipo y del proyecto compartido. Y también saber poner freno para evitar que el «hambre» se convierta en ansia y acabe dominando su vida condicionando todo lo demás. Las ganas, la motivación, deben reflejar un compromiso razonable y sostenido de hacer bien un trabajo y redoblar los esfuerzos cuando realmente se necesite.

Y la empatía es la conexión. La capacidad para poder conectar con los diferentes miembros del equipo porque entiendes y sientes qué les ocurre. Tiene que ver con saber interactuar con otros, con estar atento, con saber escuchar. Son las personas que dan importancia a cómo se dicen y se hacen las cosas. Tienen mano izquierda y lo demuestran en situaciones altamente complejas. Demuestran que han desarrollado su inteligencia emocional para hacer mejor al equipo.

Las personas que logran encarnar estos tres valores se convierten en «conectores carismáticos» y consiguen que en el equipo se despliegue una magia que hace que algunos lleguen a considerar este como una familia y que aparezca el espíritu de pertenencia que caracteriza a los grandes equipos.

Herramientas para educar en valores

«El objetivo de la educación es el conocimiento no de los hechos, sino de los valores».

William Ralph Inge

Los valores no surgen de la nada. Alguien debe impulsar qué tipo de cultura queremos que se implante en los equipos o en las empresas. Normalmente esta tarea suele recaer en el líder del equipo o, si nos referimos a un entorno más grande, a los directivos que lideran dicha organización. Sin embargo, lo trascendente no es iniciar el proceso y definir en una sesión o varias los valores que regirán la vida de un equipo u organización. Lo realmente importante es educar al resto en el día a día, cuando los objetivos y la actividad ocupan la mayor parte de su tiempo.

Educar en valores significa saber qué actitudes, comportamientos, prioridades o filosofías queremos transmitir y que se conviertan en la base de la convivencia del equipo, tanto en lo que hacemos como en lo que somos o seremos. Una persona o un equipo con valores siempre deja huella. Son parte de su marca, de su identidad, y eso queda en el ambiente y se recuerda. La cuestión es, ¿cómo se consigue educar en valores?

1. *Ser un ejemplo.* Una persona que predica con el ejemplo marca la línea. Se convierte en un modelo de conducta. Si predicas unos valores, debes ser el primero en cumplirlos. Eso generará credibilidad delante del equipo y fomentará la confianza y la seguridad de los demás en lo que defiendes.

   Del mismo modo, si estás formando un equipo, rodéate de personas que compartan esos valores. Si no lo haces a la larga aparecerán roces y problemas, porque no vais a compartir el mismo punto de vista acerca de cómo hacer determinadas cosas y eso provocará enfados y situaciones cada vez más complejas.

2. *Promover principios universales.* La justicia, el respeto, la responsabilidad, la honestidad o la compasión son valores ampliamente compartidos por todos.
   - *Ser justo* implica tratar a todos con equidad y ecuanimidad, no con igualdad, porque no todos los miembros de un equipo son iguales. Ser justo significa darle a cada uno su sitio, valorar su compromiso, su esfuerzo, su trabajo... Ser injusto con tu equipo es el modo más directo de hacerles perder la motivación.
   - *Ser respetuoso* implica ser educado y considerado, y también cumplir las normas establecidas, incluso cuando no las compartes. El respeto es básico a la hora de crear las normas o valores que regirán un grupo.
   - *Ser responsable* significa ser consciente de tus responsabilidades. Da lo mismo que seas líder o miembro de un equipo; cada persona tiene que ser responsable de sus obligaciones. Cuanta más responsabilidad exista dentro de un equipo, de mayor autonomía disfrutarán sus miembros.
   - *Ser honesto* significa ir con la verdad por delante. Se traduce en ser coherente entre lo que piensas, dices y haces. En un mundo donde parece que todo vale, recuperar este tipo de valor es fundamental. Es lo que marca la diferencia entre tener o no tener clase, entre vestirse por los pies o ser un sinvergüenza. Ser honesto genera confianza y seguridad dentro del grupo.

- *Ser compasivo* tiene que ver con la conexión con el otro, con la empatía, con el aprecio que les damos a nuestros compañeros. Con estar ahí cuando tienen un día malo, con ser generosos, con animarles cuando fallan o las cosas no salen bien. Decía Vince Lombardi, *«no es necesario que me gusten los chicos del equipo, pero como su entrenador debo amarlos»*. Eso es la compasión.

3. *Disfrutar* cuando estés enseñando valores. La sonrisa es una de las señales más básicas para conectar con otras personas, también cuando estés transmitiendo algo importante. Y eso sucede cuando existe pasión, cuando crees en lo que predicas. Comunica con pasión y con una sonrisa los valores que quieres instaurar en tu equipo y ellos recibirán la señal.

PASO 12: SER AGENTES DEL CAMBIO

> *«El progreso es imposible sin cambio, y aquellos que no pueden cambiar sus mentes no pueden cambiar nada».*
>
> George Bernard Shaw

En 1932, en una pequeña localidad danesa llamada Billund, un maestro carpintero, Ole Kirk Christiansen, comenzaba a ser conocido por crear juguetes de madera de gran calidad para los niños que vivieron la Gran Depresión. A los niños les gustaban porque eran divertidos. Y sus padres los aprobaban porque resultaban educativos. De esta forma nació una de las empresas de juguetes más conocidas y rentables del mundo: Lego.

En los años cincuenta, al albor de un nuevo tiempo, Christiansen comenzó la diversificación de su pequeño negocio, lo que le llevó a experimentar con plásticos, dando origen en 1958 a los primeros bloques de Lego, cuya novedad era la capacidad de acoplarse entre sí. Seguramente por aquellos años Christiansen nunca llegó a imaginar que con los años se convertiría en el «fabricante de juguetes más rentable del mundo». De hecho, hoy en día son considerados los grandes alquimistas de nuestro tiempo: los únicos capaces de convertir un kilo de plástico que cuesta 1 dólar en juguetes cuyo valor ronda los 75 dólares.

Sin embargo, a mediados de los noventa comenzaron a aparecer nubarrones en el horizonte que amenazaban la tranquilidad de la firma danesa hasta llegar a formarse la tormenta perfecta en los primeros años del nuevo siglo. La revolución digital cambió las reglas de la industria y los videojuegos aparcaron a los tradicionales bloques de plástico. Por si este escenario fuera poco, la caída de las tasas de natalidad se encargó de echar el resto. Lego llegó a estar al borde de la quiebra y desaparición en 2003 y 2004, cuando perdió 350 millones de dólares.

En ese mismo 2004 se produjo el punto de inflexión. El entonces dueño y nieto del fundador, Kjeld Kirk Christiansen, cerró fábricas, vendió cuatro parques temáticos y despidió a 2.000 personas. Entre ellas estaba el presidente ejecutivo, al que se sustituyó por alguien que se convertiría en una pieza fundamental de la firma: Jorgen Vig Knudstorp, un joven exconsultor que cayó en la cuenta de que el problema real no era la falta de nuevos productos. *«Una vez que buceó en los resultados y costes, vio que había una sorprendente falta de innovación rentable»,* como recuerda David C. Roberston, profesor de Wharton, y autor del libro *Brick by brick: how Lego rewrote the rules of innovation and conquered the global toy industry.* ¿Cómo consiguieron remontar el vuelo? Sorprendentemente, con una mezcla de vuelta a sus raíces y pequeñas innovaciones tecnológicas que han hecho llegar a la marca hasta donde está hoy.

Ese cambio de estrategia se inició con una comunicación permanente y transparente a los diferentes equipos para explicar qué iba a cambiar, cómo y por qué. De este modo, las personas conocían a lo que iban a enfrentarse durante el proceso de transformación. Como explica Jorgen Vig Knudstorp: *«a todos les gustan los cambios cuando sirven para mejorar tanto la empresa como a su gente. Sin embargo, la mayoría de las veces las personas se resisten a ellos porque les preocupa lo que implicará en sus vidas»*.

Y es que uno de los fundamentos del liderazgo es precisamente lo que Richard Hackman consideraba una de las cuatro cosas que debía saber o ser un líder: ser un agente del cambio y ser capaz de transmitirlo a tus equipos. Por supuesto, esta cualidad tiene mucho que ver con la personalidad de cada líder. No todas las personas son igual de valientes, ni se cuestionan de forma continua el *status quo* personal o de sus equipos. Sin embargo, si una persona o un equipo quiere mejorar, crecer o prosperar tiene que afrontar los cambios necesarios para poder transformarse y llegar a un estadio superior.

Liderazgo transformacional

«El liderazgo es desbloquear el potencial de la gente para hacerlos mejores».

Bill Bradley

El historiador James MacGregor Burns, en su libro *Leadership,* utilizaba las historias de personajes como Moisés, Maquiavelo, Napoleón, Mao, Gandhi y Martin Luther King para averiguar cuál era el vínculo que unía a estos líderes. El autor concluía que había dos tipos de liderazgo: uno de naturaleza «transaccional» y otro «transformacional».

El primero se producía cuando lo más importante para el líder era asegurarse de que sus subordinados cumplieran sus órdenes y que las estructuras jerárquicas de una organización se mantuvieran de manera estricta. En contraposición, el segundo se producía cuando los líderes se centraban en los valores, creencias y necesidades de sus seguidores y se relacionaban con ellos de una forma carismática que inspiraba a lograr niveles superiores de motivación, moralidad y éxito.

El término «transformacional» está relacionado con el liderazgo, que implica o conlleva la modificación de la organización, a diferencia de lo que sucede con «transaccional», que se caracteriza por ser estático o mantener el *status quo* dentro de la organización, donde los líderes se sienten cómodos y relajados.

La esencia del líder transformador se encuentra en querer llevar a su equipo a un lugar diferente y mejor del que se encuentra en la actualidad, desbloqueando todo su potencial. Y para ello es necesario que se den dos condiciones. En primer lugar, el origen de cualquier transformación se debe centrar en la existencia de un por qué o para qué. Es decir, debe existir un propósito que sirva para catalizar los cambios en línea con las necesidades o prioridades del equipo. Y, en segundo lugar, debe producirse una discontinuidad o cambio que conduzca al equipo a esa transformación.

Entender el porqué del cambio y tener un plan

«¿Qué deseamos emprender hoy para construir el futuro? La mejor forma de predecir el futuro es construyendo el presente».

PETER DRUCKER

En 1985, la situación socioeconómica de la URSS, segunda súper-potencia del mundo, era desastrosa. Los soviéticos se habían acostumbrado a la escasez de productos básicos. Cuando el 11 de marzo Mijaíl Gorbachov fue elegido como secretario general del PCUS, máximo cargo de poder en la URSS, le confesó a su esposa Raisa que tenía que *«hacer algo por cambiar las cosas porque así no se puede vivir».*

El líder soviético fue el máximo representante de la «Perestroika», término que sirvió para referirse al proceso de transformación que vivió el Estado soviético desde mediados de los ochenta hasta su desaparición en 1991, y cuyo significado es «reorganización y también cambio de emisora o de sintonización de la radio». Este proceso reflejaba la intención del líder de provocar una discontinuidad del sistema. Es decir, una interrupción, una intermitencia, un corte. El resultado debería ser un cambio, una alteración del curso de lo que se estaba produciendo. Una discontinuidad influye decisivamente en que deje de pasar lo que está pasando.

Sin embargo, cometió un error: nunca llegó a diseñar un plan concreto sobre cómo debían desarrollarse las reformas ni tuvo un objetivo claro. Su objetivo era transformar la sociedad, las mentalidades, y el propósito del cambio era loable: mejorar las condiciones en las que vivía el pueblo soviético, aunque nunca estuvo entre sus planes acabar con la URSS, justo lo que iba a suceder.

Peter Drucker escribió un libro, *The age of discontinuity,* donde explica cómo afrontar estos procesos de cambio y transformación. Decía textualmente: *«La clave está en escudriñar discontinuidades. No pronosticar el futuro, sino mirar el presente. No preguntar cómo será el mañana, sino preguntarnos a qué tenemos que enfrentarnos hoy para construir el mañana».* El elemento central es responder a la pregunta adónde queremos llegar, cuál es nuestro propósito, nuestra misión. Y el siguiente paso es establecer un plan con acciones concretas que nos lleven a ese objetivo. Cuando se ha logrado saber qué hay que hacer, es necesario identificar las prioridades.

El miedo al cambio

«No es necesario cambiar. La supervivencia no es obligatoria».

W. Edwards Deming

Nuestro instinto de conservación y supervivencia provoca que necesitemos vivir en la certeza de un ambiente tranquilo, controlado, conocido y sin cambios, aunque la propia naturaleza de las personas y de la vida sea el cambio, la transformación o la no permanencia. La pregunta clave sería ¿cómo abordamos las personas y los equipos un proceso de transformación? O mejor ¿cómo vencemos el miedo que nos provocan los cambios necesarios para alcanzar la transformación?

El origen de las dificultades está en la incomprensión por parte del grupo de las razones o el para qué de dichos cambios. Cualquier persona o equipo a los que se les plantea un cambio se preguntan para qué y realizan un ejercicio basado en cuatro escenarios: qué ganan con el cambio, qué pierden con el cambio, qué ganan si no cambian y qué pierden si no cambian.

- *Escenario 1: qué gana el equipo con el cambio.* Puede ser la supervivencia, una mayor estabilidad, ganar cuota de mercado, superar la competencia, expandirse, mejorar la productividad. Y también a nivel individual realizamos este ejercicio analizando el beneficio que trae consigo el cambio: mejor sueldo, más trabajo, más poder, más proyección...

- *Escenario 2, qué pierde el equipo con el cambio.* Cuando se evalúan las posibles pérdidas, surgen las resistencias al cambio. Aparecen preguntas incómodas: ¿cuánto nos va a costar el cambio?, ¿qué precio tenemos que pagar?, ¿cuánto vamos a sufrir? Estas incomodidades son la causa que nos impide abandonar la zona de confort. Hacemos un análisis de coste/beneficio de la ganancia del cambio y el esfuerzo por lograrlo. Si el esfuerzo es mayor a la ganancia, no cambiaremos o nos resistiremos al cambio.

- *Escenario 3, qué gana el equipo si no cambia.* Dilucidamos las cosas que podemos conservar si no cambiamos. Son aquellos aspectos que son básicos para el equipo o la persona y que desean conservar a toda costa. Este es un ejercicio que nos permite clarificar lo que es realmente importante y por lo que estamos dispuestos a luchar para conservarlo.

- *Escenario 4, qué pierde el equipo si no cambia.* Evaluamos qué perdemos si no cambiamos. Si un equipo comercial no acepta los cambios requeridos para ser más competitivos, por ejemplo, una formación especializada, puede terminar perdiendo su trabajo al caer las ventas. Este escenario es el más comprometido y puede ser un estímulo para el cambio, aunque, como todos los cambios que nacen desde el temor y el miedo, su recorrido no suele ser largo.

Si quieres transformar un equipo, contágialo con tu visión

«El cambio es la ley de la vida. Y aquellos que miran solo al pasado o al presente se perderán seguro el futuro».

John F. Kennedy

La dificultad cuando trabajamos con un equipo es que cada miembro del mismo tiene su propio universo y, por lo tanto, según su personalidad puede llegar a diferentes conclusiones respecto al ejercicio anterior. En suma, cada persona tiene una forma de percibir la realidad y, por consiguiente, las ganancias, pérdidas, motivaciones y miedos no tienen por qué coincidir con las del líder y los diferentes miembros del equipo. Por lo tanto, lo primero que un líder debe hacer si quiere poner en marcha un proceso de transformación dentro de su equipo es conocer de primera mano qué piensa cada miembro del grupo para poder entender las resistencias y las motivaciones que suponen los cambios planteados.

En segundo lugar, el líder debe mostrar al equipo lo que va a ganar, a perder y lo que van a poder mantener. Hay que explicar las razones y el propósito de la transformación, y acto seguido saber vender los cambios que va a ser necesario realizar, explicando lo que puede ganar o conservar, pero también siendo franco respecto a lo que perderá con el cambio y lo que podría perder si no cambia.

Y, en tercer lugar, el líder debe ayudar y acompañar al equipo durante el transcurso de la transformación. Cualquier cambio genera incomodidades en el equipo; el líder debe estar ahí para sostener al equipo en los momentos de dificultad.

Sin embargo, el proceso de transformación se inicia mucho antes, y es el momento en el que se siembra la semilla de éxito o el fracaso. Si de verdad queremos que un equipo se contagie con un proceso de transformación, este debe ser atractivo, llamativo, retador y del que todos se sientan partícipes. Si queremos ejercer un liderazgo transformacional todo comienza con la visión y el propósito de la transformación que queremos llevar a cabo, algo de lo que ya hablábamos extensamente en el paso 10.

Cualidades para liderar el cambio

«El cambio no llegará si esperamos por alguien más o esperamos a que pase el tiempo. Nosotros somos por quien hemos estado esperando. Nosotros somos el cambio que buscamos».

Barack Obama

En ocasiones, el mero hecho de querer realizar una transformación supone un conflicto entre los diferentes agentes que aparecen en un proceso. Y, como si fuera un combate, el líder debe estar preparado para poder afrontarlo con garantías de éxito. No nos podemos engañar: los cambios no gustan a todo el mundo; en realidad, pocas veces gustan a alguien, salvo que este sea explícitamente beneficiado, ya que ponen en riesgo el *status quo* existente, y siempre habrá enemigos dispuestos a boicotear dicho proceso.

Entonces, ¿qué puede hacer un líder para afrontar el proceso de cambio?

En primer lugar, debe lograr el mayor apoyo posible dentro del grupo, así como de otros agentes que estén inmersos en el cambio. En este proceso podemos encontrar leales, aliados, indecisos, opositores y enemigos, como explica Juan Ferrer en su libro *Gestión del cambio*. La estrategia pasa por: 1) estar cerca de tus leales y enemigos, los primeros porque serán tus incondicionales y su crítica puede ser útil, y los segundos porque son los más peligrosos e intentarán «matar tu plan de cambio»; y 2) intentar ganar para tu causa a aliados, indecisos y opositores, ya que su postura puede variar en función de sus intereses.

En segundo lugar, ser consciente de los dos motores que gobiernan cualquier proceso de cambio: la motivación y el miedo. En cualquier proceso de cambio es fundamental entender bien la motivación, el por qué y para qué del cambio; es lo que da sentido a la acción, mientras que conocer las principales resistencias al cambio nos permite entender los motivos por los que las personas temen el cambio: porque pueden perder algo, porque no lo entienden, porque son contrarios por su personalidad, etc.

Y, en tercer lugar, hay que conocer en profundidad las características del cambio que se quiere afrontar. Aquí el líder se puede encontrar con dos circunstancias: la primera es que sea conocedor del cambio que quiere implementar, en cuyo caso necesitará planificar la estrategia y buscar un plan técnico. Y la segunda, mucho más complicada, se produce cuando tiene que enfrentarse a una situación desconocida: tengo que cambiar pero no sé cómo hacerlo. Este tipo de situaciones supone tener que aprender nuevas formas de trabajar, pensar y actuar, e implicará un cambio transformacional, tanto del líder como del equipo.

¿Cómo vencer la resistencia al cambio?

«Cualquier cambio, incluso un cambio para mejor, siempre está acompañado de inconvenientes e incomodidades».

ARNOLD BENNETT

A finales de los ochenta, el mundo del fútbol vivió una gran revolución táctica con la aparición de dos nuevos sistemas de juego: el Milán de Arrigo Sacchi y el Barça de Johan Cruyff. Lo que se estaba produciendo en aquel momento fue una gran «transformación futbolística» que afectaría a la concepción clásica del fútbol en los siguientes treinta años.

Sacchi incorporaba a su nueva propuesta futbolística conceptos novedosos como «inteligencia colectiva», curiosamente un término que por aquella época comenzaba a sonar con fuerza asociado al concepto de «inteligencia emocional» de Daniel Goleman o Martin Seligman, mientras que una de las primeras tareas que tuvo que completar Cruyff fue elegir, seleccionar, moldear y transformar a aquellos jugadores que posteriormente formarían el famoso *«Dream Team»*, buscando la flexibilidad y la adaptabilidad a diferentes posiciones de cada jugador, uno de los conceptos básicos de su filosofía.

En ambos casos la transformación táctica o de sistema juego pasaba necesariamente por una transformación de personas y colectiva. En definitiva, cualquier proceso de transformación exige trabajar a fondo con las personas, explicando la profundidad del cambio, las consecuencias y el rol que jugarán en este nuevo proceso, algo que a menudo olvidan las organizaciones: explicar qué es lo que exige este proceso de cada persona. Incorporar a la persona al proceso de transformación significa tenerla en cuenta en el proceso y para ello el líder puede utilizar las siguientes herramientas:

1. *Informar.* Las personas se resisten ante lo que no entienden. Es fundamental hacer un esfuerzo por informar y hacer ver el por qué y los beneficios del cambio.
2. *Formar.* Hoy más que nunca, es necesario un aprendizaje continuo y permanente. Ese aprendizaje debe abordar no solo aspectos técnicos, sino también aspectos que permitan mejorar la capacidad para relacionarse con otros.
3. *Escuchar.* Es necesario que cualquier persona del equipo pueda expresar y compartir sus sentimientos, motivaciones, miedos... Parte de la resistencia al cambio se origina por no sentirnos escuchados, lo que genera un sentimiento de incomunicación.
4. *Fomentar la participación.* El equipo debe sentirse partícipe del proceso de transformación; de esta forma se involucrará en el mismo. Como ya hemos visto, nada genera más compromiso que sentirse protagonista de un proyecto.
5. *Negociar.* No todos van a aceptar los cambios, y es muy probable que sea necesario entrar en una negociación. En ese proceso debemos estar preparados para llegar a acuerdos y se pondrá a prueba nuestra capacidad para realizar cesiones y buscar el alineamiento.

Respuestas de los equipos ante el cambio

«Las fórmulas del éxito del pasado son la semilla de la decadencia del presente».

Abraham Zaleznik

No todos los equipos, o las personas que los integran, tienen la misma respuesta ante una situación de cambio. Vamos a ver cuatro tipos de respuestas:

- *Equipos resistentes*: son equipos que desarrollan una actitud que no teme hacer frente a las adversidades. Son capaces de mantener la consistencia, no se hunden ante las dificultades y manifiestan una gran seguridad como equipo. Se caracterizan por poseer fortaleza interna, determinación y perseverancia para poder afrontar circunstancias difíciles. Intentan mantener su estatus y su estabilidad y temen perder su identidad como equipo, lo que a la postre les puede conducir al inmovilismo.

- *Equipos adaptables*: son equipos capaces de enfrentarse a un desafío que no habían visto nunca con anterioridad y para el que no disponen de respuestas. Ante situaciones complejas e inciertas, aceptan cambiar para adecuarse a las nuevas circunstancias. En este caso, el equipo no pretende cambiar el contexto recién establecido. Simplemente, sus miembros comienzan a cambiar su mentalidad y sus capacidades para adaptarse al nuevo contexto.

- *Equipos emprendedores*: son equipos que se adelantan a los acontecimientos. Son capaces de interpretar la realidad, leer los hechos que se están produciendo y detectar qué oportunidades tendrán lugar. Asumen un riesgo al atreverse a transitar caminos que todavía son inciertos. A diferencia de los equipos adaptables, que aspiran a sobrevivir, los equipos emprendedores aspiran a ganar.

- *Equipos transformadores*: son equipos que desean ser el motor del cambio. No solo perciben las oportunidades que traen los cambios, sino que deciden ser los que modifican la realidad. Se caracterizan por ser capaces de producir cambios sustantivos, y lo hacen a través de la visión, la estrategia, la cultura organizativa y la innovación.

En el contexto actual de cambio, caracterizado por la volatilidad, la incertidumbre, la complejidad y la ambigüedad, los equipos necesitan no solo adaptarse a esta realidad, sino anticiparse y ser agentes del cambio.

No es suficiente solamente resistir, utilizando las mismas recetas que se utilizaban en el pasado para resolver antiguos problemas. Hoy en día los equipos deben ser impulsores de un cambio donde la visión compartida, el espíritu emprendedor, la innovación y la creatividad sean elementos fundamentales.

Creatividad e innovación, la base de la transformación

«La innovación es lo que distingue a un líder de los demás».

Steve Jobs

La transformación es un proceso que tiene tres componentes: el propósito, los cambios necesarios para alcanzarlo y las acciones que se ejecutan dentro de un plan de acción. Sin embargo, cuando planteamos los cambios y queremos llevarlos a cabo a través de acciones concretas, nos damos de bruces con un elemento que invariablemente frena cualquier posibilidad de cambio: los hábitos adquiridos.

Cualquier transformación exige la adopción de nuevos hábitos que nos ayuden a lograr los objetivos que nos propongamos para llegar a la situación deseada. Y para ello es necesario hacer pequeños cambios, realizar acciones diferentes. En suma, un proceso de transformación requiere desarrollar la creatividad y la innovación. La creatividad consiste en pensar de una manera diferente y generar nuevas ideas, mientras que la innovación es un proceso de cambio drástico que sucede en un periodo muy breve de tiempo y genera resultados espectaculares.

Tendemos a creer que la creatividad y la innovación son cualidades a las que solo tienen acceso unos pocos genios, pero la realidad es que, como cualquier otra cualidad, ambas necesitan ejercitarse hasta convertirse en un hábito. Ambas cualidades dependen de factores como tener un objetivo claro y bien definido, partir de un conocimiento exhaustivo y profundo sobre una materia, practicar una actitud basada en la curiosidad, ser perseverantes en la exploración de caminos nuevos y desconocidos, y ejecutar las ideas que se han imaginado para que las cosas sucedan.

Y esto es algo que saben muy bien en Pixar, una de las culturas creativas e innovadoras de mayor éxito de la Historia. La clave del éxito de Pixar está en generar equipos dentro de una organización, o personas dentro de un equipo, que se encarguen de la tarea de construir algo que hasta ese momento no existía, facilitándoles las herramientas necesarias para que lo hagan. Para ello establecen mecanismos que permiten analizar de forma autocrítica todos los proyectos que se crean. De hecho, la crítica es para construir algo mejor feroz, porque inicialmente todos los proyectos creativos suelen ser un desastre.

Una herramienta que permite desarrollar la creatividad dentro de los equipos es la metodología de «Los 6 sombreros de Bono». Es una técnica creada por Edward De Bono para facilitar la resolución o el análisis de problemas desde distintos puntos de vista o perspectivas. Nos permite pensar de manera más eficaz. Los seis sombreros representan seis maneras de pensar y deben ser considerados direcciones de pensamiento más que etiquetas del pensamiento. Este tipo de técnica fomenta el pensamiento lateral, divergente o creativo.

Herramientas para gestionar el cambio

«Cuando no podemos cambiar la situación, nos encontramos ante el desafío de cambiarnos a nosotros mismos».

Viktor Frankl

Sentimos admiración por aquellas personas o equipos que son capaces de levantarse después de haber sufrido una fuerte adversidad. Sin duda alguna, este es uno de los sellos distintivos de un líder o de los equipos que dejan huella. Esta cualidad se denomina resiliencia y ya me referí a ella anteriormente. Los ejemplos de Viktor Frankl o James Stockdale son claramente ilustrativos a nivel individual, mientras que a nivel colectivo la «expedición del Endurance» de Ernest Shackleton refleja perfectamente la capacidad de resistencia de un equipo.

En ambos casos son necesarias una capacidad de adaptación y flexibilidad para crear nuevas estrategias con las que poder enfrentarse a una situación de cambio sobrevenido. ¿Qué podemos aprender de estas situaciones?, ¿cómo podemos afrontar estos cambios imprevistos y no deseados?, ¿cómo implicamos al equipo?, ¿qué errores hay que intentar evitar? Estos son algunos de los pasos que podemos seguir:

1. *Crear un espacio de trabajo para el cambio.* Significa tener la flexibilidad para adaptarse al nuevo objetivo y establecer unas reglas de trabajo, orientadas a gestionar el cambio, con una premisa fundamental: centrarse en las soluciones y evitar referirse a los problemas que trae consigo ese cambio.

2. *Preparar al equipo para el nuevo reto.* Es necesario trabajar aspectos como la participación, la colaboración, la confianza, la transparencia o establecer una visión constructiva de la situación a la que se enfrentan, además de ser conscientes de que el conflicto aparecerá más pronto que tarde, por lo que es necesario afrontarlo sin tapujos.

3. *Compartir la responsabilidad.* Todos los miembros del equipo deben hacerse corresponsables de buscar una solución para el reto, lo que implica buscar entre todos una solución: implicarlos y que aporten soluciones propias.

4. *Establecer metas intermedias.* Revertir una situación aciaga o alcanzar una transformación deseada no suele ser algo inmediato. Se necesitan fijar pasos intermedios para hacer el objetivo más asimilable. La estrategia de los «8 pasos de John Kotter» es el modelo más seguido en los procesos de gestión de cambio: 1º Crear sentido de urgencia; 2º Formar una coalición; 3º Crear visión para el cambio; 4º Comunicar la visión; 5º Eliminar los obstáculos; 6º Asegurarse triunfos a corto plazo; 7º Construir sobre el cambio; 8º Anclar el cambio a la cultura de la empresa.

5. *Trabajar para solucionar la raíz del problema.* En este sentido, es fundamental mantener presente en todo mo-

mento cuál es el propósito del cambio o la razón para revertir el cambio sobrevenido.

6. Y, por último, *monitorizar el proceso de cambio.* Es necesario establecer indicadores con fechas y resultados a alcanzar y monitorizar de manera globalizada dichos avances. En suma, en todo proceso de cambio se necesita realizar un seguimiento.

La herramienta más importante: «*pounding the rock*»

> *«La mayor causa de los fracasos es querer adelantar los éxitos. Los éxitos llegan cuando han de llegar, no antes».*
>
> José Luis Martínez

Mi abuelo solía decir que *«Zamora no se hizo en una hora»*, y detrás de dicha afirmación está una de las verdades más rotundas y simples que nos podemos encontrar: todo lo que realmente importa en esta vida requiere tiempo y paciencia. Todos conocemos el dicho *«la paciencia es la madre de la ciencia»,* y sin embargo a todos se nos olvida con demasiada frecuencia.

Pensamos que los logros de los grandes equipos se consiguen de la noche a la mañana. Sin embargo, son consecuencia del trabajo invertido hasta convertirse en una maquinaria perfectamente engrasada. Pretendemos acceder al éxito con rapidez, con recetas inmediatas, tanto a nivel individual como colectivo. Y nos olvidamos de que la clave del éxito está en el tiempo..., mejor dicho en la perseverancia, definida como el esfuerzo repetido en el tiempo.

Conviene recordar la cita de Jacob Riss que adorna las paredes del pabellón donde entrenan los San Antonio Spurs traducida en diferentes idiomas para que cada jugador la tenga continuamente presente: *«Cuando nada puede ayudarme, voy a mirar a un cantero que golpea con fuerza una roca, quizá cien veces, sin que una grieta aparezca en ella. Sin embargo, al centésimo primer golpe se dividirá en dos, y sé que no fue ese golpe el que lo hizo, sino todo lo que había pasado antes»*. La enseñanza de esta cita es que para conseguir cualquier objetivo hay que trabajar, aunque no sepamos cuándo vamos a lograrlo; hay que seguir esforzándonos sin importar el tiempo que ello lleve; y se traduce en un lema: *«pounding the rock»* (golpea la roca).

En este libro hemos visto ejemplos de equipos deportivos, empresas, bandas de música o personajes históricos que tardaron años en conseguir llegar a ser lo que fueron. Todos coinciden en la misma idea: se necesita tiempo, paciencia y perseverancia para construir un equipo, y sin embargo el entorno exige resultados inmediatos. Vivimos instalados en la prisa, la urgencia, la inmediatez... y queremos resultados ya, aquí y ahora, sin querer pagar el precio que exige una solución duradera y profunda. Cuando hay un problema exigimos una solución rápida. Sin embargo, no existen recetas mágicas ni tampoco se puede pretender cambiar las cosas de la noche a la mañana.

Cuando estamos abordando un proceso de transformación y cambio, que requiere un período de aprendizaje, no se debe tener prisa; lo que se requiere es tiempo y perseverar en el intento. Cuando se está construyendo un equipo hay que dar tiempo a incorporar determinadas competencias que le permita resolver disfunciones como la falta de confianza, el miedo al conflicto, la falta de compromiso, la ausencia de responsabilidad o la falta de orientación a resultados, por poner solo algún ejemplo. Y esto lo olvidamos porque no queremos pasar por un proceso que es doloroso: tiempos de aprendizaje, tiempos difíciles.

La transformación de un equipo llega después de un largo proceso de aprendizaje, corrección, adaptación y modificación. Los resultados son una consecuencia del proceso. Sucede en todos los ámbitos de la vida. El elemento diferencial es la perseverancia. La pregunta es: ¿tenemos suficiente tiempo y paciencia para lograr dicha transformación? O más bien, ¿tenemos la voluntad para seguir perseverando en el intento de transformar un grupo en un equipo?

EPÍLOGO: EQUIPOS CONLID, EQUIPOS COHESIONADOS

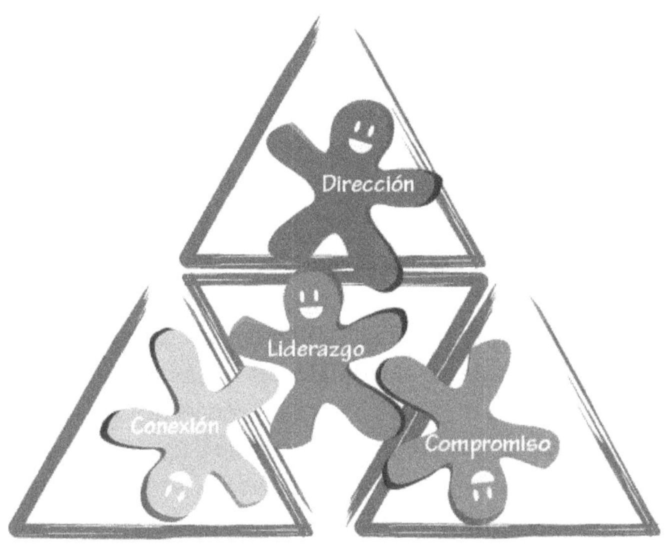

«Solo es posible abrir nuevos caminos saliendo y alejándonos de los caminos ya conocidos».

ALEX ROVIRA

Cuando Billy Beane, gerente general del equipo de béisbol Oakland Athletics, terminó la temporada 2002 perdiendo contra los New York Yankees, se encontraba abatido y molesto. No solo por una derrota dolorosa después de ir por delante 2-0 en la eliminatoria y acabar perdiendo la serie de *playoffs*, sino también porque sus mejores jugadores iban a abandonar el equipo y tenía que reconstruirlo sin apenas presupuesto.

En una de las reuniones iniciales para fichar nuevos jugadores, Beane conoció a Peter Brand, un joven economista graduado en Yale con ideas radicales sobre la forma de evaluar a los jugadores. Decidido a relanzar el equipo y con la ayuda de Brand utilizó las estadísticas de este para fichar a los jugadores que creían más oportunos, un método que no era compartido por sus compañeros, ni por el entrenador, ni la afición... pero que a la larga daría resultados.

Beane y Brand rompieron las normas, creyeron en una idea, establecieron un sistema diferente y lo pusieron en práctica. Se alejaron de los caminos habituales para construir un equipo basándose en la información de los ojeadores o los especialistas. Crearon un equipo en base a los datos y las estadísticas que ofrecían los jugadores. La idea, pese a las dificultades iniciales acabó dando sus frutos. Llegaron a conseguir una racha de veinte victorias consecutivas, superando las marcas de los mejores equipos de béisbol de todos los tiempos. Y aunque no lograron ganar las series mundiales, sembraron la semilla para que los Boston Red Sox ganaran el título dos años después siguiendo la filosofía de Beane y Brad.

Cuando buscamos transformar un grupo en un equipo necesitamos romper determinadas normas. Construir un equipo no es sencillo, ni se consigue de la noche a la mañana, como hemos visto durante este libro en numerosos ejemplos. Si queremos cambiar lo que sucede en nuestras empresas y organizaciones, llenas de grupos de trabajo autodenominados equipos cuando en realidad están muy alejados de los requisitos necesarios para serlo, necesitamos cambiar las formas de hacer las cosas.

En primer lugar, necesitamos creer y tener fe en que el equipo es la forma de organización del trabajo más elevada y la que ofrece mejores resultados. En segundo lugar, necesitamos poner en marcha un sistema, un plan, un método que nos permita construirlo. Y, en tercer lugar, tener la paciencia y la perseverancia necesarias para que se produzca la transformación deseada. Cuenta el papa Francisco una anécdota recordando una de las mayores lecciones que aprendió de su abuela, cuando esta le dijo, a la muerte del músico Serguéi Serguéievich Prokófiev: *«La belleza que ves hoy es el trabajo de ayer, de lo que ha sufrido e invertido en silencio»*. Y esto es algo que se nos olvida con demasiada frecuencia, también cuando vemos la belleza de los equipos y sus logros.

El método de construcción de equipos ConLid, de la conexión al liderazgo, es un modelo con el que se puede o no estar de acuerdo. Seguro que algunos echarán en falta algún elemento, otros habrían priorizado algún aspecto, a otros les resultará raro hablar de emociones, y otros tendrán dificultades para encontrar el propósito y los valores. Da igual; si queremos construir un equipo, necesitamos poner en marcha un plan y pasar a la acción.

El objetivo de cualquier equipo obviamente sigue siendo el mismo que cuando éramos pequeños y nos juntábamos en la calle a jugar un partido de fútbol: ganar. Alcanzar el objetivo sea el que fuere en función de la actividad de cada equipo, empresa u organización. Sin embargo, conviene recordar que la victoria no puede alcanzarse a cualquier precio, algo que por desgracia se olvida a menudo. Necesitamos unas normas, unas reglas de juego, sin olvidar que, para conseguir nuestros objetivos también necesitamos disfrutar y divertirnos como cuando jugamos. ¿Por qué no podemos construir equipos jugando? Rompamos las reglas, pasemos un buen rato mientras construimos un equipo y trabajamos.

Cuando un grupo se transforma en un equipo, aparece la cohesión entre sus miembros. Esa es la magia de los equipos y por eso merece la pena luchar para construirlos. La cohesión es el resultado de fomentar los cuatro elementos básicos: la conexión, el compromiso, la dirección y el liderazgo. ¿Cómo? Desarrollando los doce pasos o cualidades que deberían estar presentes en cualquier equipo: la confianza, la empatía, la comunicación, la gestión emocional, la motivación, el buen clima, la orientación a resultados, la planificación, el aprendizaje basado en la preparación, el propósito, los valores y la adaptabilidad al cambio.

Sin embargo, la prueba de fuego de los equipos y donde se pone a examen su grado de cohesión es en los peores momentos, cuando se ha caído y fracasado. Si se pregunta a los San Antonio Spurs por el momento de mayor cohesión del equipo, muchos responden lo mismo: la noche en la que sufrieron la derrota más dolorosa en el sexto partido de Finales de 2013 y que a la postre les condenaría a perder el campeonato de aquella temporada. Esa misma noche, en un ejercicio de resiliencia y superación, el equipo superó la derrota, sus miembros conectaron de nuevo y pudieron volver a la normalidad. Un año más tarde, el mismo equipo frente al mismo rival ganaría el título de la NBA.

Podemos encontrar experiencias similares en las empresas que aparecen en este libro: Nike, Lego, Virgin, Toyota, Johnson&Johnson o IBM. Todas ellas mostraron los mayores niveles de cohesión en sus equipos cuando tuvieron que hacer frente a los momentos más complejos y delicados de su historia, situaciones en las que estuvieron muy cerca del abismo de la desaparición.

En estas páginas hemos explicado cada uno de los pasos necesarios para construir un equipo ConLid. Todos son importantes y necesarios, pero si tuviera que decantarme por alguno de ellos para comenzar me quedaría con la conexión. ¿Por qué? Porque en la conexión surge la chispa de los equipos. Cuando un equipo conecta, se rompen las barreras del miedo, los egos, la invulnerabilidad, la perfección y la exigencia. Conectar es construir espacios de confianza y confidencias, abrir la puerta a las emociones a través de la empatía, comunicar desde otro lugar estableciendo conversaciones poco habituales, entrar en terrenos pantanosos abordando conflictos complejos, reconocer nuestros miedos... Por ahí es por donde comienzan a construirse los equipos. Paso a paso, pulgada a pulgada, ladrillo a ladrillo.

Por eso conviene recordar de forma continua un aforismo japonés que escuché hace tiempo de Phil Jackson, el entrenador más laureado en la historia de la NBA y conocido como el maestro zen: «*Antes de la iluminación, corta leña y acarrea agua. Después de la iluminación, corta leña y acarrea agua*». La clave de la transformación de un grupo en un equipo está en seguir practicando las pequeñas cosas que poco a poco nos van acercando a ser un equipo, como «cortar leña y acarrear agua». Y, más importante aún: cuando comienzan a evidenciarse los síntomas de que estamos delante de un Equipo con mayúsculas, seguir haciendo esas mismas cosas.

Me gustaría cerrar este libro con las palabras de un líder, de alguien de carne y hueso, José Antonio de Paz, que dirigió durante algunos años, la compañía en la que estuve gran parte de mi vida. Sus palabras, desde la lejanía y con la experiencia de haber liderado un gran transatlántico como Hewlett Packard reflejan la importancia de aquellos aspectos que a primera vista no se suelen considerar pero que determinan el éxito de los equipos y la función del liderazgo.

«La creación de equipos de éxito se basa fundamentalmente es una sutil ejecución del liderazgo. Sin un líder totalmente convencido de la importancia del equipo como base del éxito no es posible construir equipos reales y duraderos.

La comunicación, la estrategia y la dirección son importantes, pero la clave del éxito, y donde empieza todo, debe ser un líder sin complejos, sin miedos y donde todos los miembros del equipo perciban la 'generosidad' del líder para involucrar y hacer crecer profesionalmente a sus miembros. El objetivo debe ser que el equipo se pueda comportar como una bandada de gansos: si falla el líder cualquier otro ocupará inmediatamente su lugar sin ningún impacto esencial en el grupo.

En muchos casos se confunde, por parte de muchos líderes, que el fomentar y priorizar el equipo es un acto de debilidad del líder, olvidando que la métrica fundamental del éxito son los resultados. Los resultados son directamente proporcionales a la calidad del equipo, no solo a la individual de sus miembros, sino a la capacidad de cooperación que multiplica los mismos. Esto suele suceder a menudo en ámbitos empresariales técnicos o tecnológicos, donde la psicología no forma parte del ecosistema de formación y trabajo.

Al final uno descubre que el verdadero éxito del equipo está basado mucho más en aspectos psicológicos que técnicos y eso no suele ser parte de la formación de los líderes, dejando el éxito en manos del sentido común de cada uno, lo que hace que el porcentaje de éxito de buenos equipos sea bastante bajo».

José Antonio De Paz,
ex presidente Hewlett Packard

SOBRE «TEAM UP, EQUIPOS CONECTADOS»

«Un equipo CONLID es aquel que va de la conexión al liderazgo, manifestando el compromiso con sus objetivos y respetando la dirección establecida hasta alcanzarlos».

Cuando comencé a escribir este libro, en marzo de 2018, no podía imaginar que uno de los ejemplos que sirven de hilo conductor para describir el modelo CONLID, la Selección Nacional de Baloncesto que ganó el Campeonato Mundial en 2006, iba a volver a ser la gran protagonista justo unas semanas antes de publicarse este libro. El destino ha querido que volvamos a hablar de este equipo que recientemente se ha vuelto a proclamar Campeón del Mundo en China.

Han pasado trece años entre ambos campeonatos. Ya no están los mismos jugadores (salvo Marc Gasol y Rudy Fernández) ni el mismo entrenador. Seguramente el equipo haya perdido a su generación con más talento y nadie, salvo ellos, creían o tenían fe en la victoria. Ni los seguidores (entre los que me incluyo) ni los especialistas más avezados y exjugadores y entrenadores de este deporte pensábamos que iban a lograr un éxito de esta dimensión. Sin embargo, lo vivido durante el torneo y las declaraciones de jugadores y técnicos han vuelto a poner sobre la mesa los mismos conceptos esenciales que sirven para construir un equipo, y que conforman el modelo CONLID: conexión, compromiso, dirección y liderazgo.

La *conexión*, expresada por ellos mismos con el término «la Familia», sirve para reflejar un espíritu de pertenencia que va más allá de ser un conjunto de deportistas profesionales que se unen para jugar un torneo. Siguen siendo un grupo de amigos, una familia que les permite regresar cada verano para compartir una experiencia que trasciende lo puramente baloncestístico y tomar el testigo de aquellos jugadores que hicieron grande al equipo. Un concepto materializado en aspectos como la confianza, la empatía o la comunicación, que todos los miembros del equipo han remarcado en sus declaraciones.

El *compromiso*, manifestado por todos y cada uno de los jugadores y cuerpo técnico con el equipo y el proyecto. Un compromiso que tiene que ver con la madurez emocional para afrontar situaciones complejas, con la motivación activada por la consecución del logro o con el buen ambiente que reinaba en el equipo. Incluso en los momentos más complicados, en los que nadie creía en ellos, «la Familia» siguió creyendo en que todo era posible. Un compromiso que va más allá de los jugadores que finalmente levantaron el trofeo, y que tiene su origen en las famosas «ventanas FIBA», donde muchos jugadores que sabían que no estarían en la fase final de China disputaron la fase clasificatoria. Sin su compromiso este éxito no hubiera sido posible.

La *dirección*, personalizada en Sergio Scariolo, al frente de un equipo de técnicos, preparadores físicos, médicos y en coordinación con el responsable máximo de la Federación de Baloncesto, Jorge Garbajosa. Nadie mejor que él para ejemplificar la importancia de conceptos asociados a la dirección: orientación a resultados, planificación, preparación... con dos ideas que remarcó al finalizar el torneo en un año insuperable para él al convertirse en Campeón del Mundo y de la NBA: la capacidad de aparcar los egos individuales por el bien común y la de no tirar la toalla cuando las cosas pintan peor.

Y el *liderazgo*, esta vez hecho realidad en jugadores como Ricky Rubio, Marc Gasol o Rudy Fernández, que volvieron a poner de manifiesto que esto de liderar tiene más que ver con la capacidad de tener varios jugadores que tiren del carro y que se sostiene sobre un propósito, unos valores y la capacidad para cambiar y transformar situaciones complejas y cambiantes, y llevar al equipo a otro lugar mejor y seguir creciendo.

El paralelismo entre ambos equipos resulta evidente, y su ejemplo vuelve a indicarnos que cuando se trabajan los conceptos esenciales y las habilidades o competencias que permiten desarrollarlos, los equipos funcionan, se comportan como tal y logran éxitos y resultados extraordinarios, como el cosechado este verano por el equipo nacional. Sirvan estas líneas finales como reconocimiento y admiración al trabajo realizado por este equipo y por habernos hecho disfrutar tanto. Que su ejemplo siga siendo un espejo en el que mirarse para construir equipos CONLID.

«Un equipo es como una muralla de solidez, una muralla de gente, de huesos, músculos y sentimientos. Es decir, los rivales pueden traspasar nuestra defensa. Si nos punzan, sangramos, y si nos envenenan, morimos, porque somos humanos; pero si estamos bien colocados, protegiéndonos y confiando unos en otros, como las falanges macedónicas, aguerridas y en formación compacta, les costará porque nos socorremos».

PEPU HERNÁNDEZ

AGRADECIMIENTOS

Si hace seis años alguien me hubiera dicho que iba a escribir un libro sobre gestión de equipos, liderazgo, motivación, etc. habría pensado que había perdido el juicio. Sin embargo, hubo una persona que creyó en mí desde el primer momento, y me acompañó cuando más perdido estaba y mi vida profesional era un verdadero desastre. Gracias a ti, Sandra Huertas, mi *coach* personal, porque contigo nació todo. Una locura que me ha llevado hasta aquí y que me está permitiendo vivir una vida con más sentido.

También quiero agradecer a todas aquellas personas que durante estos últimos años he conocido y que me han enseñado tanto sobre *coaching*, equipos y personas, así como, a todas las empresas y equipos con los que he colaborado y que me han permitido aprender a través de la experiencia. Se haría muy largo si incluyera a todas las personas y, pidiéndoles disculpas de antemano, me gustaría enviar mi agradecimiento sincero, especialmente a algunas de ellas:

A Sergio Fernández porque gracias a él descubrí la necesidad de leer de forma masiva para comenzar a amueblar mi mente. A mis profesores de la Escuela Europea de Coaching y en especial a Luis Carchak por ser un maestro en el arte de dirigir equipos. Y a todos los profesores y formadores que he conocido en los últimos años y de los que he aprendido algo.

A Álvaro Merino por ser una referencia en la formación de equipos y confiar en mí cuando comencé a dar mis primeros pasos en solitario en el mundo de la formación y los equipos. Desde el principio creí que eras la persona indicada para escribir el prólogo del libro. A Martí Perarnau por darme la oportunidad de escribir en su revista Tactical

Room y aprender a través de sus libros y publicaciones. A José Antonio de Paz por poner su granito de arena en este libro y ofrecer su visión del liderazgo y la gestión de equipos, a través de su experiencia. A Juan Antonio Gómez Bule por las conversaciones donde aprendo y amplio mi perspectiva sobre la vida y los equipos. A los cuatro, muchísimas gracias por haber realizado gustosamente vuestra aportación a este libro.

A mi editora Marta Prieto Asirón, por confiar en mí, un desconocido, para publicar este libro. Y a Jacobo Parages por su generosidad a la hora de ayudarme a encontrar editorial para este libro. Un ejemplo de superación, resiliencia, aprendizaje y actitud positiva.

Al equipo de colaboradores de Torre Conecta (Arantxa Espinal, Amparo Rodríguez, Miki González, Ivette Méndez y Carlos Preciado) porque con vosotros estamos probando el modelo ConLid, y confiáis en este proyecto. Y, en especial a Ivette, por sus ilustraciones y por estar siempre ahí, confiando en mí y dándome ánimos y también algún toque, cuando me pongo un poco cabezón. Contigo aprendo cada día, aunque a veces tengamos puntos de vista dispares.

A mis amigos (Loli, Maribel, Raúl, Hortensia, Carlos, Cesar, Borja, Concha, Jesús, Paco, Mónica, Javier, Viko...) y a mi familia (mis primos Curro, Sara y Alejandro, sus parejas y mis tíos) que me han apoyado y han creído en mí, aunque a veces piensen que se me ha ido la cabeza. En especial, gracias a mis padres José Miguel y Tomasa, y a mi hermana Gema, por seguir confiando y creyendo en mí.

Y, por último y no menos importante, a Hewlett-Packard y todos mis excompañeros y *managers*, porque gracias a la experiencia vivida durante quince años aprendí y comprendí después, que todo lo vivido era necesario para llegar hasta aquí y escribir este libro.

GLOSARIO DE TÉRMINOS

- **EQUIPO CONLID:** término utilizado para nombrar a los equipos conectados y cohesionados. El término sirve para representar la contribución de 4 aspectos esenciales en la vida de los equipos: conexión, compromiso, dirección y liderazgo.
- **LOS CONCEPTOS ESENCIALES:** son los 4 triángulos esenciales del modelo CONLID. Reflejan los 4 conceptos esenciales que deben aparecer para lograr la cohesión del equipo. Los 4 conceptos son: la conexión, el compromiso, la dirección y el liderazgo.
- **CONEXIÓN:** refleja el grado de pertenencia a un equipo, y se manifiesta en lograr una buena comunicación entre los diferentes miembros del equipo, hasta alcanzar un estado similar al que encontramos en una "familia". Establecer entornos de confianza, desarrollar la habilidad de la empatía y lograr una comunicación eficaz, son los pilares de la conexión.
- **COMPROMISO:** refleja el nivel de responsabilidad de un equipo, a través de una serie de obligaciones contraídas libremente, y se manifiesta en la capacidad para dar un paso adelante ante las adversidades. La gestión emocional, la motivación o el buen ambiente son componentes básicos para potenciar el compromiso.
- **DIRECCIÓN:** refleja el nivel de gestión y gobierno de un equipo para lograr unos objetivos determinados, y se manifiesta en aspectos tales como la orientación a resultados, la planificación, la organización, la ejecución, la coordinación, los sistemas de control, la preparación, el entrenamiento y la formación del equipo.
- **LIDERAZGO:** refleja el nivel de influencia de determinados miembros del equipo para liderar al resto del equipo, con la intención de alcanzar un propósito compartido, a través de unos valores, y desafiar el estatus quo para promover el cambio que

les conduzca a alcanzar la visión del equipo. Se manifiesta en la existencia de uno o varios líderes dentro del equipo.

- **LAS 12 COMPETENCIAS CONLID:** son aquellas habilidades o competencias que deben existir en los equipos para desarrollar la cohesión, e ir transformando los grupos de trabajo en equipos CONLID.
    - CONEXIÓN: Confianza, Empatía&Comunicación
    - COMPROMISO: Gestión emocional, Motivación&Buen clima
    - DIRECCIÓN: Orientación resultados, Planificación, Organización, Control&Preparación/Aprendizaje
    - LIDERAZGO: Propósito, Valores&Cambio

- **CONFIANZA:** en un contexto de equipo, es la seguridad que tienen todos los componentes del equipo sobre las intenciones de cada uno de sus compañeros. No hay necesidad de desconfiar de ninguno de ellos, ni de ser cauteloso dentro del grupo. Confianza es poder creer en tus compañeros por completo y mostrar cada uno su vulnerabilidad o debilidades.

- **EMPATÍA:** es la capacidad genuina que poseen los diferentes miembros del equipo para ver el mundo a través de los ojos del otro. Consiste en tener la capacidad de entender y comprender cómo piensa una persona y nos hace ser sensibles hacia las necesidades de otras personas y ayudarlas.

- **COMUNICACIÓN EFICAZ:** refleja la capacidad que poseen los diferentes miembros del equipo para poder transmitir las ideas, pensamientos, necesidades o sentimientos, y que seamos entendidos y comprendidos por el resto. Existen diferentes aspectos que influyen en el grado de eficacia: el lenguaje, la comunicación no verbal, el nivel de escucha, el estilo de comunicación...

- **GESTIÓN EMOCIONAL:** es la capacidad que muestran los diferentes miembros del equipo para conocer, identificar y regular sus emociones y dar una respuesta apropiada, que no sea una respuesta impulsiva. Implica poner inteligencia entre los estímulos que recibimos y la respuesta que damos. Se denomina autocontrol emocional, y es una parte de la inteligencia emocional.

- **MOTIVACIÓN:** es la capacidad que muestran los diferentes miembros del equipo para poder (auto)estimular o despertar el interés, para lograr un objetivo determinado o proceder de un determinado modo. Para poder (auto)motivar es necesario conocer qué razones o motivos impulsan a cada miembro del equipo.

- **BUEN CLIMA:** refleja la capacidad que muestran los diferentes miembros del equipo para poder instaurar un ambiente dónde reine la alegría, el buen humor, el entusiasmo, la diversión, la ilusión... Se manifiesta en conseguir la correcta dosis de positividad y optimismo.

- **ORIENTACIÓN A RESULTADOS:** es la capacidad que muestran los diferentes miembros del equipo para centrarse continuamente en objetivos específicos, claramente definidos, y en los resultados obtenidos. Se manifiesta en la fijación de objetivos específicos, medibles y exigentes, y la posterior medición del progreso.

- **PLANIFICACIÓN, ORGANIZACIÓN, EJECUCIÓN, COORDINACIÓN Y CONTROL:** es la capacidad que muestran los equipos para crear una estructura para poder llevar a cabo la estrategia que les conduzca a conseguir los objetivos fijados. Se manifiesta en sistemas de planificación, organización, ejecución, coordinación y control de las diferentes acciones y tareas que conforman la actividad diaria de los equipos.

- **PREPARACIÓN&CULTURA DE APRENDIZAJE:** es la capacidad que muestran los diferentes miembros del equipo para prepararse y entrenarse para poder desarrollar mejor su actividad y mejorar su desempeño. Se manifiesta en el grado de implicación en la formación que trae consigo una cultura de aprendizaje, basada en la mejora continua.

- **PROPÓSITO:** refleja la existencia de la razón de ser del equipo, la causa primigenia (o el por qué) por la cuál el equipo hace lo que hace. El propósito debe ser compartido por todos los miembros del equipo y tener su reflejo en la visión del equipo.

- **VALORES:** reflejan el modo en que el equipo hace lo que hace. Son las guías internas de los equipos. Y deben ser compartidos y aceptados por todos los miembros del equipo. Para probar su validez y vigencia, los valores deben ser demostrados diariamente.

- **CAMBIO:** es la capacidad que muestran los diferentes miembros del equipo para cuestionar el estatus quo, y promover los cambios necesarios para alcanzar los procesos de transformación deseados. Es una característica intrínseca del liderazgo transformacional que permite mejorar de forma extraordinaria las organizaciones y equipos.

Más información en: www.torreconecta.es/equipos-conlid

BIBLIOGRAFÍA

- ACOSTA, J.M (2011): *100 errores en la dirección de persona*. Editorial ESIC, Madrid.
- AGASSI, A. (2014): *Open. Memorial*. Duomo Ediciones, Barcelona.
- AGUIRRE, M.A. (2017): *Dirigir y motivar equipos*. Editorial Pirámide, Madrid.
- ÁLVAREZ DE MON, S. (2012): *Aprendiendo a perder*. Plataforma Editorial, Barcelona.
- BELBIN, R.M. (2011): *Equipos directivos. El porqué de su éxito o fracaso*. Elsevier Ltd., Londres.
- BISQUERRA, R & PUNSET, E. (2014): *Universo de emociones*. Editorial Palau Gea, Barcelona.
- BONO, E.D. (2008): *Seis sombreros para pensar*. Editorial Paidós, Barcelona.
- BOTELLA, F. (2016): *El factor H. Las claves reales sobre liderazgo*. Editorial Alienta, Barcelona.
- BRANSON, R. (2013): *Perdiendo la virginidad*. Editorial Alienta, Barcelona.
- BROWN, S. (2009): *A jugar*. Editorial Urano, Barcelona.
- CALDINI, R. (2017): *Pre-suasión*. Penguin Random House, Barcelona.
- CARNEGIE, D. (2008): *Cómo ganar amigos e influir sobre las personas*. Editorial Elipse, Barcelona.
- CASTELLANOS, L. (2016): *La ciencia del lenguaje positivo*. Editorial Paidós, Barcelona.
- CERRATO, R. (2018): *Gregg Popovich. El sargento de hierro*. Ediciones JC, Madrid.
- COLLINS, J. (2009): *Empresas que caen y por qué otras sobreviven*. Editorial Deusto, Barcelona.
- COLLINS, J. (2011): *Empresas que sobresalen*. Editorial Deusto, Barcelona.
- COVEY, S. (2011): *Los 7 Hábitos de la gente altamente efectiva*. Editorial Paidos, Barcelona.

- COYLE, D. (2018): *Cuando las arañas tejen juntas pueden atar un león*. Penguin Random House, Barcelona.
- CSIKSZENTMIHALYI M. (1996): *Fluir*. Editorial Kairós. Barcelona.
- DRUCKER, P. (2015): *Las 5 claves de Peter Drucker*. Editorial Profit. España
- ECHEVERRÍA, R. (2000): *Ontología del lenguaje*. Editorial Granica, Buenos Aires.
- ESPAR, X. (2010): *Jugar con el corazón*. Plataforma Editorial, Barcelona.
- ESTIARTE, M. (2009): *Todos mis hermanos*. Plataforma Testimonio, Barcelona.
- FERRER, J. (2014): *Gestión del cambio*. Editorial LID, Madrid.
- FOWLER, S. (2016): *¿Por qué motivar a la gente no funciona, y qué sí?* Empresa Activa, Barcelona.
- GALLWAY, T. (2009): *El juego interior del tenis*. Editorial Sirio, Málaga.
- GENTILE, M. (2012): *Dar voz a los valores*. Editorial Proteus, Barcelona.
- GLADWELL, M. (2005): *Inteligencia intuitiva*. Editorial Taurus, Madrid.
- GOLEMAN, D. (1996): *Inteligencia emocional*. Editorial Kairós, Barcelona.
- GOLEMAN, D. (2015): *Cómo ser un líder. ¿Por qué la inteligencia emocional sí importa?* Ediciones B, Barcelona.
- GÜELL, M. (2013): *¿Tengo inteligencia emocional?* Paidós Contextos, Barcelona.
- HARVARD BUSINESS REVIEW (2018): *Guía HBR Inteligencia Emocional*. Editorial Reverté, Barcelona.
- HEFFERNAN, M. (2017): *Más allá de lo medible*. Editorial Empresa Activa, Barcelona.
- HERNÁNDEZ, J.V. & LÓPEZ, L.F. (2007): *Entrenar el éxito*. Editorial La Esfera de los Libros, Madrid.
- ISAACSON, W. (2011): *Steve Jobs, la biografía*. Editorial Debate, Barcelona.
- JACKSON, P. & DELEHANTY H. (1995): *Canastas sagradas*. Editorial Paidotribo, Badalona.

- JERICÓ, P. (2006): *No miedo*. Alienta Editorial, Barcelona.
- KERR, J. (2014): *Legado, 15 lecciones sobre liderazgo*. Editorial Club House, Buenos Aires.
- KFIR, A. & HECHT, S. (2017): *El arte de gestionar conflictos en la vida y en la empresa*. Penguin Random House, Barcelona.
- KNIGHT, P. (2016): *Nunca te pares*. Penguin Random House, Barcelona.
- LENCIONI, P. (2003): *Las cinco disfunciones del equipo*. Empresa Activa, Barcelona.
- LENCIONI, P. (2017): *Equipos ideales*. Empresa Activa, Barcelona.
- LEONCINI, T. (2018): *Dios es joven*. Editorial Planeta, Barcelona.
- LIKER, J.K. (2018): *Las claves del éxito de Toyota*. Editorial Gestión 2000, Barcelona.
- MARINA, J.A. (2011): *Los secretos de la motivación*. Editorial Ariel, Barcelona.
- MASCHERANO J. & MIGUELEZ N. (2015): *Los 15 escalones del liderazgo*. Editorial Planeta, Barcelona.
- MC CARTEN, A. (2017): *El instante más oscuro*. Editorial Planeta, Barcelona.
- MERINO, A. (2017): *175 ideas para alcanzar tus metas*. Editorial LID, Madrid.
- MOORE, R. (2013): *Sky, el límite es el cielo*. Editorial Libros de Ruta, Bilbao.
- NADAL, T. (2015): *Todo se puede entrenar*. Alienta Editorial, Barcelona.
- PALOMO VADILLO, M.T. (2017): *Liderazgo y motivación de equipos de trabajo*. Editorial ESIC, Madrid.
- PEÑALVER, O. (2009): *Emociones colectivas*. Alienta Editorial, Barcelona.
- PERARNAU, M. (2014): *Herr Pep*. Editorial Córner, Barcelona.
- PERARNAU, M. (2016): *Pep Guardiola. La metamorfosis*. Editorial Córner, Barcelona.
- PERKINS, D. (2014): *Lecciones de Liderazgo. Las 10 estrategias de Shackleton en su gran expedición antártica*. Ediciones Desnivel, Madrid.

- PIGLIUCCI, M. (2018): *Cómo ser un estoico*. Editorial Ariel, Barcelona.
- POSTIGO, I. (2018): *Gestión profesional y emocional de equipos*. Editorial ESIC, Madrid.
- PINK, D. (2010): *La sorprendente verdad sobre qué nos motiva*. Gestión 2000, Planeta, Barcelona.
- PINK, D. (2008): *Una nueva mente*. Editorial Ilustrae, Madrid.
- RADINGER, E.H. (2018): *La sabiduría de los lobos*. Editorial Urano, Madrid.
- RAMIREZ, P. (2015): *Así lideras, así compites*. Penguin Random House, Barcelona.
- ROBERTSON, D.C. (2013): *Brick by Brick*. Editorial Random House Business, Londres.
- RODRÍGUEZ DEL TRONCO, J. (2017): *Smart Feedback*. Editorial LID, Madrid.
- SÁNCHEZ, A. (2014): *Generación ÑBA*. Ediciones Al Poste, Madrid.
- SELIGMAN, M. (2002): *La auténtica felicidad*. Ediciones B, Barcelona.
- SIMEONE, D.P. (2014): *Simeone. Partido a partido*. Plataforma Editorial, Barcelona.
- SINEK, S. (2013): *La clave es el porqué*. Ediciones Península, Barcelona.
- SINEK, S. (2018): *Encuentra tu porqué*. Empresa Activa, Madrid
- SPRINSGTEEN, B. (2016): *Born to run*. Penguin Random House, Barcelona.
- TOMÁS, D. (2015): *La empresa más FELIZ del mundo*. Editorial Empresa Activa, Barcelona.
- TZU, S. (1974): *El arte de la guerra*. Editorial Fundamentos, Madrid.
- URCOLA, J.L. (2011): *La motivación empieza en uno mismo*. Editorial ESIC, Madrid.
- VALDANO, J (2013): *Los 11 poderes del líder*. Conecta, Barcelona.
- WALKER, S. (2017): *Capitanes*. Penguin Random House, Barcelona.
- ZENGER, J. & FOLKMAN, J. (2009): *El líder inspirador*. Editorial Bresca, Barcelona.

KOLIMA
BOOKS

www.ingramcontent.com/pod-product-compliance
Ingram Content Group UK Ltd.
Pitfield, Milton Keynes, MK11 3LW, UK
UKHW022002190726
13853UKWH00004B/1680